Zhangqisen Xueshu Baogaoji
张起森学术报告集

张起森　著

人民交通出版社股份有限公司
China Communications Press Co.,Ltd.

内 容 提 要

本书以作者近十余年所作的学术报告、学术讲座、课题研究等成果为基础，结合路面新材料试验与应用、路面结构分析与设计的心得体会，撰写而成。内容涵盖路基路面设计、新结构、新材料、新的施工工艺、路面预防性养护与管理、公路改扩建、美国 AASHTO 设计方法、长寿命路面与美国 Superpave 沥青混合料设计等方面。

本书可供公路工程研究人员学习借鉴，亦可供公路工程建设管理人员参考使用。

图书在版编目(CIP)数据

张起森学术报告集 / 张起森著. — 北京 ：人民交通出版社股份有限公司, 2019.1

ISBN 978-7-114-14680-0

Ⅰ. ①张… Ⅱ. ①张… Ⅲ. ①道路工程—文集 Ⅳ. ①U41-53

中国版本图书馆 CIP 数据核字(2018)第 077603 号

书　　名：张起森学术报告集
著 作 者：张起森
责任编辑：岑　瑜
责任校对：刘　芹
责任印制：张　凯
出版发行：人民交通出版社股份有限公司
地　　址：(100011)北京市朝阳区安定门外外馆斜街 3 号
网　　址：http://www.ccpress.com.cn
销售电话：(010)59757973
总 经 销：人民交通出版社股份有限公司发行部
经　　销：各地新华书店
印　　刷：北京虎彩文化传播有限公司
开　　本：880 × 1230　1/16
印　　张：10.75
字　　数：320 千
版　　次：2019 年 1 月　第 1 版
印　　次：2019 年 1 月　第 1 次印刷
书　　号：ISBN 978-7-114-14680-0
定　　价：48.00 元

前　言

近十年来，随着工程材料和工程技术的不断创新，对于公路建设尤其是路面结构设计、路面材料应用、路面性能分析等方面的研究不断深入。作者通过参与其中项目，结合多年研究成果、主持课题以及工程经历，在交通科技发展、路面新材料试验与应用、路面结构分析与设计等方面具有一点心得和体会。在此基础上，撰写此书。本书收集了作者近十余年在不同场合、不同地点作的学术报告（讲座），以及参与项目（课题）提供的研究大纲或建议，内容涉及公路工程的方方面面，如路基路面设计、路用新结构、路用新材料、新的施工工艺、路面预防性养护与管理、公路改扩建、美国AASHTO设计方法、长寿命路面与美国Superpave沥青混合料设计等。书中还介绍了路面新技术方面的内容，如排水降噪新型SMA结构、纳米改性沥青、太阳能发电路面的研究进展及取得的初步成果。本书包含大量PPT图片，为了保证图片质量，以二维码链接实图的方式呈现，以此介绍相关研究成果和新技术应用。

本书的许多工作和取得的成果都是我的弟子们和学校同事们共同完成的，主要有查旭东、田小革、关宏信、王辉、陈瑜等教授，李雪莲、胡旭东、聂忆华、肖鑫、李强等副教授，张华林博士，还有其他一些老师，由于涉及人员较多，在此就不一一列举，作者再次一并表示感谢！

长沙理工大学交通运输工程学院　张起森

二〇一八年四月

目　　录

一、中国交通科技的世界梦

1. 世界科技的发展

当前,科学技术发展变化日新月异,给人类社会带来了很多的福祉,人们的生活随之发生了巨大的变化。

自古以来人类就崇尚科技的神力,并在一直探索它的奥秘。美国兰德公司2003年12月完成了“中国技术前瞻报告2003”的德尔菲(Delphi)报告,它以我国信息、生命科学与生物及新材料等高新领域为重点阐述了科学技术的发展和趋势。世界上许多国家,如美、英、日、德等国也都有类似的科学发展报告。综合起来,世界科技在以下方面发生着深刻的变化:

(1)信息和通信技术——技术进步的推动器

①微电子和软件功能(微芯片,软件功能)。

②通信网络的光子化(广域网,数据信号的交换和传输,大数据,云计算,物流等)。

③互联网(带宽更大,传输容量更大,速度更快)。

④移动商务(e-网,数字电影院)。

⑤环境智能(微处理器、传感器和无线通信技术在日常生活和周围环境中的使用)。

(2)交通运输——社会经济发展的基础

①高速公路:智能(电子)公路运输、地下道路运输网、太阳能路面。

②汽车:无人驾驶汽车、电动车、概念汽车。

③铁路:高速铁路、高速列车、磁悬浮列车。

(3)新材料——社会未来可持续发展的基础

①纳米材料(碳纳米管直径为10^{-9}m,具有金刚石的硬度和2800℃的耐高温性,可用作晶体管、过滤器等)。

②智能材料(调整阻尼缓冲、整栋、消除噪声等)。

③混凝土轻质化(世界每年消耗50亿立方米或120亿吨的混凝土)。

(4)能量和环境技术

所有的化石燃料,均具有二氧化碳的排放问题。据预测,100年后全球人口上升到120亿人,则二氧化碳排放量将是当今的5倍。而全球的环保目标,要求100年后二氧化碳排放量是今天的一半。这个目标要实现是一个非常艰巨的任务!今后会大力发展可再生能源和绿色能源,具体如下:

①风力发电:可与常规发电模式竞争。

②燃料电池:把气体(氧气)非常高效地转化为电能和热能。

③太阳能电池:把太阳光能转化为电能,出现太阳能路面、太阳能制冷等。

④生物量:纯动植物组成的有机物质:生物量为基础的原材料具有二氧化碳中性的碳平衡,对环境和气候具有良好的作用。据美国预测,到2020年,目前以化石为基础的有机基本能源将占能源总消耗的1/4,将有10%的石油和发动机燃料会以再生能源原料(生物量)为基础,并采用生物技术提取。

注:本文由作者2013年所做的学术报告摘录而来,相关数据的更新时间为2013年。

(5)生命科学

①“21 世纪是生物学的世纪”。分子生物学揭开生命的秘密:人类基因、克隆人、转基因食品等。

②“脑科学研究”。2012 年美国启动了研究计划,资金 1 亿美元。前总统奥巴马表示,“作为人类,我们能确认数光年外的星系,我们能研究比原子还小的粒子,但我们仍无法揭开两个耳朵间三磅重物质(大脑)的奥秘”。

2. 中国交通发展的现状(2013 年数据)

(1)基础设施

①铁路:2013 年末全国铁路运营里程达到 10.31 万公里,路网密度 107.4 公里/万平方公里,电气化率达到 54.1%。

②公路,2013 年末全国里程达到 435.63 万公里,公路网密度为 45.38 公里/百万平方公里。公路总里程 425.14 万公里。全国高速公路 10.44 万公里(超过美国,排世界第一),其中国家高速公路里程为 7.08 万公里。

③公路桥梁和隧道:2013 年末全国公路桥梁达 73.58 万座,3977.8 万米,其中特大桥梁 3075 座(546.14 万米),大桥 6766 座(1704.34 万米)。全国隧道 11359 处,总长 960.58 万米,其中特长隧道 562 处,250.69 万米;长隧道 2303 处,393.62 万米。

④水路:内河航道通航里程 12.59 万公里,等级航道 6.49 万公里。港口码头泊位 31760 个,其中万吨级以上有 2001 个。

⑤民航:全国有民航机场 193 个,通航城市 188 个,年旅客吞吐量 100 万人次以上机场 61 个,1000 万人次以上有 24 个,年货物吞吐量达 10000 吨以上的机场有 50 个。

(2)运输装备

①铁路:全国铁路机车拥有量 2.08 万台,其中内燃机车占 47.8%,电力机车占 52.1%;铁路客车 5.68万辆。

②公路:全国公路运营汽车 1504.73 万辆,其中客车 85.26 万辆,卸货车 1419.48 万辆。

③水运:全国有水上运输船舶 17.26 万艘,集装箱箱位 170.16 万标准箱(TEU)。

④城市客运辆:全国城市有公共汽、电车 50.96 万辆,快速公交(BRT)车辆 4484 辆。全国有 18 个城市开通了轨道交通,运营车辆 14366 辆。另外,出租汽车 134.0 万辆(地铁 67 条,2050 公里;轻轨 9 条,290 公里)。

(3)客货运量

2013 年全社会完成客运量 212.26 亿人次;货运量 403.37 亿吨。

①铁路旅客发送量 21.06 亿人次;货物发送量 39.61 亿吨。

②公路旅客发送量 185.35 亿人次,平均运距 60.70km;货物运量 307.66 亿吨,平均运距181.16km。城市客运系统运送旅客 1283.35 亿人次。

③水运完成客运量 2.35 亿人次,货运 55.98 亿吨,港口完成货物吞吐量 117.67 亿吨。

④民航客运完成 3.5 亿人次;完成旅客吞吐量 7.5 亿。

⑤邮政完成业务总量 2725.1 亿吨,运送邮件 63.4 亿件,邮政快递 91.9 亿件。

(4)固定资产投入

2013 年铁、公、水路固定资产投资完成 22190.67 亿元,占全社会固定资产投资的 5%。其中:铁路完成 6657.5 亿元,公路 13692.2 亿元(其中,高速公路 7297.76 亿元,普通国道 3899.61 亿元)水路 1528.46 亿元。

3. 中国交通科技与世界水平的比较

下面我们从几个数据来看中国交通科技的水平:

(1)高速公路

2013 年中国高速公路达 10.44 万公里，世界主要国家高速公路里程如表 1 所示。

重要国家高速公路里程(单位:万公里)　　表 1

中国	美国	俄罗斯	加拿大	西班牙	德国	法国	日本	意大利	墨西哥	英国
10.4	9	3	1.7	1.5	1.28	1.1	0.78	0.67	0.63	0.35

2013 年，中国高速公路里程在 5000km 以上的省份：河南 5873km，广东 5724km，河北 5587km，山东 5239km，山西 5190km，湖南 5084km，四川 5044km。

(2)高速铁路

2013 年中国高速铁路运营里程为 11028km，在建 1.0 万公里。

(3)桥梁

世界上斜拉桥跨度在 600m 以上的前 10 位见表 2。

世界上 600m 以上跨度前 10 位的斜拉桥　　表 2

排名	桥　名	跨度(m)	通航净空(m)	建成(年)
1	俄罗斯岛大桥(俄)	1170	70	2012
2	苏通长江大桥(中)	1088	62	2008
3	香港昂船洲大桥(中)	1018	73	2009
4	鄂东长江大桥(中)	926	24	2010
5	多多罗大桥(日)	890	42	1999
6	诺曼底大桥(法)	856	55	1995
7	九江长江大桥(中)	818	24	2013
8	荆岳长江大桥(中)	816	18	2010
9	仁川大桥(韩)	800	74	2009
10	厦漳大桥(中)	780	74	2013

由表 2 可知，在这前 10 位中，中国占有 6 座。

世界上悬索桥跨度在 1300m 以上的前 10 位见表 3。

世界上 1300m 以上跨度前 10 位的悬索桥　　表 3

排名	桥　名	跨度(m)	通航净空(m)	建成(年)
1	明石海峡大桥(日)	1991	65	1998
2	舟山西堠门大桥(中)	1650	49.5	2009
3	大贝尔特桥(丹麦)	1624	65	1998
4	光阳大桥(韩)	1545		2012
5	润扬长江大桥(中)	1490	50	2005
6	南京长江四桥(中)	1420	50	2010
7	亨伯尔大桥(英)	1410	30	1981
8	江阴长江大桥(中)	1385	50	1999
9	香港青马大桥(中)	1377	62	1997
10	哈当厄大桥(挪威)	1310		2013

注:金门大桥(美):跨度 1280m，通航净空 67m，建成 1937 年。

由表 3 可知，这前 10 名中，中国占了 5 座。

世界在建主跨 1000m 以上悬索桥 13 座，其中，中国 9 座，土耳其 2 座，韩国 1 座，挪威 1 座。最大跨径 1700m 的湖北杨泗港长江大桥预计于 2018 年建成，另一座 1688m 的虎门二桥于 2018 年建成。

跨海大桥世界前10位见表4。

世界上跨度前10位的跨海大桥 表4

排名	桥　名	跨度(km)	建成(年)
1	杭州湾大桥(中)	36	2008
2	港珠澳大桥(中)	35.6	2016
3	东海大桥(中)	32.5	2005
4	青岛海湾大桥(中)	27.0	2011
5	King Fahd Causeway(巴林)	25.0	1986
6	舟山大陆连岛工程(中)	25.0	2005
7	Great Belt Bridge(丹麦)	17.5	1997
8	厄勒海峡大桥(丹麦)	16.0	2000
9	尼特罗伊大桥(巴西)	13.3	1974
10	杭州湾嘉绍大桥(中)	10.1	2013

前10位中,中国占了6位。

(4)隧道工程近10年前12名(表5)

近10年建设的前12名隧道工程 表5

排名	名　称	国　家	长度(m)	完 工 时 间
1	勒奇山基线隧道(铁)	瑞士	34577	2007
2	瓜达拉马隧道(铁)	西班牙	28418	2007
3	太行山隧道(铁)	中国	27848	2007
4	八甲田隧道(铁)	日本	26455	2010
5	岩手一户隧道(铁)	日本	25810	2002
6	莱茵泽—维也纳森林隧道(铁)	奥地利	23844	2012
7	台铁纵贯线(铁)	中国	23108	2008
8	青云山隧道(铁)	中国	22175	2013
9	占梁山隧道(铁)	中国	20785	2011
10	金井隧道(铁)	韩国	20303	2010
11	乌鞘岭隧道(铁)	中国	20060	2007
12	秦岭终南山隧道(公)	中国	18040	2007

在近十年建成的12座最长的铁路、公路隧道中,中国(包括台湾)占了6名,但最长的是瑞士的勒奇山基线隧道(阿尔卑斯山)达34.577km。公路隧道最长的是秦岭终南山隧道18.040km。20世纪至今,世界上最长的铁路隧道是日本的青函海底隧道,长53.85km(1988),最长的公路隧道是挪威的洛达尔隧道,长24.51km,最长的海底隧道是英法修建的英吉利海峡隧道,长50.45km(1994)。

从以上几个路桥、隧道建设的关键数据可以看出,我国交通建设的水平已跻身世界水平,但是不是一流水平还得具体分析。我认为我国桥梁建设水平是世界一流的,无论是跨度,还是排在前10名的各种桥型的数量,我们顶着"世界一流"水平这顶帽子是"受之无愧"的。但是在桥梁科技水平上,我们与世界还是有差距的。如桥梁动力计算,桥梁耐久性和可靠性,桥梁用的新材料(高强钢筋、高强混凝土等),桥梁大型设施设备等。在高速公路建设方面,通车里程我国是世界第一,远超过欧美发达国家,但我国在修建技术和养护管理方面,与他们相比还是有点逊色。在高铁技术方面,我国运营的高铁里程目前是世界其他国家(如日、法、德、意、西班牙等)里程之和,建设技术堪称世界一流。

所以总体来讲,我们的水平不错,但还有不少方面需继续努力。可不可以说"我们是路桥、隧道建设的大国,但不是强国"!

4. 关于"一带一路"——首先是"设施联通"

"一带一路"(One Belt and one Road,OBAOR)是"丝绸之路经济带"和"21世纪海上丝绸之路"的简称。"一带一路"以政策沟通、设施联通、贸易畅通、民心相通为主要建设内容。

"设施联通":基础设施联通是"一带一路"建设的有限领域。在尊重相关国家主权和安全关切的基础上,共同推进国际国干通道建设,逐步形成连接亚洲各次区域以及欧亚非之间的基础设施网络,强化基础设施、绿色低碳化建设和运营管理。

抓住交通基础设施的关键通道、关键节点和重点工程,优先打通缺失路段,畅通瓶颈路段,配套完善道路安全防护设施和交通管理设施设备,提升道路通达水平。对接口岸基础设施建设,畅通陆水联通通道。拓展建立名航全面合作的平台和机制,加快提升航空基础设施水平。

加强能源基础设施互联互通,共同推进跨境光缆等通信网络干线建设,完善空中(卫星)信息通道,扩大信息交流与合作。

中国开展亚洲公路网、泛亚铁路网的规划和建设,与东北亚、中亚、南亚及东南亚国家开通公路通道13条,铁路8条。其中最重要也是最现实可行的通道线路是:连接东北亚和欧盟这两个当今世界最发达经济体区域的以长吉图开发开放先导区为主体和中心的日本、韩国—日本海—扎鲁比诺港—中国珲春—中国吉林—中国长春—中国白城—蒙古国—俄罗斯—欧盟的高速铁路和高速公路规划。

"一带一路"拟建、在建基础设施规模达1.04万亿,其中铁路5000亿,公路1235亿,机场1167亿,港口水利1700亿。

"一带一路"将涵盖44亿人口,GDP达20万亿美元,分别占世界的63%和29%,最近中央电视台连续播报了"一带一路共建繁荣"的视频,关于交通基础设施建设有四个方面:

①"国际公路织成网,助力互联互通";

②"国际空中隧道,助力一带一路腾飞";

③"打造海陆大通道,为跨境贸易提速";

④"泛亚铁路提速,联通一带一路"。

其中"国际公路织成网"提到,我国与11个国家、70多个口岸,在建或已建好289条公路,总长4万多公里,2014年进出口货运达到3958万吨,出入货运车辆155万台次。以云南为起点的中缅、中泰、中印、中老泰等国际公路正在建设中。据了解,东南亚、中亚、南亚对公路建设要求急迫,投资也在不断加大。

5. 为实现中国交通世界梦而努力

"Do what you love,Love what you do!"

"Today you are a student,Tomorrow you will be leader!"

(1)中国交通科技与世界的差距

①设计理论与方法。力学模型精细化(更接近实际)、参数、指标、细微观结果。

②新材料的开发与应用、性能研究、耐久性与稳定性。

③试验检测技术设备、检测智能化、机器人。

④施工控制技术设备、检测控制方法、数据处理与应用。

⑤长期性能观测、健康诊断、数据分析。

⑥营运管理、安全、监控。

⑦养护维护管理系统。

⑧环保、减排降耗技术、新能源开发。

⑨规范、标准与国际接轨。

(2)为圆中国世界梦而努力

①“90后是从容理性务实的一代,是值得信任,充满正能量的一代。”这是复旦大学发表的《互联网与当代大学生系列研究报告》提出的,这个评价是非常高的,也是实事求是的,既然如此,那“90后”大学生们应该有担当精神,挑起时代赋予你们的光荣使命。

②在学校努力学习,打好基础,学好服务社会的本领,这个本领除了专业外,还要学与人处事、与社会沟通、与人合作的本事。

③到了工作岗位,要热爱自己的本职工作,认真踏实做好工作,不能“贪小求大”。英国物理学家霍金说过,一个人的成功,首先是做自己喜欢做的事,创新思维,坚持,努力。天分只是成功的一部分因素,关键是后天的勤奋努力。

最近网上有个称为“大树理论”的文章,我认为很有参考价值,成为一棵大树的第一个条件:时间。就是说,要想成功,一定要给自己时间,时间就是经验的积累和延伸。第二条件:不动。要想成功,一定要任你风吹雨打,我自岿然不动,坚守信念,修炼内功,终成正果。第三个条件:根基。要想成功,一定要不断学习,不断吸取营养,不断充实自己,扎好根,然后才能根深叶茂,基业常春。第四条件:向上长。要想成功,一定要向上,不断向上才会有更大空间。第五条件:向阳光。要想成功,一定要有正确的奋斗目标,努力为之奋斗,愿望才可能变成现实。

相信你们这一代,各个都会成为支撑国家的大树,中国交通一定能圆世界梦。

以下为“中国交通科技的世界梦”PPT的节选部分,想详细了解全部内容请用微信扫PPT节选部分后的二维码。

节选一

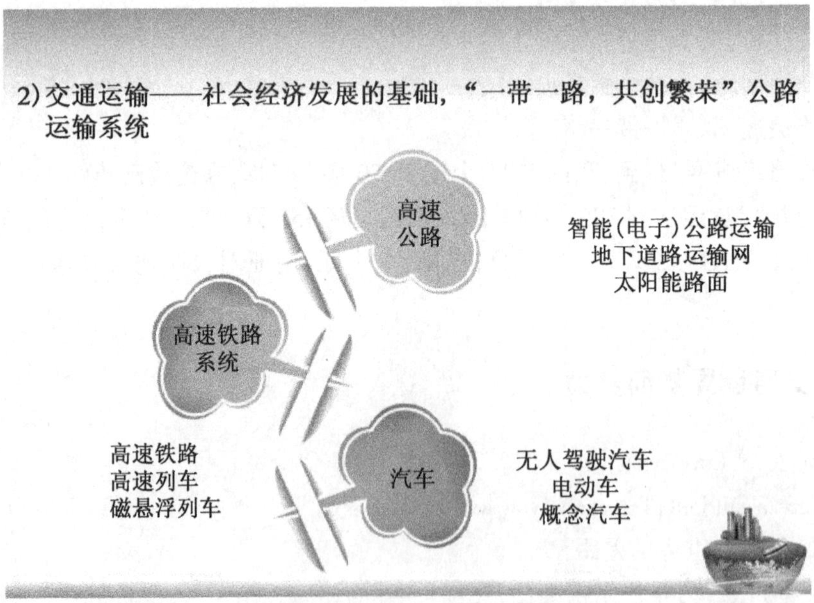

节选二

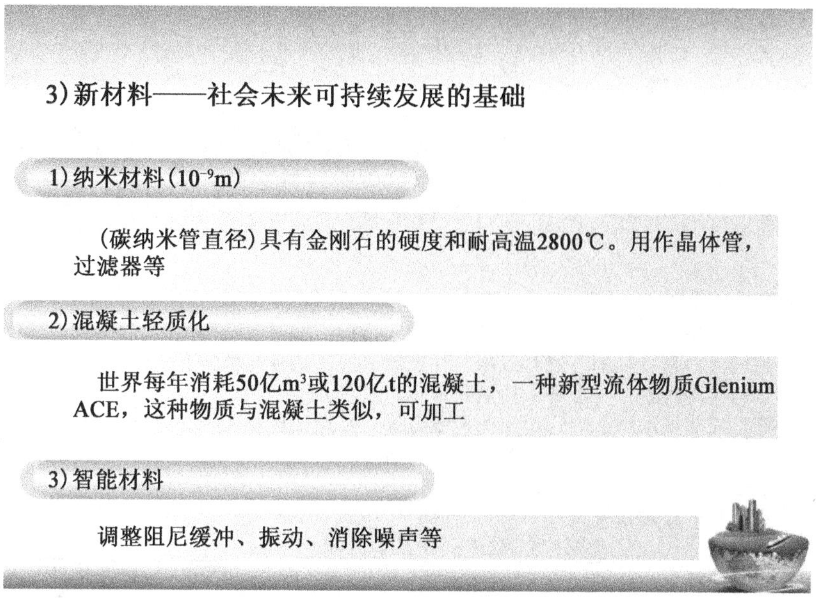
3）新材料——社会未来可持续发展的基础
1）纳米材料（10^{-9}m）
（碳纳米管直径）具有金刚石的硬度和耐高温2800℃。用作晶体管，过滤器等
2）混凝土轻质化
世界每年消耗50亿m^3或120亿t的混凝土，一种新型流体物质Glenium ACE，这种物质与混凝土类似，可加工
3）智能材料
调整阻尼缓冲、振动、消除噪声等

节选三

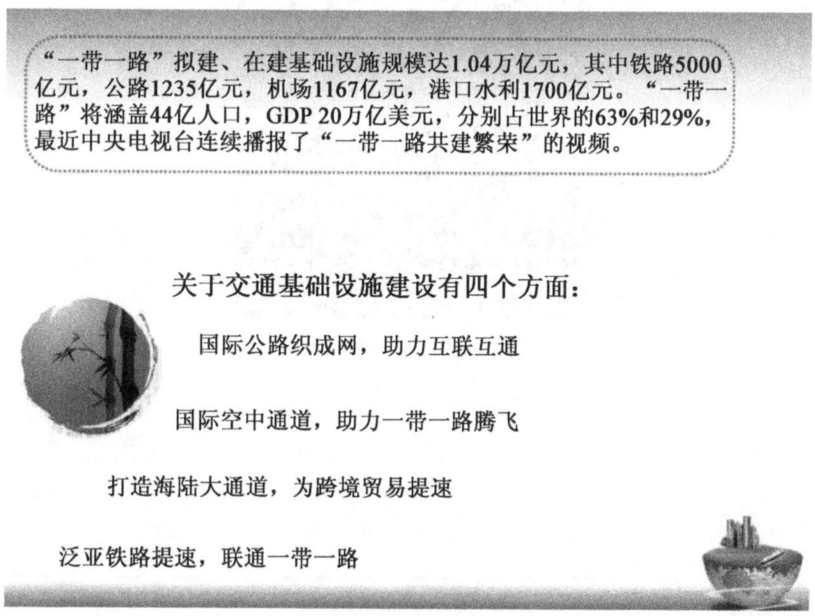
“一带一路”拟建、在建基础设施规模达1.04万亿元，其中铁路5000亿元，公路1235亿元，机场1167亿元，港口水利1700亿元。“一带一路”将涵盖44亿人口，GDP 20万亿美元，分别占世界的63%和29%，最近中央电视台连续播报了“一带一路共建繁荣”的视频。
关于交通基础设施建设有四个方面：
国际公路织成网，助力互联互通
国际空中通道，助力一带一路腾飞
打造海陆大通道，为跨境贸易提速
泛亚铁路提速，联通一带一路

节选四

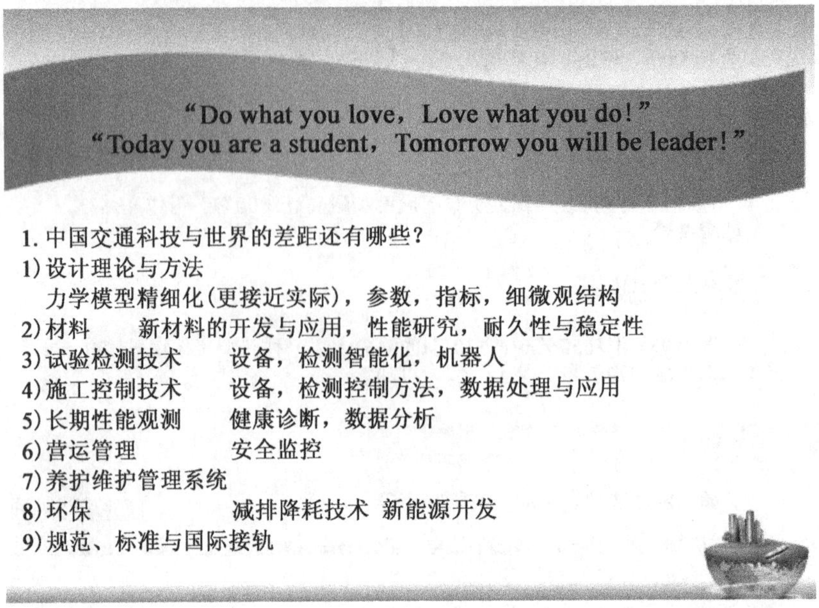

"中国交通科技的世界梦"PPT

二、太阳能光伏路面系统研制与性能研究

1. 研究背景及必要性

能源在国民经济中具有特别重要的战略地位,《国家中长期科学和技术发展规划纲要(2006—2020年)》将能源科技发展放在“重点领域及其优先主题”的首位,并将能源可持续发展中的关键科学问题作为面向国家重大战略需求的基础研究进行部署,其中可再生能源低成本规模化开发利用是重点研发方向之一。为此,《国家“十二五”科学和技术发展规划》将能源科学领域作为需求导向的重大科学问题研究领域和方向之一。因此,能源特别是可再生能源的科技发展和开发利用将是我国国民经济建设的长期战略性课题。在太阳能、风能、生物质能等可再生能源技术中,太阳能作为自然界能源之源,是世界上最清洁的能源之一,有着取之不尽、用之不竭的优点,但由于其能流密度较低、变动性较强、较难控制等缺点,推广使用一直受到限制。然而,随着科学技术的进步和传统化石能源的逐渐短缺,对太阳能开发利用推动我国光伏发电,项目发展的“金太阳示范工程”得到越来越广泛的关注。

同时,交通运输是国民经济的命脉,而公路交通运输在我国陆路运输中的所占比例逐年增加,承担着70%以上的客货运输量。据2013年9月的最新统计数据,截至2012年年底,全国已建成通车的公路总里程达到424万km,居世界第一,其中高速公路通车里程达9.56万km,已超过美国9.2万km的州际高速公路总里程,形成了世界上规模最大的高速公路系统。但是,公路建设具有占地面积大且功能单一的特点,除了城市道路和高速公路地下埋设管网及地上路域绿化以外,占大部分空间的路面仅供人们出行和车辆行驶之用。若保守地按公路路域平均占有建筑空间宽度20m来计算,并加上城市、机场、厂矿和林区等通车道路,我国公路占地面积接近10万km^2,占我国国土面积的1%左右,而其中60%以上的面积为路面占用。因此,在我国土地资源日趋紧张的形式下,如何充分利用公路的建筑空间并拓展其使用功能将是交通基础设施建设的重点研究方向之一。

公路路面作为开放的空间,一年四季受气候和环境的影响,造成夏季吸热高温,冬季结冰存雪,此现状不仅大大降低路面的使用寿命,而且严重影响行车的安全和畅通。同时在太阳光直射的条件下,占地面积达数万平方公里的路面必然存在巨量、可以利用的太阳能。因此,为了增强路面的耐候性和安全性,近年来路面太阳能开发利用技术得到国内外越来越多的探索和应用。在交通运输部《公路水路交通中长期科技发展规划纲要(2006—2020年)》和《公路水路交通运输“十二五”科技发展规划》中都将绿色交通技术作为重点研发领域之一。据此,对路面太阳能进行综合开发利用将是未来公路交通建设发展的必然趋势之一。

为此,根据我国大力发展太阳能建筑一体化技术的科学决策以及交通运输部提出的“四个交通”战略部署,借鉴美国工程师Scott Brusaw于2009年提出的“太阳能路面”的理论进行介绍。电池板替代传统的沥青和水泥混凝土路面并用于面层的创新构想,针对理论和技术上存在的瓶颈,提出新型太阳能光伏路面结构,通过理论分析和对比试验等研究手段,探索太阳能光伏路面系统的制备工艺,并研究其发电效能、物理力学和路用性能,以解决其结构组成、力学机理、材料特性和性能原理等科学问题,提出太阳能光伏路面的材料和结构设计方法,从而达到安全行车、高效发电、高性价比和保护路面的目标。因此,本研究不仅可低成本、规模化开发并利用路面太阳能,有效拓展路面功能,如解决道路冰冻、缓解城

注:本文由作者2014年所做的学术报告摘录而来,相关数据的更新时间为2014年。

市热岛效应及有助于智能交通系统实施等，还可提高路面的使用性能和使用寿命，确保行车安全畅通，对加快两型社会建设，促进国民经济建设健康快速发展与“中国梦”的实现，具有重大的理论和实际意义。

同时，太阳能光伏路面属于道路交通领域的一个全新研究方向，与传统的道路路面有着非常大的差别，根据其特征和功能，所涉及领域包括交通运输、能源工程、电子工程、材料工程、结构工程等众多科学领域。随着能源问题和交通问题的恶化，积极开展太阳能光伏路面系统的开发研究工作，建立太阳能光伏路面结构设计理论，利用路面产生电力，开发具有自主知识产权的相关应用技术，对于我国抢占太阳能路面技术的制高点具有重大意义，将为我国以后实施太阳能路面战略提供重要依据。因此，本项目探索形成的新型路面光伏太阳能利用的绿色交通技术将对路面工程建设具有革命性的前瞻意义，并能用于机场、停车场、人行道和体育场等人工场地工程中，预测具有广阔的推广应用前景，并将取得巨大的经济、社会和环境效益。

2. 研究目标

根据太阳能光伏路面的设想，在我们已取得的太阳能路面空心板结构模型的研究基础上，通过交通、能源、电子和材料等多学科交叉融合，协同创新，采用力学分析、结构制备和室内试验等研究手段，探索太阳能光伏路面系统的研制与性能，以解决其结构组成、工作机理、材料特性和性能原理等科学问题，从而达到高效清洁利用路面太阳能和高速安全行车的双重目标。

(1)表层透光保护板(透光层)除了透光与保护内部元件以外，因其直接承受车辆和行人荷载与环境因素的作用，还应具有足够的强度、刚度(抗变形能力)、稳定性(水稳定性和温度稳定性)、抗滑、耐候(抗老化和防渗等)、耐磨、绝缘性、平整性和自洁性等物理力学和路用性能。

(2)中层太阳能光伏电池吸能层(吸能层)除了高效清洁发电以外，还应具有足够的韧性、抗冲击能力和使用寿命等物理力学性能。

(3)底层空心板隔水保护承重层(承重层)除了密水性和保护作用以外，因其是车辆和行人荷载的主要承重结构，还应具有足够的强度、刚度、水稳定性、温度稳定性、应力扩散能力、绝缘性和平整性等物理力学和路用性能。

3. 主要研究内容

(1)空心板块路面结构组成与力学机理分析

①根据太阳能光伏路面空心板块的构造、工作特点和受力条件，建立合理的路面结构三维力学分析模型。

②选取不同的空心板块几何形状(单室、多室)，几何尺寸(平面尺寸、板厚、侧壁厚、底板厚)和材料性质(强度、模量、泊松系数)，表层透光板的几何尺寸和材料性质，支承条件(路面弹性层状结构及空心板内支撑结构的几何尺寸和材料参数)，荷载作用(大小、位置)等计算参数。

③采用三维有限元法分析空心板块路面结构的力学响应(应力、应变和变形)及其随各参数变化的敏感性，揭示空心板块路面结构的工作机理。

通过上述理论研究，提出空心板块路面结构的设计指标和设计方法及材料性质要求，从而确定合理的空心板块几何形状和尺寸，并为空心板承重层、表层透光板和光伏太阳能电池吸能层的选材提供理论依据。

(2)太阳能光伏路面系统原材料优选

①根据太阳能光伏路面空心板结构和工作机理分析结果及原材料性质要求，选取2~3种不同尺寸，不同材质(无机玻璃、有机玻璃和玻璃钢等)，不同表面纹理处理的表层透光保护板，进行透光率、强度、刚度、稳定性、抗滑、耐候、耐磨、绝缘性和平整性等物理力学性能对比测试，提出相应的透光板性质指标，优选适宜的透光板材料。

②依据水泥混凝土路面设计的技术要求，选取合适的水泥标号、砂石规格和外加剂品种，通过相应

的原材料物理力学性能测试，进行 2～3 种强度等级的水泥混凝土配合比设计，对比测试其强度、刚度、密水性、绝缘性、抗腐蚀性等物理力学性能，提出相应的混凝土性质指标，优选适宜的底座承重层水泥混凝土原材料和强度等级。

③根据高效清洁发电的目标，选取 2～3 种不同材质（单晶硅、多晶硅、非晶硅和聚合物硅板等），不同尺寸，不同特性（刚性板和柔性薄膜等）的太阳能光伏电池板，对比测试其发电效能、强度、刚度、抗冲击能力、韧性和使用寿命等，提出相应的光伏板性质指标，优选适宜的太阳能光伏电池板。

通过上述系统试验和测试，提出制备太阳能光伏路面系统的原材料性质指标，并为太阳能路面系统的制备提供适宜的原材料。

（3）太阳能光伏路面系统空心板单元研制

①根据力学机理分析提出的合理空心板块结构以及优选的水泥混凝土配合比，进行不同尺寸、不同形状和不同强度的底座预制混凝土空心板承重层的制备，提出空心板承重层的制备工艺。

②根据优选的透光板原材料，进行不同尺寸、不同材质和不同表面纹理处理的表层透光保护板的制备，提出透光板的制备工艺。

③根据优选的光伏电池原材料，进行不同材质、不同尺寸、不同特性的中层太阳能光伏电池吸能层的制备，提出吸能层的制备工艺。

④以防止光伏电池和电子元器件变形、受潮和受冲击为目标，进行吸能层和承重层的组合，提出二者的组合方式和制作工艺。

⑤以透光板的密封保护作用为目标，进行吸能层和承重层的组合，研究二者之间界面的黏合、抗冲击能力和抗疲劳性能，提出二者的组合方式和制作工艺。

通过上述空心板承重层、光伏电池吸能层和表层透光板的组合拼装，以及表面和界面处理及密封和防水处理，制备太阳能光伏路面系统空心板单元，提出相应的封装制备工艺，从而为太阳能光伏路面系统组装提供基本结构单元。

（4）太阳能光伏路面系统发电效能评价

①根据制备的太阳能光伏路面系统空心板单元，考虑不同线路和光伏电池组的连接方式（串联、并联），选取合理的太阳能控制器、蓄电池和 LED 灯，搭建太阳能光伏路面发电系统，提出太阳能光伏路面蓄能发电的组合方式。

②考虑不同的光源强度和角度，测试太阳能光伏路面开路电压、短路电流、最大功率点、最佳电流和最佳电压等电学性质，分析相应的输出功率、转换效率及其影响因素，评价光伏太阳能路面系统的发电效能。

③通过模拟轮胎和行人作用次数对透光板的不同磨耗程度以及灰尘污染程度，进行太阳能光伏路面发电效能测试，分析透光板透光率变化对发电效能影响的敏感性，提出相应的交通荷载对发电效能影响的评价指标。

通过上述太阳能光伏路面系统空心板单元组合方式和发电效能的测试和敏感性分析，提出太阳能光伏路面系统发电效能的评价方法，为其高效清洁发电提供评价依据，并据此进一步优化、改进太阳能光伏路面发电系统。

（5）太阳能光伏路面系统物理力学和路用性能分析

①对制备的太阳能光伏路面系统空心板单元进行各项物理力学性能测试，包括密度，强度（抗压强度、抗拉强度、抗弯强度、抗剪强度、冲击强度、疲劳强度），刚度（模量、泊松系数）等，验证力学机理分析结果，揭示其工作原理，并提出相应的物理力学性能指标和评价方法。

②对制备的太阳能光伏路面系统空心板单元进行各项路用性能测试，包括稳定性（水稳定性、温度稳定性），耐磨，抗滑，耐候（抗老化和防渗等），平整性等，分析其路用可行性，并提出相应的路用性能指标和评价方法。

通过上述性能的测试分析，提出太阳能光伏路面系统的各项物理力学和路用性能指标和测试分析方法，为高速安全行车提供评价依据，并据此对空心板单元结构做进一步优化、改进工作。

4. 创新点

(1)空心板块路面结构工作机理

虽然空心板结构以其质量轻、承载能力好、预制方便等优点,在桥梁和建筑等土木工程施工中得到广泛的应用,但是在路面工程中除了少量硬路肩、人行道和场地铺面中采用敞开式的空心砖结构以外,基本上不采用。目前国内外常用的路面结构主要是沥青路面和水泥混凝土路面两种结构形式,其中,沥青路面是典型的层状实体结构,而水泥混凝土路面是在层状实体结构上铺筑实体混凝土板,二者都是实心的实体结构,所以国内外对空心板块路面结构的研究和应用尚处于空白状态。本项目创新地提出这种新型空心板块(单室或多室)路面结构形式,并研究其工作机理和设计方法,不仅能为光伏太阳能路面系统的研究和应用提供基本结构单元,而且也为新型路面结构的探索提供理论依据。因此,空心板块路面结构工作机理的研究是本项目的富有特色的开创性研究。

(2)太阳能光伏路面系统空心板单元制备工艺

虽然美国电气工程师 Scott Brusaw 率先提出了"太阳能路面"的创新构想,并着手制作了小型室内结构模型,但其模型目前只是一个透光板、光伏板和隔水板三者的简单拼装组合,虽然可以满足太阳能光伏发电的基本要求,但基本上未考虑路面需承受行车和人行荷载及环境因素的作用要求,距路面实用性相差甚远,所以目前太阳能光伏路面的研究和应用尚处于实验室概念原型探索阶段。同时,该概念一经提出,虽然得到很多欧美发达国家研究机构的重视,但至今未见到相应的其他研究人员制备模型的报道。为此,本项目基于空心板块路面结构形式,以发电和行车作为两大主攻目标,同时考虑各种表面、界面、防水、元件和接线等的处理要求,研究太阳能光伏路面空心板的封装制备技术,从而为太阳能路面系统的实现提供物质基础。因此,太阳能光伏路面空心板单元制备工艺的研究是本项目实现路面太阳能低成本规模化开发利用的特色和创新之处。

(3)太阳能光伏路面系统性能评价方法

前已述及,国内外目前对空心板块路面结构的研究和应用基本处于空白状态,对太阳能光伏路面系统的研究和应用也仅处于初级的实验室概念原型阶段,均未进行任何实际的工程应用,而基于空心板块结构的太阳能光伏路面系统更只是本项目的新设想,属于尚未探索的新型路面结构形式,所以其可行性和实用性都是值得深入探索的课题。为此,本项目通过大量室内对比试验,分析太阳能光伏路面系统的发电效能、物理力学和路用性能,提出各项性能评价指标和评价方法,从而评价其是否能达到高效清洁发电和高速安全行车的双重目标,为其实用性提供评价依据。因此,太阳能光伏路面系统性能评价方法的研究是本项目评价光伏太阳能路面可行性和实用性的又一特色和创新之处。

5. 技术路线

根据上述研究方案,确定本项目的主要研究技术路线如图 1 所示。

6. 经济、社会及环境效益

太阳能路面是一个全新研究方向,符合交通运输部提出的"四个交通"的战略发展目标,以及我国"可持续发展"和"资源节约型,环境友好型"两型社会发展的要求,具有深远的战略意义和广阔的发展空间。

在经济效益方面,路面暴露于地表,在阳光充分的季节,路面的温度往往要比气温高出很多,如果能将这些能量吸收,将会创造强大的能量。只需要不到 3% 的公路路面铺装太阳能光伏路面系统就能满足中国城乡居民生活用电量的需求。若按 2013 年我国用电量累计 53223 亿 kW · h 计算,也只需 1/4 的路面铺装太阳能光伏路面系统就可以满足要求。因此,利用太阳能光伏路面系统发电具有非常巨大的经济效益。

在社会效益方面,太阳能路面的实施将有效减少路面工程对沥青、水泥等原始材料的依赖,减少汽车对于石油的依赖,减少非环境友好型的发电模式,保护现有生态系统;有助于智能交通系统实施和道

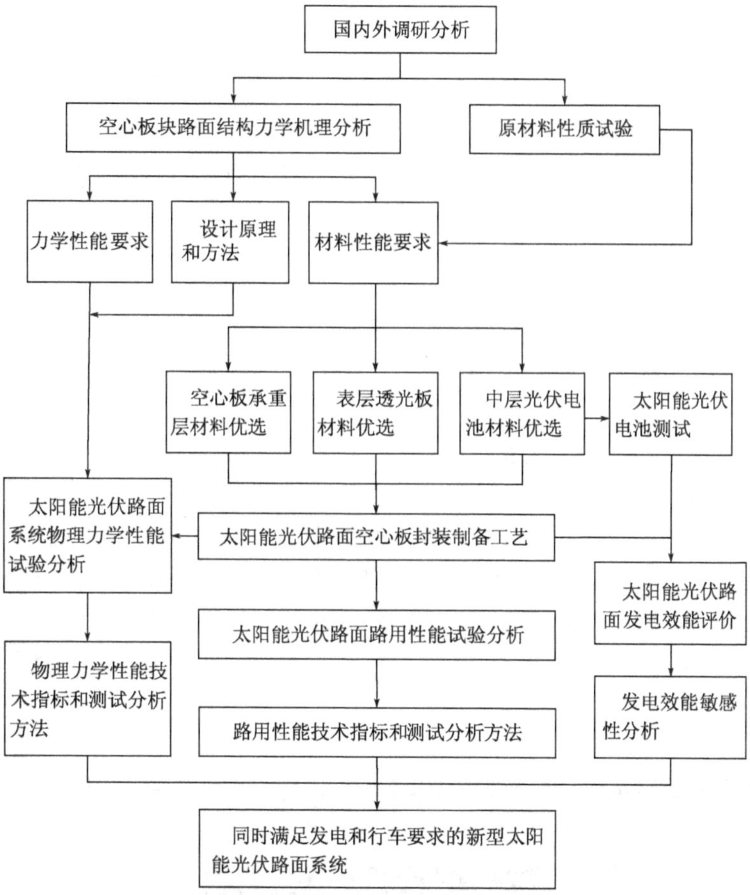

图1　研究技术路线

路安全。由于太阳能路面有效的电力保障及特殊铺筑材料,可以实现全线实时信息监控和反馈;加快电动汽车的应用和发展;可以在路面上直接显示路面信息,实现对汽车的全程监控,从而保障道路的相对安全。真正使道路、车与人联结成为一个有效整体,从而可以大范围地实施智能运营,减少交通拥堵,避免交通事故。

在环境效益方面,根据国家能源局发布的2013年全社会用电量等数据计算,我国只需要30%的公路采用太阳能路面系统,就可以摆脱煤炭、石油等化石燃料的束缚及对环境的污染,具有显著的环境效益。

实现太阳能路面还将有效解决道路冰冻问题、缓解城市热岛效应等现实问题,对于社会发展将具有十分重要的理论意义和实用价值。

三、我国沥青路面结构设计分析

简介:本文是应百度专家在线之约,就我国沥青路面结构设计进行讨论,根据语音记录的文字整理稿。

20 世纪 90 年代后由于经济的高速发展,道路交通量猛增,大型车辆也越来越多,在这种情况下,我国已修建的路面(沥青和水泥)出现了不少的损坏(如开裂、水损害等)。针对这些损坏现象,作者从路面结构设计、超载车辆作用、原材料质量、路面防排水系统设计、施工质量控制进行了分析,提出了其中的问题和提高路面质量的一些措施。另外,对沥青路面上、中、下面层的功能划分,top-down 开裂,半刚性基层的评价和防反射裂缝,柔性基层的使用,美国 Superpave 混合料设计方法的应用,改性沥青路面等问题也进行了比较详细的说明,提出了自己的见解,尽管是十几年前的讨论,但至今仍具有较高参考意义!

以上为“我国沥青路面结构设计分析”讨论文稿的简介,想详细了解全部内容请扫下面的二维码。

“我国沥青路面结构设计分析”讨论文稿

四、《公路沥青路面设计规范》(JTG D50—2017)解读

简介:此为规范宣贯会议所用 PPT,主要介绍了《公路沥青路面设计规范》(JTG D50—2017)在 2006 年版基础上所做的重大调整。

以下为"《公路沥青路面设计规范》(JTG D50—2017)解读"PPT 的节选部分,想详细了解全部内容请用微信扫 PPT 节选部分后的二维码。

节选一

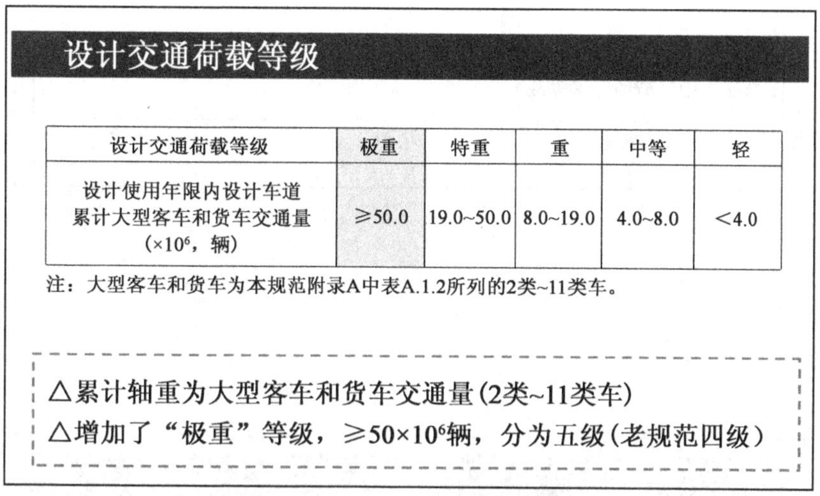

设计交通荷载等级	极重	特重	重	中等	轻
设计使用年限内设计车道累计大型客车和货车交通量(×10⁶,辆)	≥50.0	19.0~50.0	8.0~19.0	4.0~8.0	<4.0

节选二

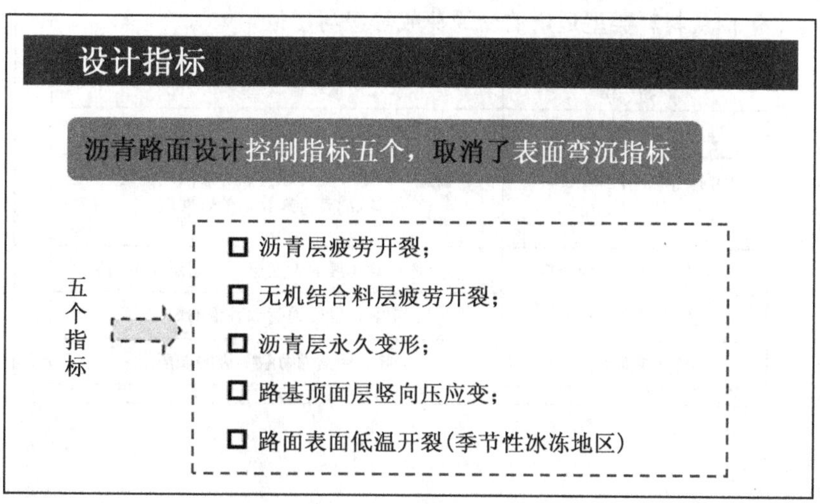

节选三

设计指标应满足(验算指标)

- ◆ 沥青层和无机结合料层的疲劳开裂寿命(次)，
  [容许的]均应大于设计年限内当量轴载累计作用次数；
- ◆ 沥青永久变形量，应小于下表中容许的变形量值；

沥青混合料层容许永久变形量(mm)

基层类型	沥青混合料层容许永久变形量	
	高速、一级公路	二级、三级公路
无机结合料稳定类基层、水泥混凝土上基层和底基层为无机结合料稳定类的沥青混合料基层	15	20
其他基层	10	15

节选四

结构组合设计

注意以下几点

- 基层和底基层厚度，突出了集料公称最大粒径的关系
- 面层材料类型适用的交通荷载等级与层位

材料类型	适用交通荷载等级和层位
连续级配沥青混合料	各交通荷载等级的表面层、中面层和下面层
沥青玛蹄脂碎石混合料	极重、特重和重交通荷载等级的表面层、对抗滑有特殊要求的表面层
厂拌热再生沥青混合料	各交通荷载等级的表面层、中面层和下面层
上拌下贯沥青碎石	中等、轻交通荷载等级的面层
沥青表面处治	中等、轻交通荷载等级的表面层

节选五

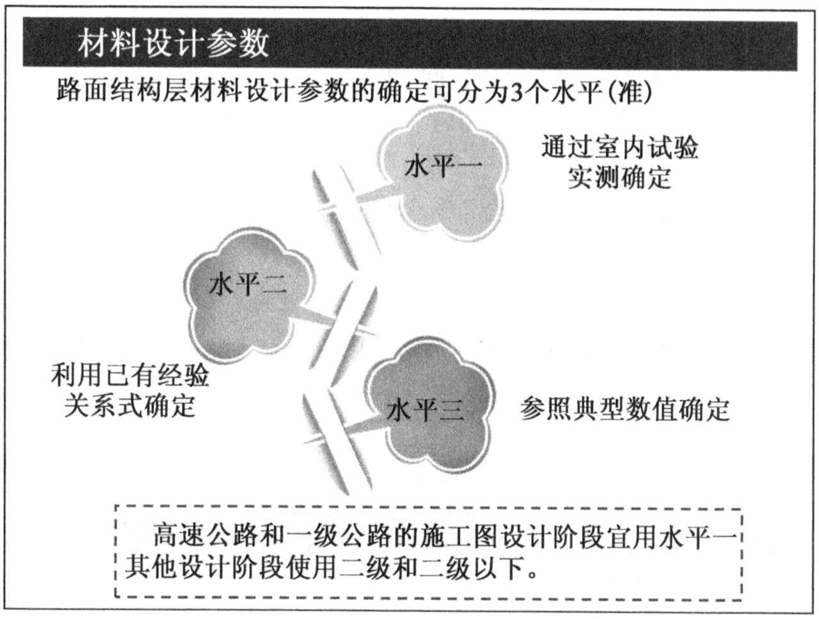
材料设计参数
路面结构层材料设计参数的确定可分为3个水平(准)
水平一
通过室内试验
实测确定
水平二
利用已有经验
关系式确定
水平三
参照典型数值确定
高速公路和一级公路的施工图设计阶段宜用水平一
其他设计阶段使用二级和二级以下。

节选六

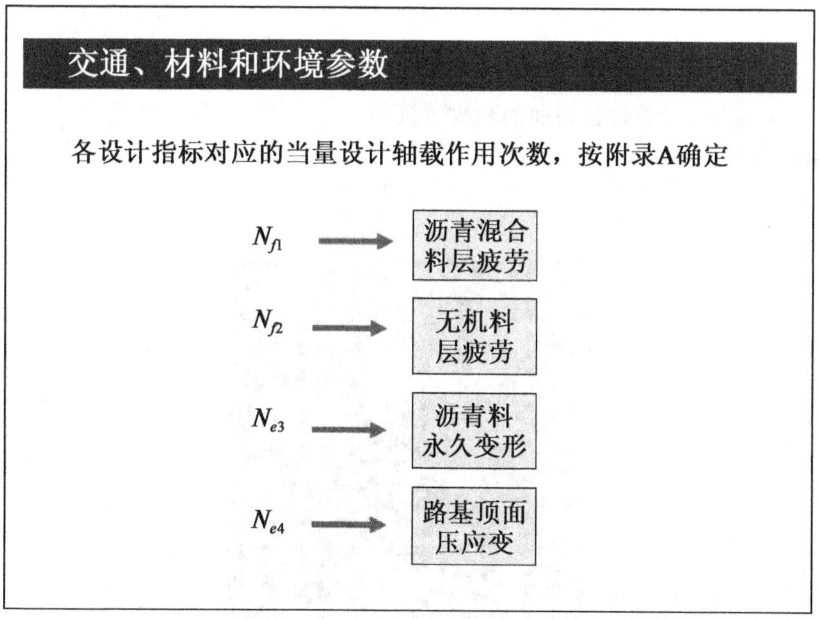
交通、材料和环境参数
各设计指标对应的当量设计轴载作用次数，按附录A确定
N_{f1}
沥青混合
料层疲劳
N_{f2}
无机料
层疲劳
N_{e3}
沥青料
永久变形
N_{e4}
路基顶面
压应变

节选七

新规范结构验算方法

- (1) 调查分析交通参数，确定交通荷载等级；
- (2) 根据路基土类、地下水位高度确定路基干湿类型和湿度状况，确定路基顶面回弹模量；
- (3) 根据设计要求，初拟路面结构组合与厚度方案，选取设计指标；
- (4) 确定各结构层模量等设计参数；
- (5) 检验粒料的CBR值，无机结合料的无侧限抗压强度，沥青低温性能要求，沥青混合料的低温破坏应变、动稳定度、贯入强度和水稳性等指标

节选八

新规范结构验算方法

- (5) 确定各设计指标对应的温度调整系数或等效温度；
- (6) 采用多层弹性体系理论程序计算各规定点各设计指标的力学响应量；
- (7) 验算路面结构；
- (8) 对通过结构验算的结构进行技术经济分析，选定设计的路面结构；
- (9) 计算设计路面的验收弯沉值

“《公路沥青路面设计规范》(JGT D50—2017)解读”PPT

五、路面工程建设应关注的几个热点问题

简介：本文主要介绍了路面设计（包括可行性研究），路面材料设计和质量控制，路面施工技术和管理，路面预防性养护和养护管理系统推广，路面新材料、新技术的应用与培训，路面的维修、改建和扩建这六方面中我国路面工程建设应关注的问题。

以下为“路面工程建设应关注的几个热点问题”PPT 的节选部分，想详细了解全部内容请用微信扫 PPT 节选部分后的二维码。

节选一

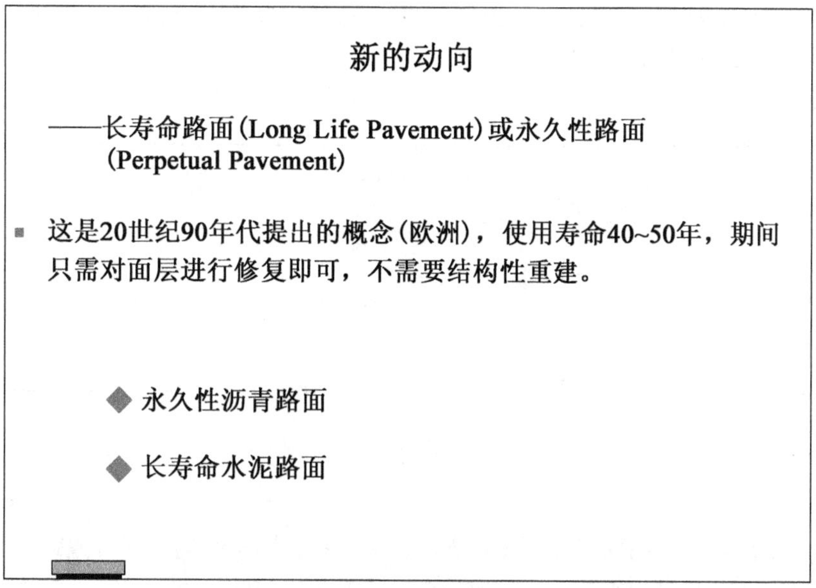

节选二

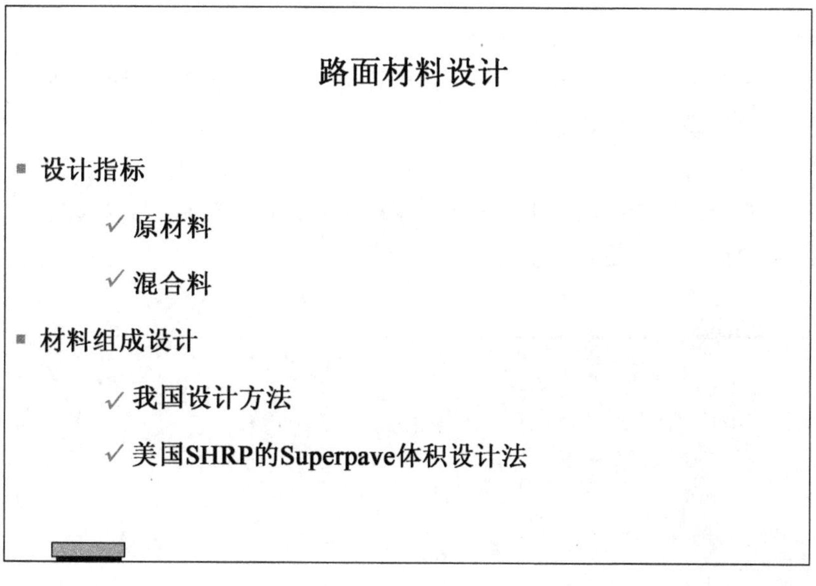

节选三

主要内容

- □ 现状——未脱离低等级道路的养护模式，“头痛医头，脚痛医脚”养护资金分配不合理；养护管理系统难推广
- □ 预防性养护与全寿命周期费用问题——路面预防性养护是保证路面使用性能及延长路面寿命，节省成本(养护修建成本、运输成本)的方法，值得推荐
- □ 路面管理系统的建立与推广问题——进料(称量)、温度控制、干拌湿拌时间、沥青用量控制

节选四

主要内容

- □ 现状——路面早期损坏较突出；交通量预测不准确，现有道路不能满足行车要求；使用寿命段，改建工程不少
- □ 改建扩建路面的设计——旧路面评价、冼刨或破碎、新的罩面补强设计、旧路加宽方法等
- □ 沥青混凝土路面再生——进料（称量）、温度控制、干拌湿拌时间、沥青用量控制

节选五

主要内容

- □ 现状——随着科学技术的进步，路面工程中应用了许多新材料、新技术和新工艺，但有的得到了应用，有的还没有引起工程技术界的重视。
- □ 路面新材料
  - ✓ 改性沥青
  - ✓ 高分子材料
- □ 施工技术
  - ✓ 旧混凝土路面的破碎加固技术
  - ✓ 各种养护技术

"路面工程建设应关注的几个热点问题"PPT

六、沥青及沥青混合料的研究现状与发展

简介:为提高我国沥青路面的研究技术,本文着重从本构模型与微观结构两方面综述了近 20 年来沥青及沥青混合料的研究现状与发展前景,首先对沥青的组分、分子结构、本构模型及结构研究的新动态进行了总结;再次对沥青混合料的本构模型、微观结构、多尺度模拟、虚拟试验法、有限单元模型及微观结构分析中的数学力学方法进行了梳理。

以下为“沥青力学及沥青混合料的研究现状与发展”PPT 的节选部分,想详细了解全部内容请用微信扫 PPT 节选部分后的二维码。

节选一

一、沥青结合料的性质

沥青三个组成部分:沥青质、饱和烃(油分)和

树脂 { 环烷芳香分 / 极性芳香分 }

沥青性质与温度有很大关系:流体(牛顿流),黏弹性体,黏塑性体,同时它的组成不同,它的物理、化学和力学性质都会不同。

节选二

1.沥青黏结剂的玻璃化过渡

玻璃化过度是沥青结构的重要概念,到达这个温度时沥青从液化变成了固体或半固体。其温度范围-40~0℃,它随着沥青中沥青质馏分物的增加而增加。

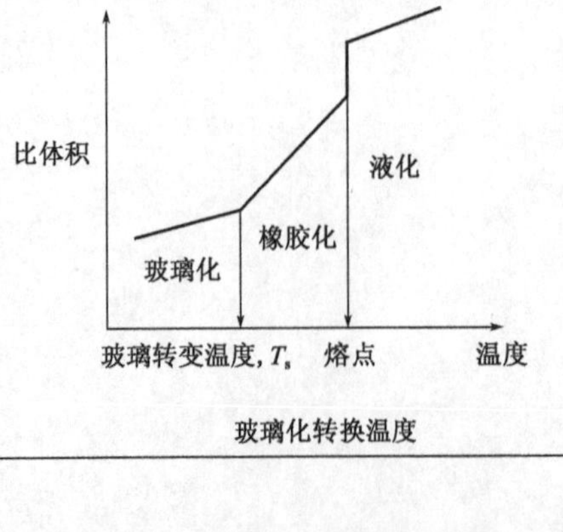

玻璃化转换温度

节选三

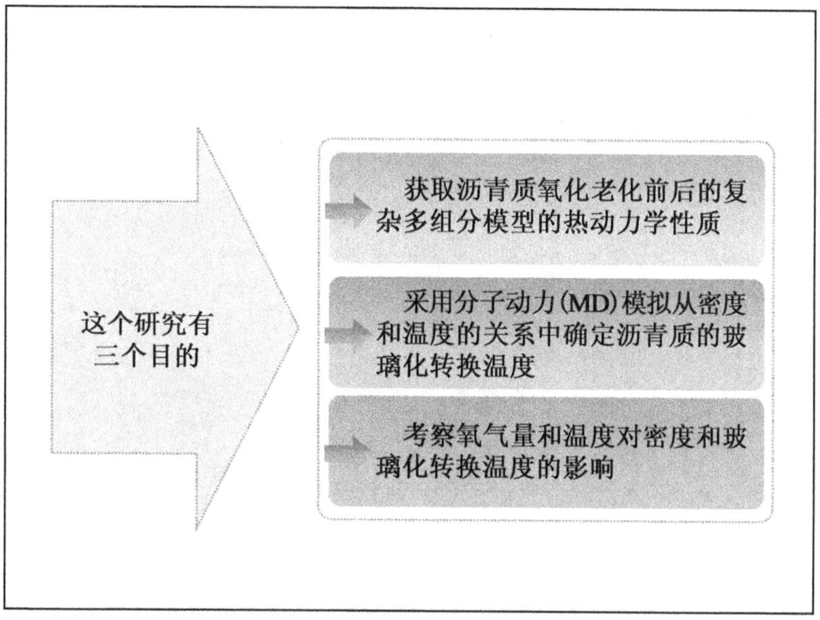

节选四

四、沥青混凝土研究一些新动态

1.关于沥青混凝土模型的研究

近20年来对于沥青混凝土(AC)发展了许多合理的模型，主要有：

1)连续介质破坏力学的黏塑形模型(VEPCD)

这部分工作主要是由Richard Kim(1995, 2004, 2009)和他的小组完成的。主要特点如下：

应变分量：

$$\varepsilon_{Total}=\varepsilon_{ve}+\varepsilon_{vp}$$

式中：ε_{Total}——总应变；

ε_{ve}——黏弹性应变；

ε_{vp}——黏塑形应变。

节选五

应力应变关系：

对于线性黏塑性材料，有：

$$\sigma_{ij}=\int_{o}^{\xi}E_{ijkl}(\xi-\tau)\frac{\partial\varepsilon_{kl}}{\partial\tau}\mathrm{d}\tau$$

式中：σ_{ij}、ε_{kl}——应力和应变张量；

E_{ijkl}——松弛模量张量；

t——物理时间；

τ——积分变量；

ξ——减少的时间，$\xi=t/a_{\mathrm{T}}$；

其中：a_{T}——与试件有关的转换因子。

节选六

由此，Benedetto提出了DBN模型：

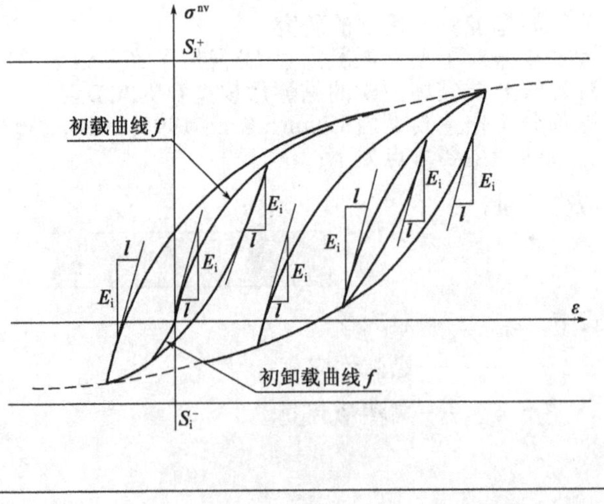

节选七

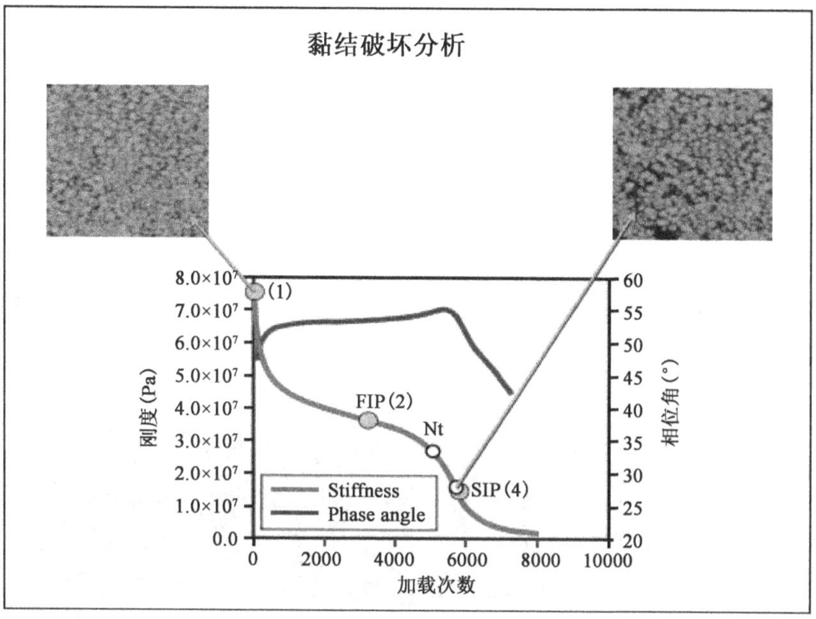

节选八

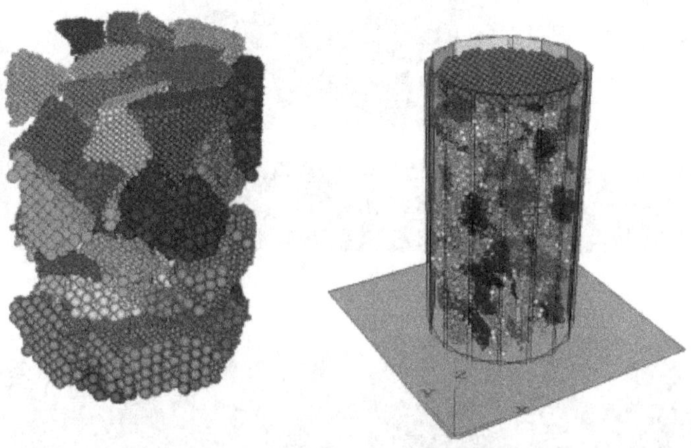

“沥青及沥青混合料的研究现状与发展”PPT

七、沥青路面再生关键技术及实际应用

简介：本文主要介绍了国内外再生利用现状、再生技术分类及特点、再生关键技术研究、再生实际应用等方面内容，并着重从旧路性能评价及再生方式选择、沥青老化与再生机理、再生设备及选择、再生沥青混合料路用性能和结构组合设计几个方面进行了沥青路面再生关键技术研究。

以下为“沥青路面再生关键技术及实际应用”PPT 的节选部分，想详细了解全部内容请用微信扫 PPT 节选部分后的二维码。

节选一

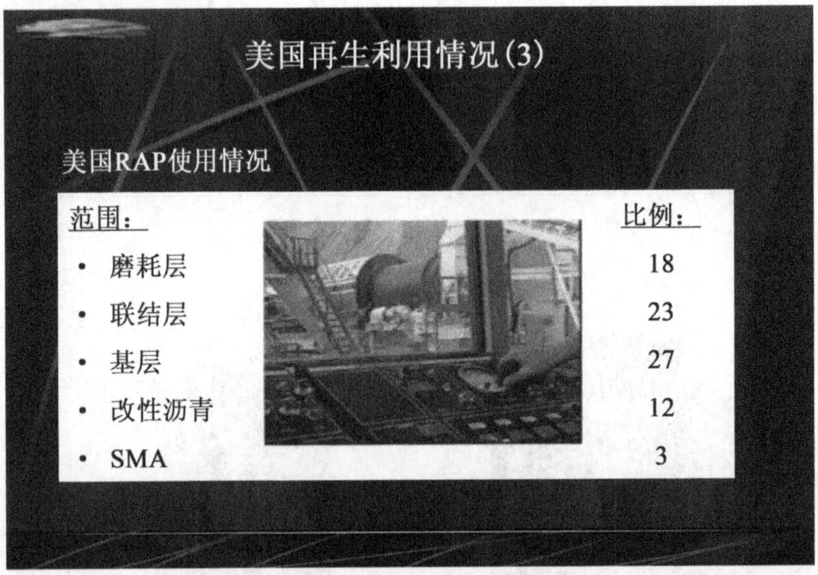

节选二

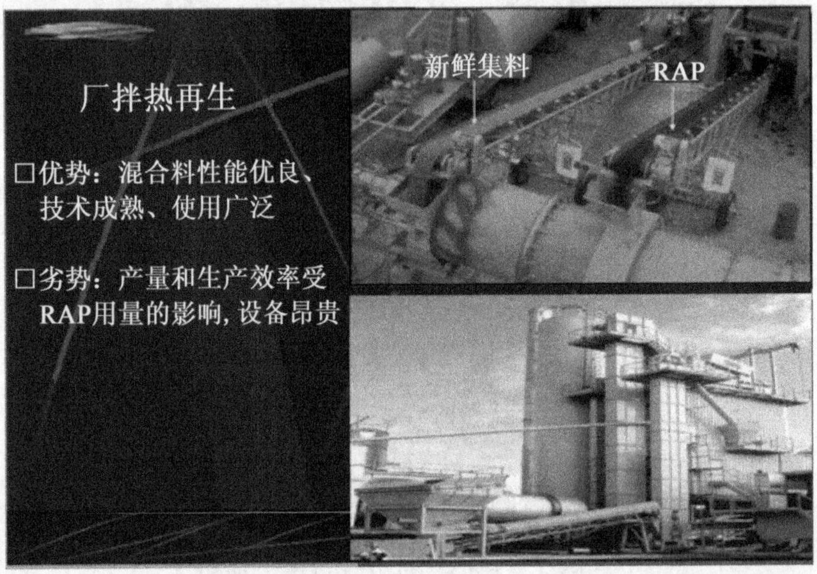

节选三

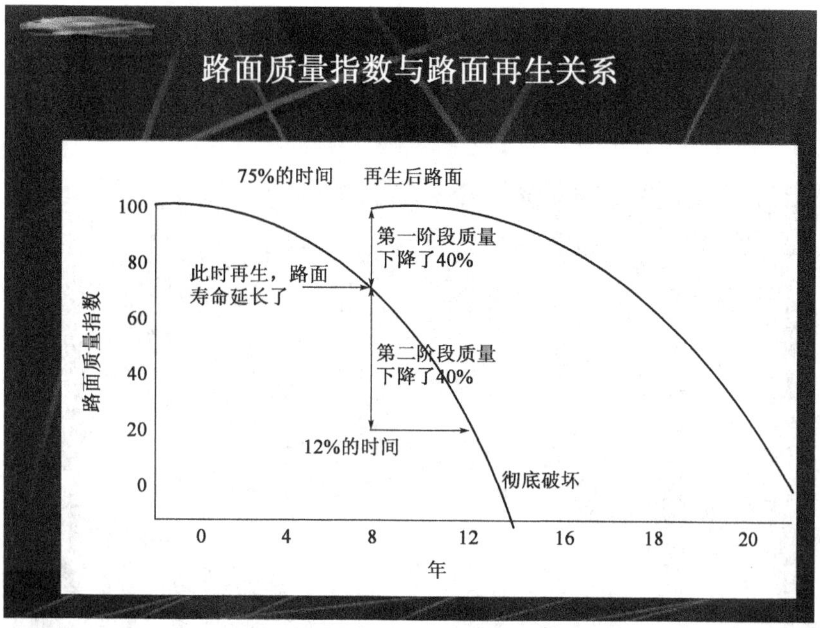
路面质量指数与路面再生关系
75%的时间
再生后路面
100
80
60
40
20
0
路面质量指数
第一阶段质量
下降了40%
此时再生，路面
寿命延长了
第二阶段质量
下降了40%
12%的时间
彻底破坏
0
4
8
12
16
18
20
年

节选四

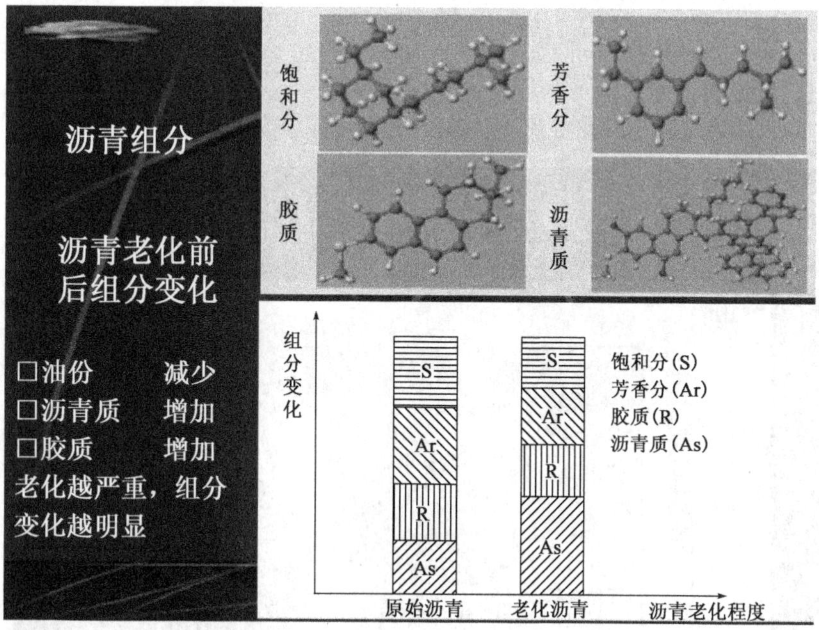
沥青组分
沥青老化前
后组分变化
□油份 减少
□沥青质 增加
□胶质 增加
老化越严重，组分
变化越明显
饱和分
芳香分
胶质
沥青质
组分变化
S
Ar
R
As
饱和分(S)
芳香分(Ar)
胶质(R)
沥青质(As)
原始沥青
老化沥青
沥青老化程度

节选五

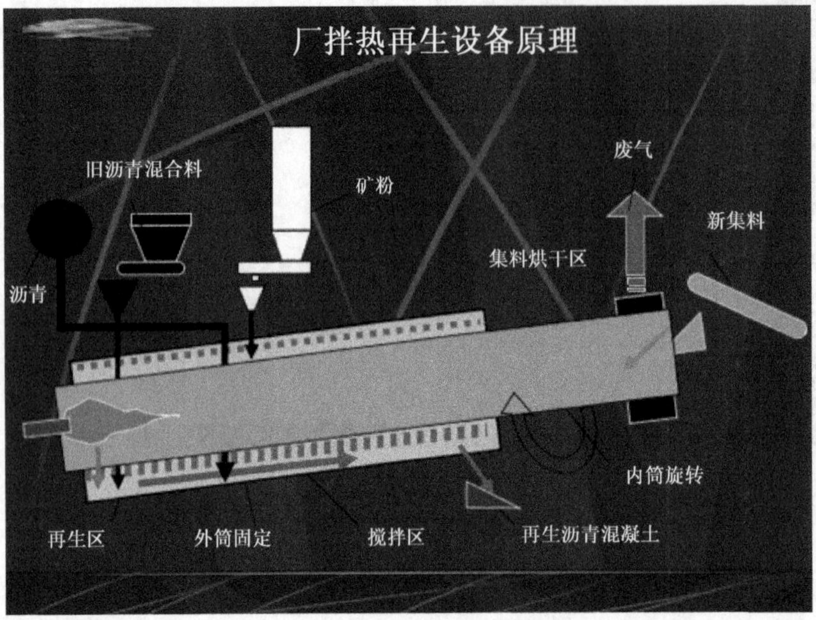
厂拌热再生设备原理
旧沥青混合料
矿粉
废气
新集料
集料烘干区
沥青
内筒旋转
再生区
外筒固定
搅拌区
再生沥青混凝土

节选六

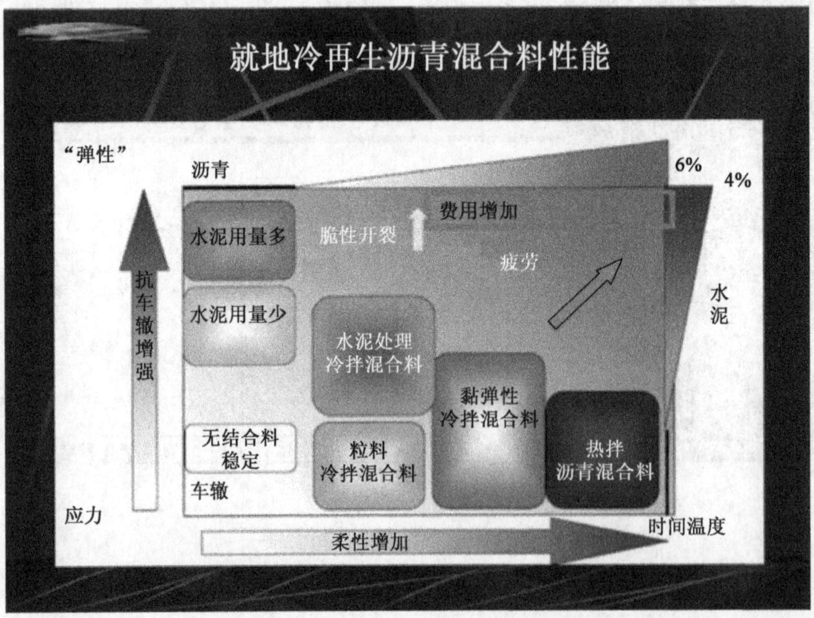
就地冷再生沥青混合料性能
"弹性"
沥青
6%
4%
费用增加
水泥用量多
脆性开裂
疲劳
抗车辙增强
水泥用量少
水泥
水泥处理冷拌混合料
黏弹性冷拌混合料
无结合料稳定
粒料冷拌混合料
热拌沥青混合料
车辙
应力
时间温度
柔性增加

节选七

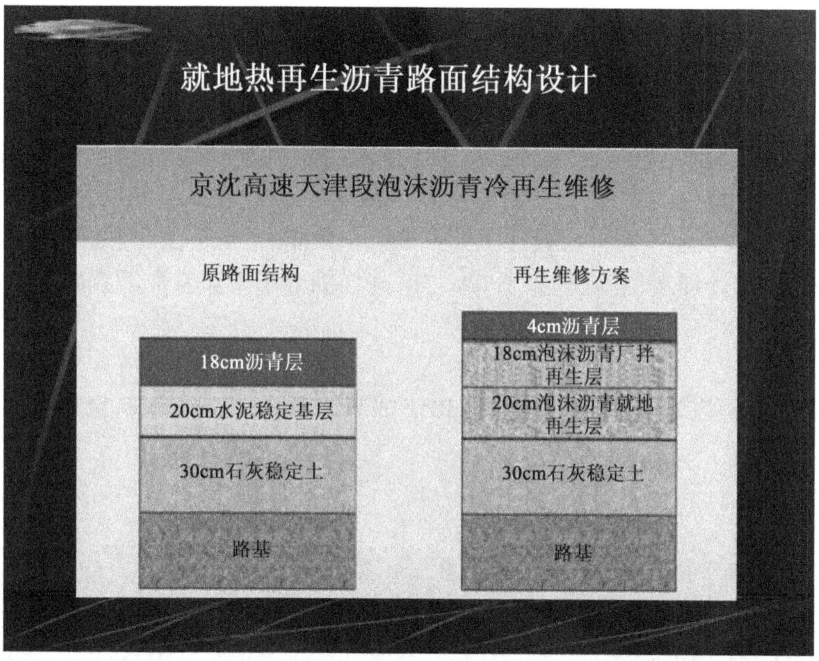

“沥青路面再生关键技术及实际应用”PPT

八、长寿命路面设计理念及应用状况

简介:长寿命沥青路面(perpetual pavement)是指只需定期更换路面表层(把破坏限制在路面上层),而不需进行结构性修复或重建,且使用寿命大于50年的沥青路面。其设计理念:上面层设计主要考虑抗车辙能力和抗磨耗能力;中间层设计主要考虑抗车辙能力;基层设计主要考虑抗疲劳能力。本文介绍了长寿命路面的设计理念、基础要求、性能目标,并详细介绍了长寿命沥青路面在欧洲和美国的应用情况。

以下为"长寿命路面设计理念及应用状况"PPT的节选部分,想详细了解全部内容请用微信扫PPT节选部分后的二维码。

节选一

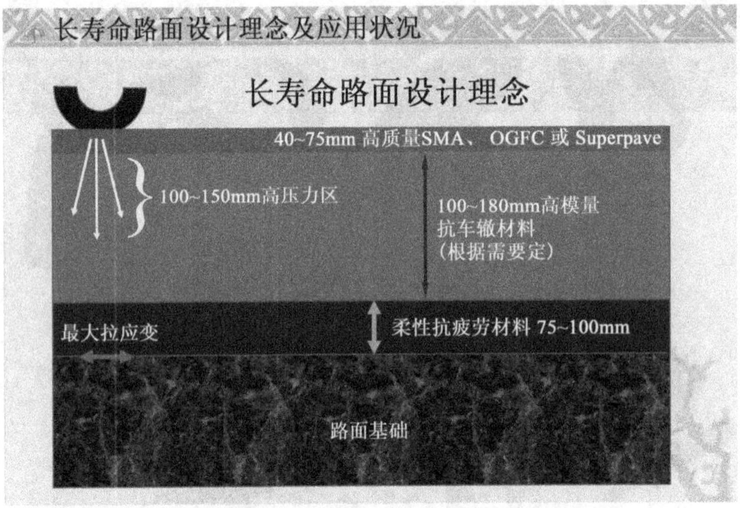

节选二

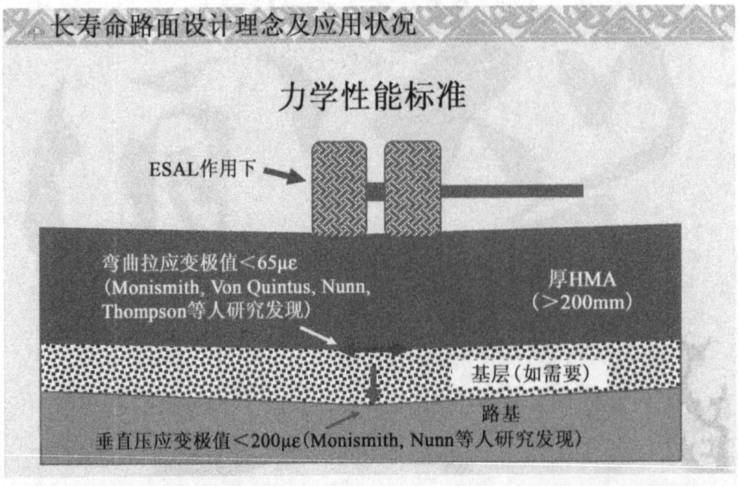

节选三

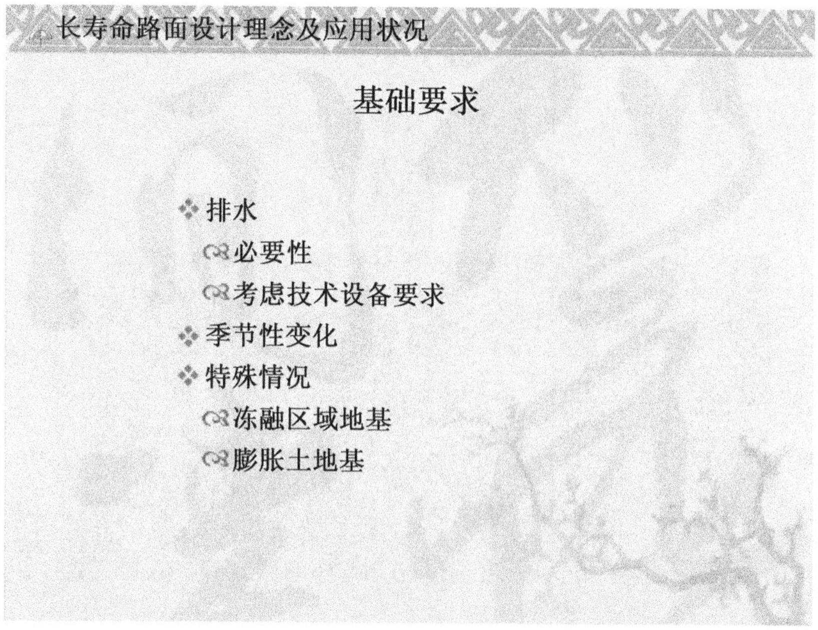
长寿命路面设计理念及应用状况
基础要求
排水
必要性
考虑技术设备要求
季节性变化
特殊情况
冻融区域地基
膨胀土地基

节选四

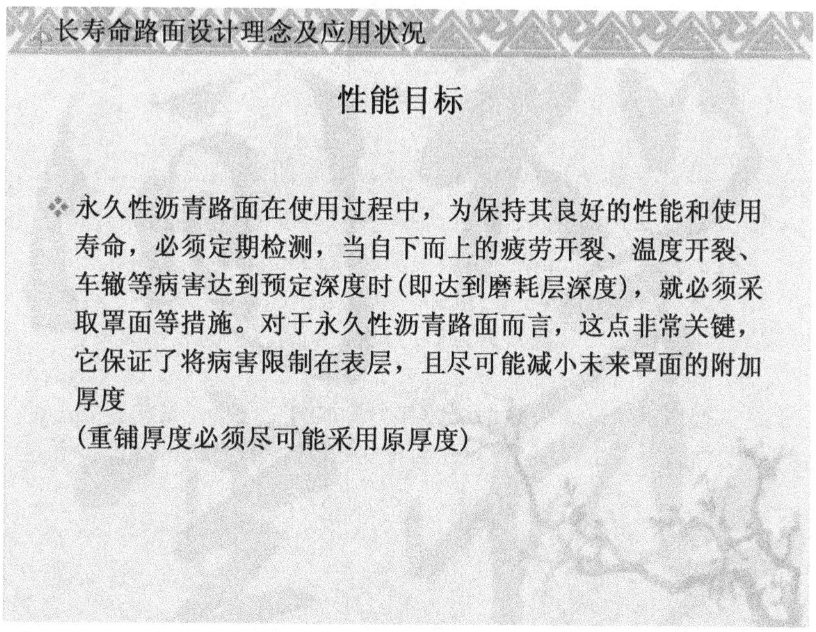
长寿命路面设计理念及应用状况
性能目标
永久性沥青路面在使用过程中，为保持其良好的性能和使用寿命，必须定期检测，当自下而上的疲劳开裂、温度开裂、车辙等病害达到预定深度时(即达到磨耗层深度)，就必须采取罩面等措施。对于永久性沥青路面而言，这点非常关键，它保证了将病害限制在表层，且尽可能减小未来罩面的附加厚度
(重铺厚度必须尽可能采用原厚度)

节选五

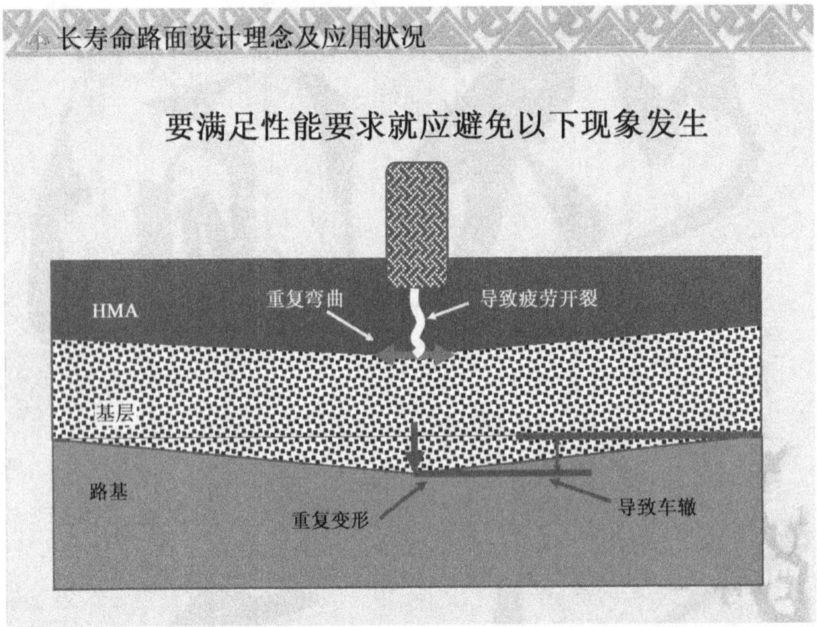
长寿命路面设计理念及应用状况
要满足性能要求就应避免以下现象发生
HMA
重复弯曲
导致疲劳开裂
基层
路基
重复变形
导致车辙

节选六

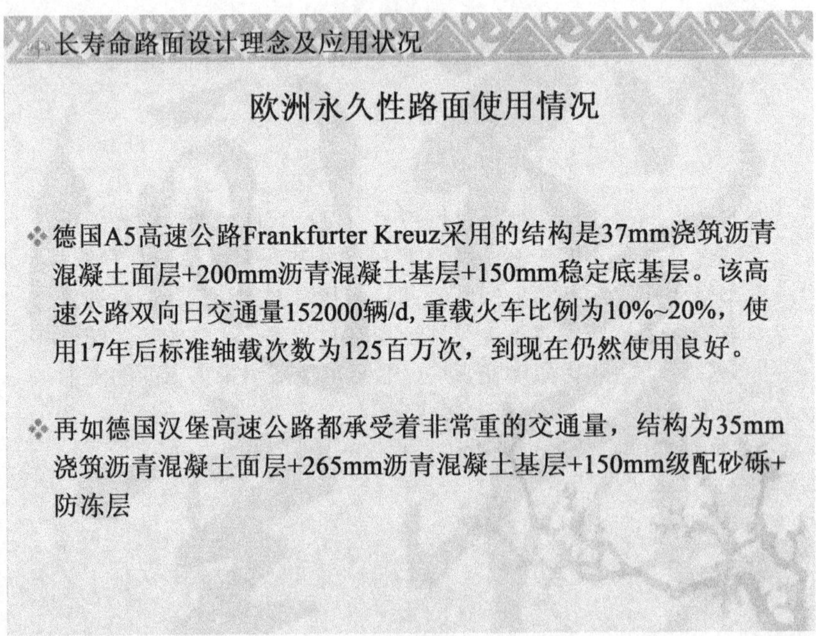
长寿命路面设计理念及应用状况
欧洲永久性路面使用情况
德国A5高速公路Frankfurter Kreuz采用的结构是37mm浇筑沥青混凝土面层+200mm沥青混凝土基层+150mm稳定底基层。该高速公路双向日交通量152000辆/d，重载火车比例为10%~20%，使用17年后标准轴载次数为125百万次，到现在仍然使用良好。
再如德国汉堡高速公路都承受着非常重的交通量，结构为35mm浇筑沥青混凝土面层+265mm沥青混凝土基层+150mm级配砂砾+防冻层

节选七

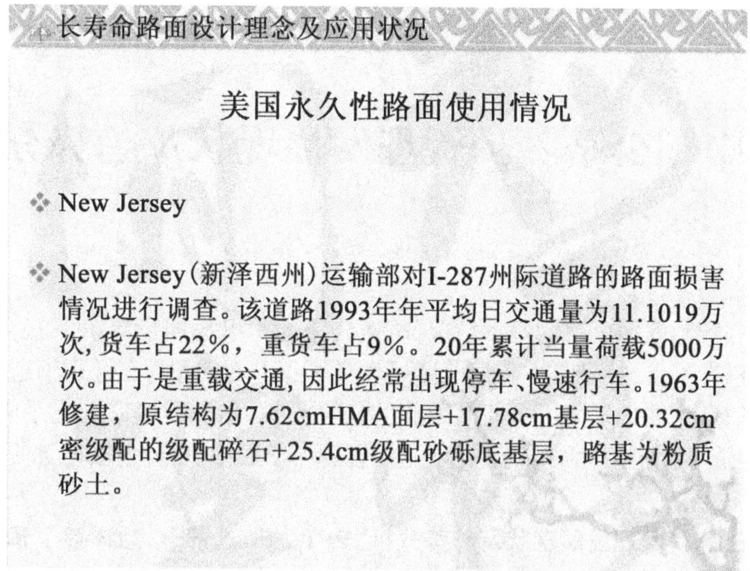

节选八

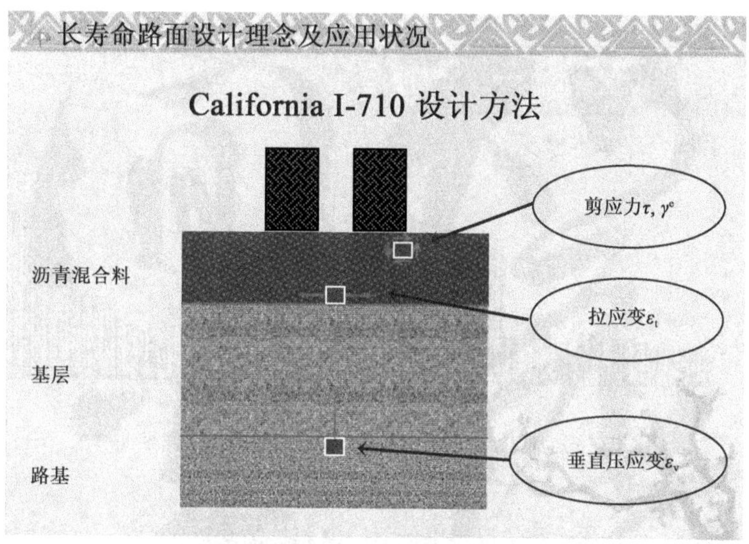

“长寿命路面设计理念及应用状况”PPT

九、中国公路养护管理发展现状及趋势分析

简介：本文首先分析了我国公路的基本情况，高速公路通车里程居世界第一，公路路面质量基本良好；但养护经费投入稍有不足，特别是国省道路路面优良率仅有80%，对交通运输造成一定的影响。在公路养护管理方面，信息化技术发展不平衡。因此，构建合理的养护管理信息化系统平台，把公路基础数据库与公路养护评价系统很好地结合起来，以达到管理科学和投资合理化，全面提升公路养护水平。

以下为"中国公路养护管理发展现状及趋势分析"PPT的节选部分，想详细了解全部内容请用微信扫PPT节选部分后的二维码。

节选一

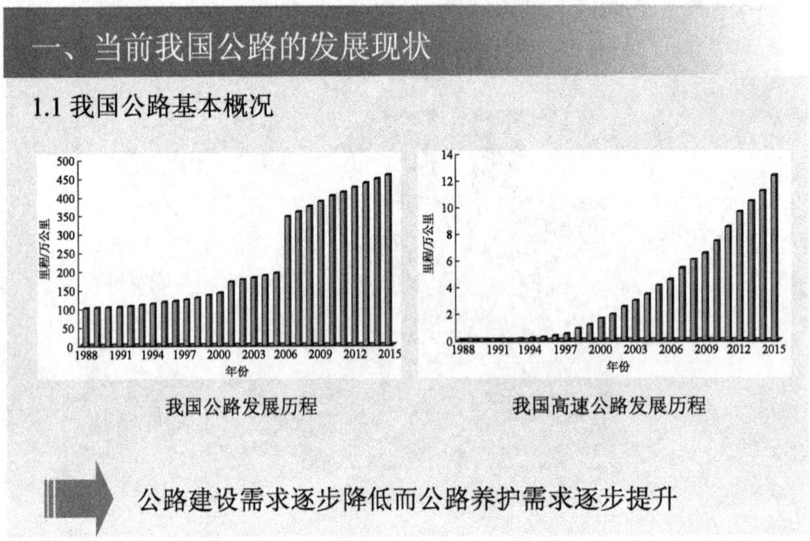

节选二

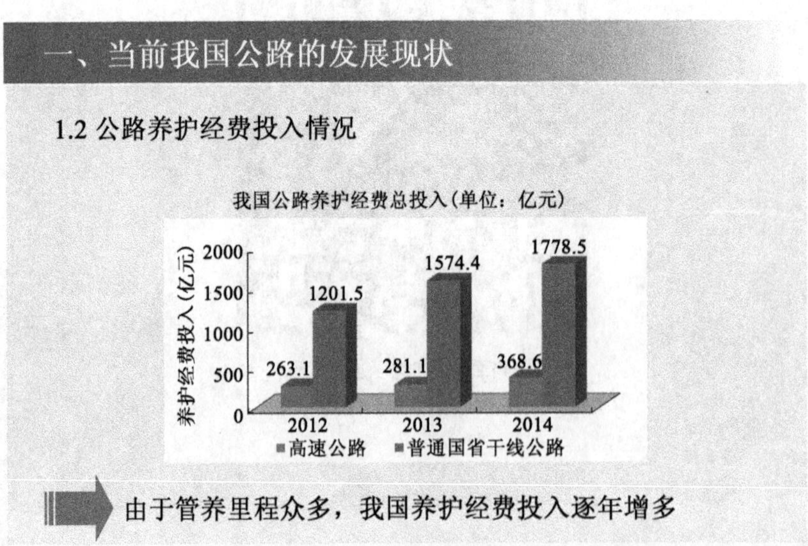

节选三

一、当前我国公路的发展现状

1.2 公路养护经费投入情况

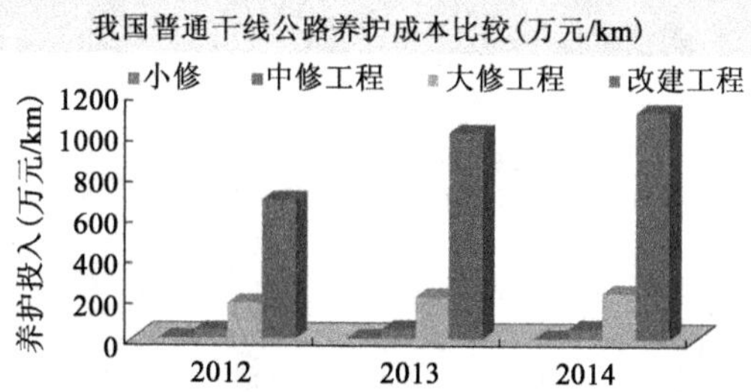

年份	小修保养	路面中修工程	路面大修工程	改修工程
2012	3.61	40.98	175.02	683.66
2013	3.91	48.11	206.93	1014.99
2014	5.14	52.65	225.39	1116.46

节选四

一、当前我国公路的发展现状

1.3 我国公路路况水平

(1)优良路率、次差路率

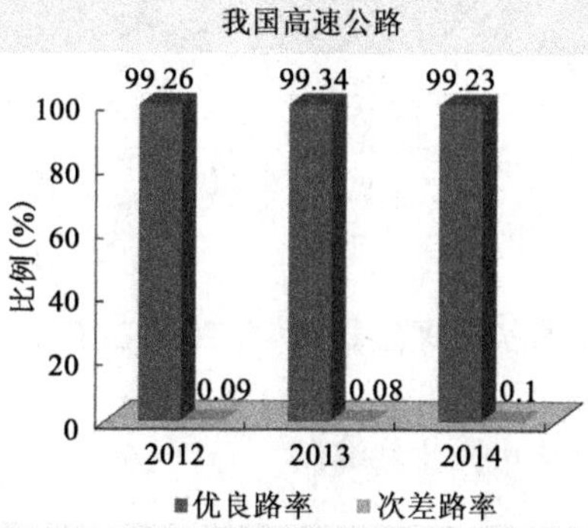

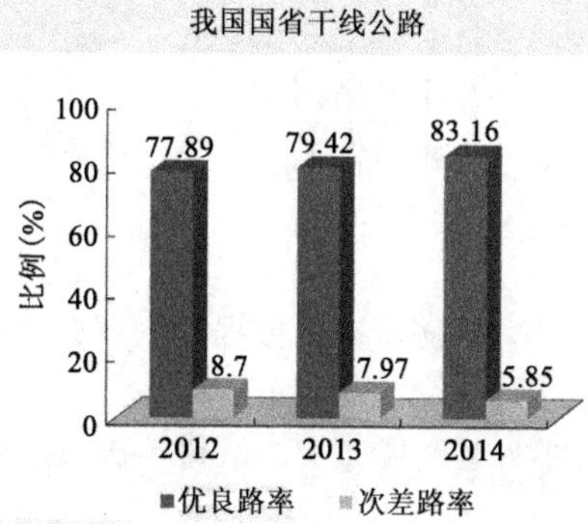

节选五

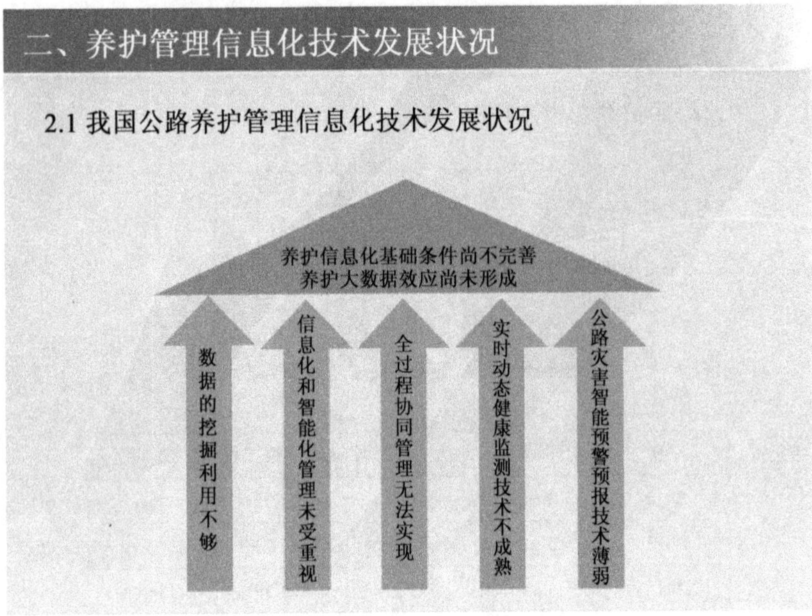
二、养护管理信息化技术发展状况
2.1 我国公路养护管理信息化技术发展状况
养护信息化基础条件尚不完善
养护大数据效应尚未形成
数据的挖掘利用不够
信息化和智能化管理未受重视
全过程协同管理无法实现
实时动态健康监测技术不成熟
公路灾害智能预警预报技术薄弱

节选六

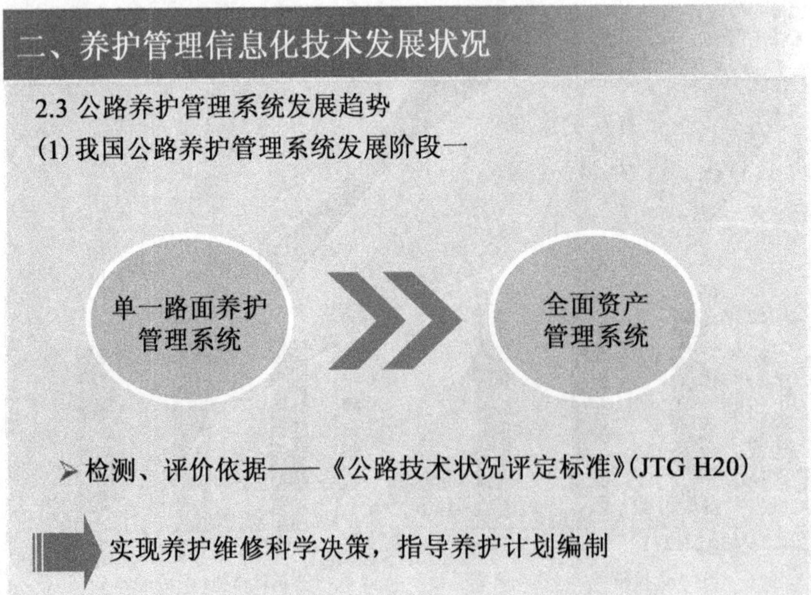
二、养护管理信息化技术发展状况
2.3 公路养护管理系统发展趋势
(1) 我国公路养护管理系统发展阶段一
单一路面养护管理系统
全面资产管理系统
➢检测、评价依据——《公路技术状况评定标准》(JTG H20)
实现养护维修科学决策，指导养护计划编制

节选七

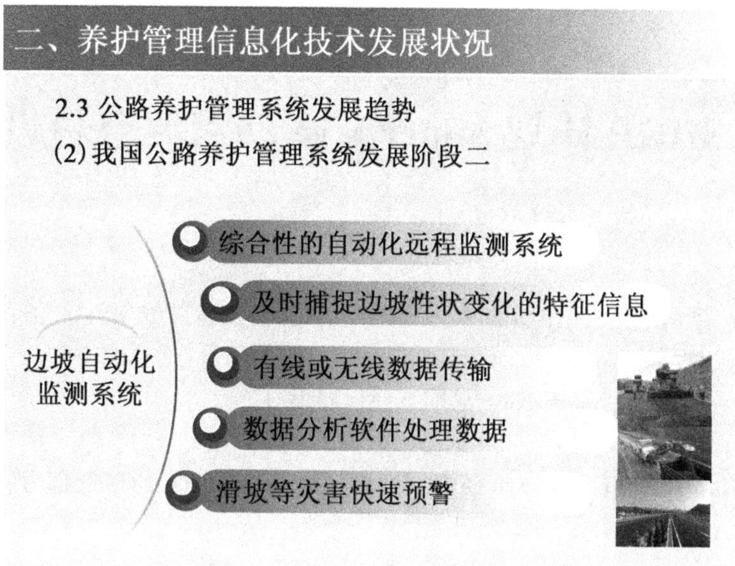

节选八

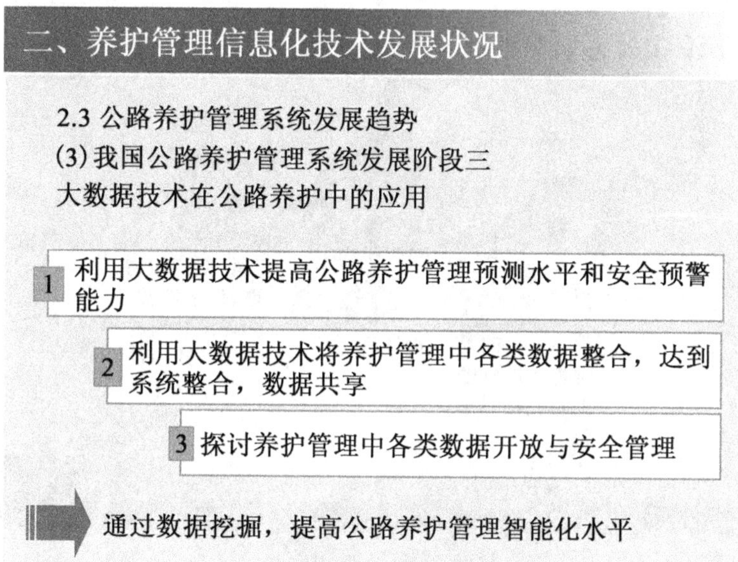

“中国公路养护管理发展现状及趋势分析”PPT

十、美国 SHRP 计划 Superpave 沥青混合料设计方法

简介:本文主要介绍了美国 SHRP 计划中沥青研究的内容,沥青胶结料性能规范,矿质集料规范,沥青混合料体积配合比设计,superpave 三个设计水准和对应的交通量,试验内容和相关设备,superpave 沥青混合料设计。其中重点介绍了 superpave 水准 1 混合料设计。

以下为“美国 SHRP 计划 Surperpave 沥青混合料设计方法”PPT 的节选部分,想了解详细文字内容及 PPT 全部内容请扫节选部分后的二维码。

节选一

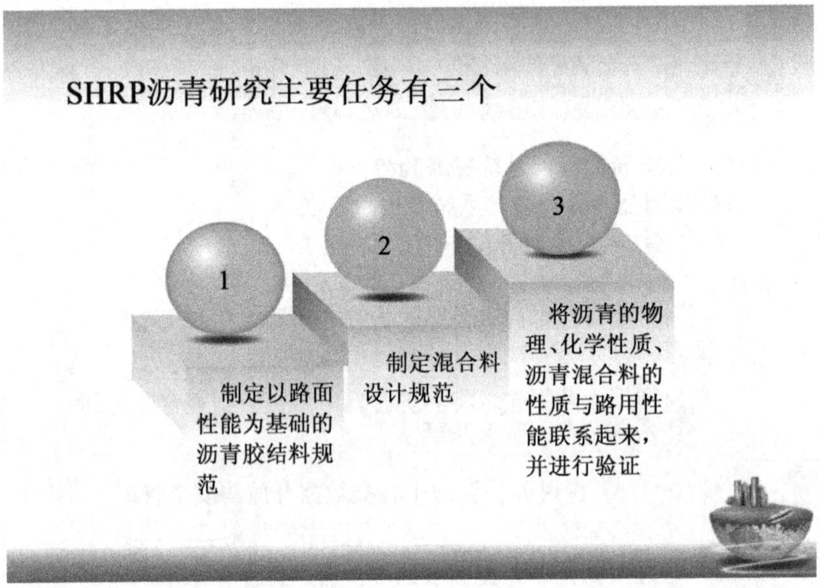

节选二

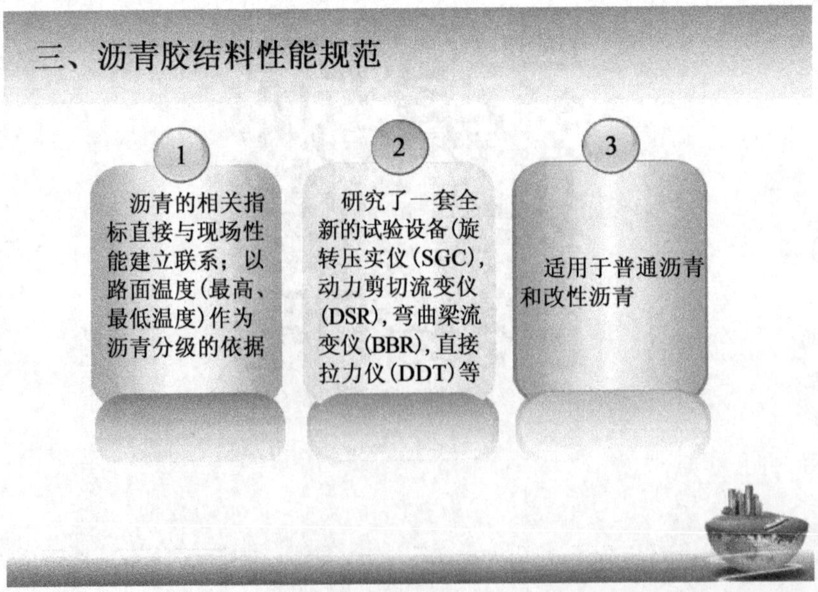

节选三

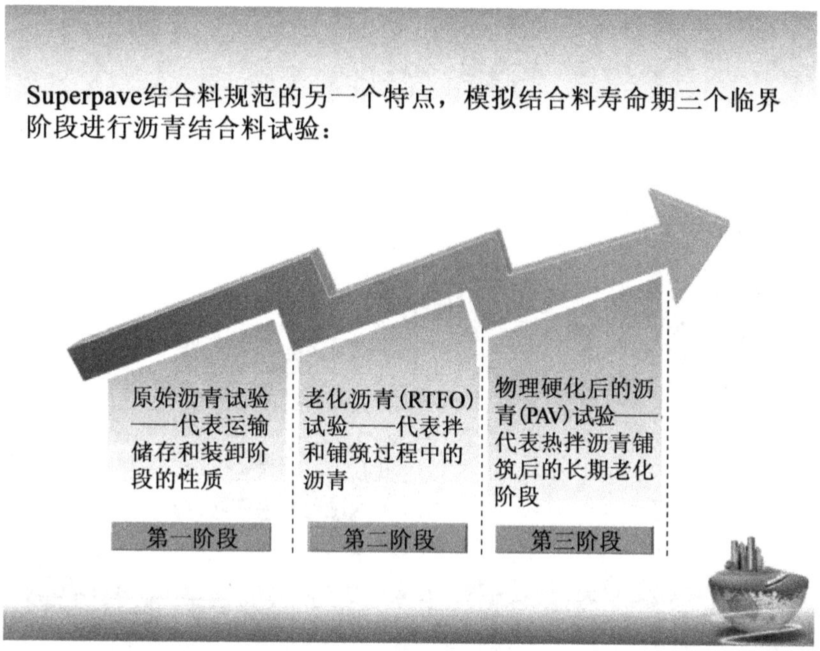
Superpave结合料规范的另一个特点，模拟结合料寿命期三个临界阶段进行沥青结合料试验：
原始沥青试验——代表运输储存和装卸阶段的性质
老化沥青(RTFO)试验——代表拌和铺筑过程中的沥青
物理硬化后的沥青(PAV)试验——代表热拌沥青铺筑后的长期老化阶段
第一阶段
第二阶段
第三阶段

节选四

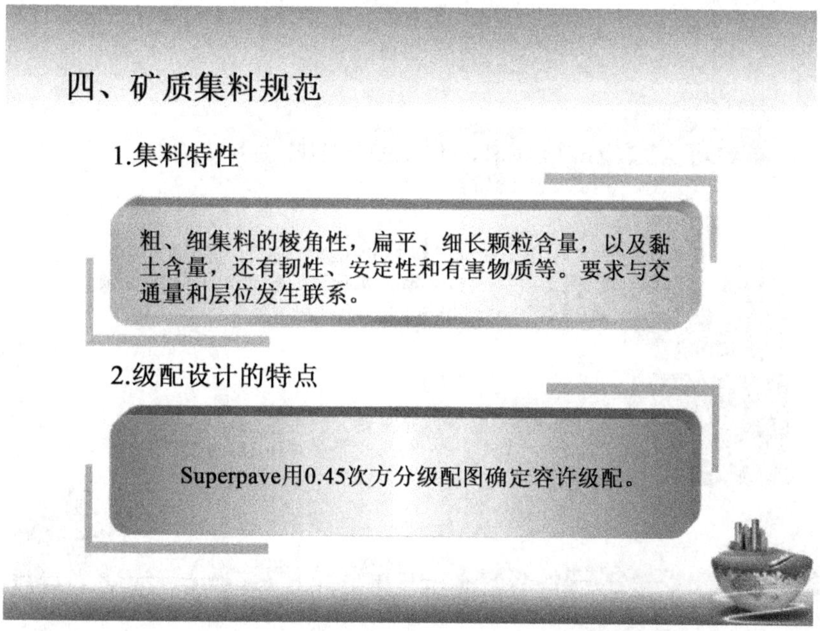
四、矿质集料规范
1.集料特性
粗、细集料的棱角性，扁平、细长颗粒含量，以及黏土含量，还有韧性、安定性和有害物质等。要求与交通量和层位发生联系。
2.级配设计的特点
Superpave用0.45次方分级配图确定容许级配。

节选五

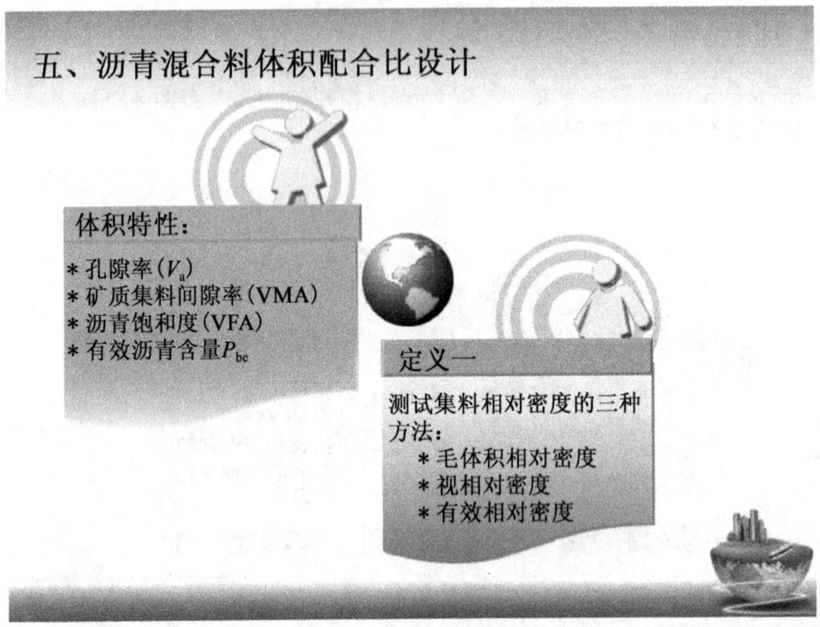

五、沥青混合料体积配合比设计
体积特性：
* 孔隙率（V_a）
* 矿质集料间隙率（VMA）
* 沥青饱和度（VFA）
* 有效沥青含量P_{be}
定义一
测试集料相对密度的三种方法：
* 毛体积相对密度
* 视相对密度
* 有效相对密度

节选六

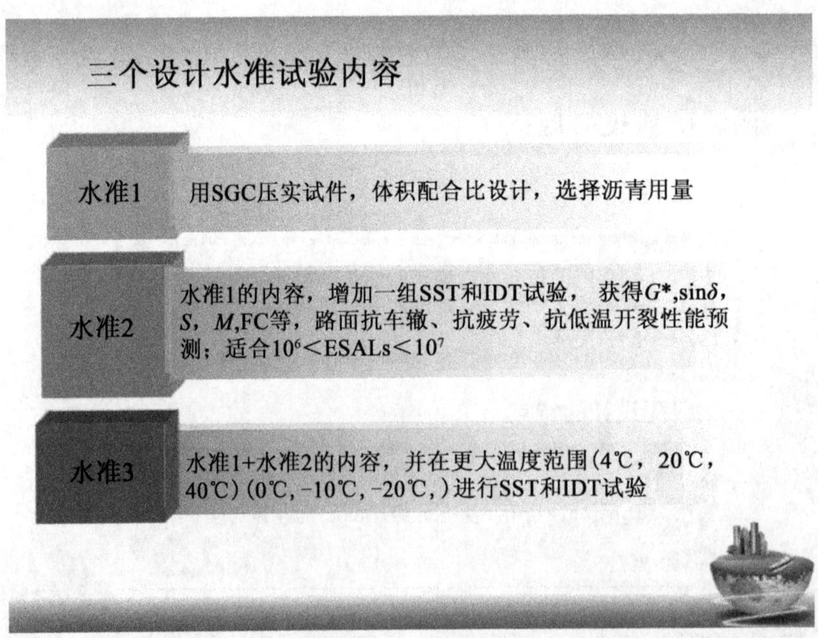

三个设计水准试验内容
水准1
用SGC压实试件，体积配合比设计，选择沥青用量
水准2
水准1的内容，增加一组SST和IDT试验， 获得G^*,sinδ，S，M,FC等，路面抗车辙、抗疲劳、抗低温开裂性能预测；适合10^6＜ESALs＜10^7
水准3
水准1+水准2的内容，并在更大温度范围（4℃，20℃，40℃）（0℃，-10℃，-20℃，）进行SST和IDT试验

节选七

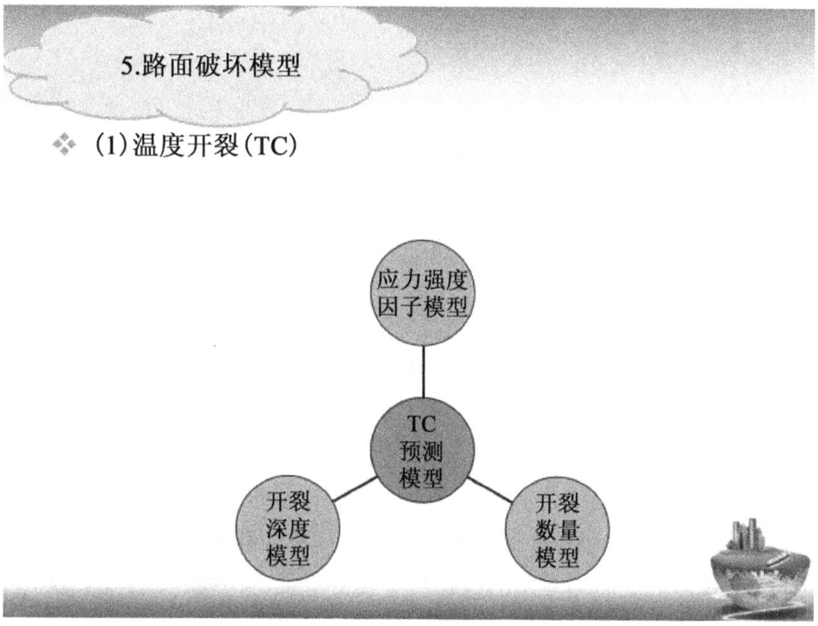

节选八

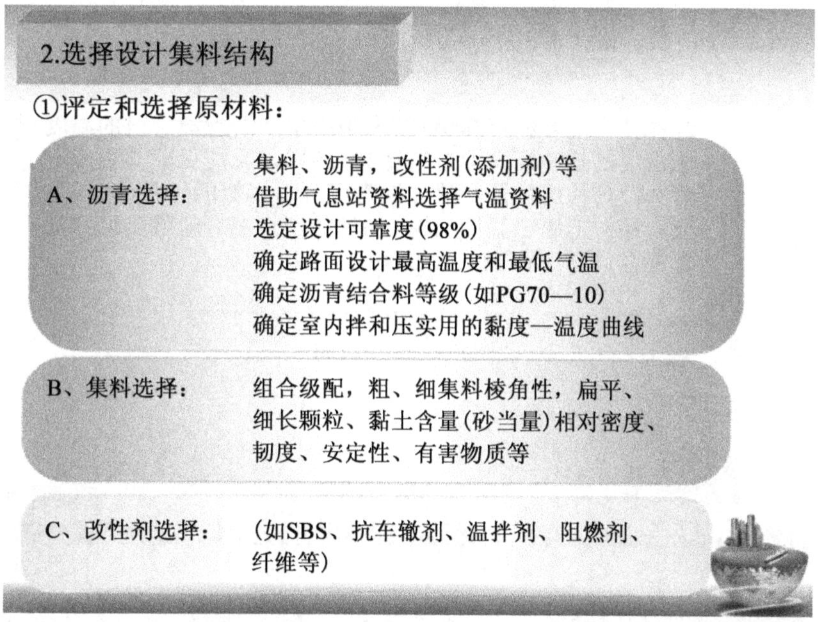

"美国 SHRP 计划 Superpave 沥青混合料设计方法"PPT

"美国 SHRP 计划 Superpave 沥青混合料设计方法"Word

十一、温拌沥青混合料（WMA）技术与应用

简介：本文主要介绍了温拌沥青混合料（WMA）技术的发展背景，热拌（HMA）与冷拌（CMA）技术存在的不足，温拌沥青混合料（WMA）技术的发展现状及优势，Sasobit、Aspha-min 与国产 EC-120 温拌剂的实验室结果比较，WMA 工程应用及社会经济分析等内容，着重对掺 Sasobit、Aspha-min 与国产 EC-120 温拌剂的沥青混合料的水稳定性、高温稳定性、低温稳定性及抗疲劳性能进行了研究。

以下为"温拌沥青混合料（WMA）技术与应用"PPT 的节选部分，想详细了解全部内容请用微信扫 PPT 节选部分后的二维码。

节选一

节选二

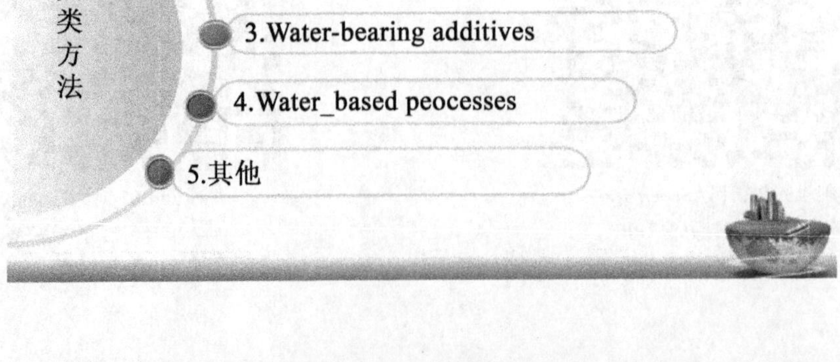

节选三

3.3 WMA的原理和方法
根据作用原理WMA技术
可分为两大类
泡沫技术
降黏技术

节选四

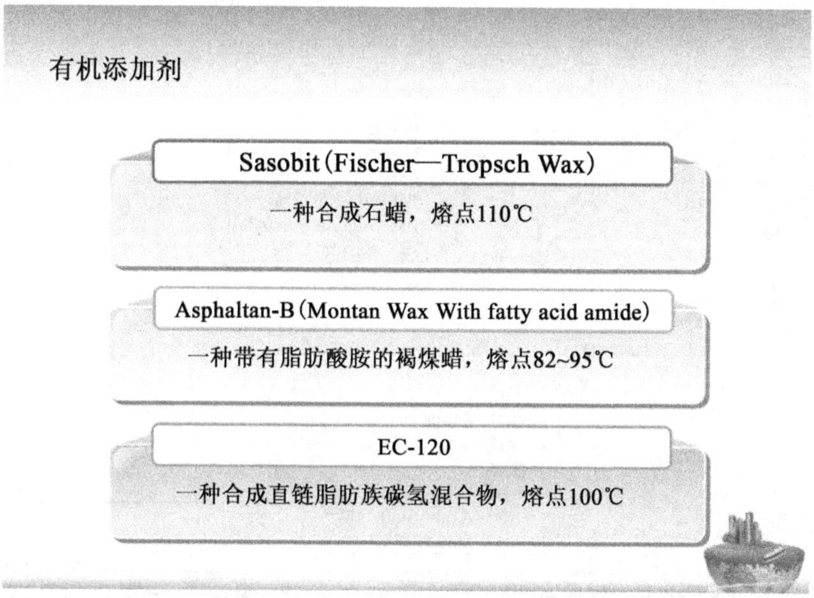
有机添加剂
Sasobit(Fischer—Tropsch Wax)
一种合成石蜡，熔点110℃
Asphaltan-B(Montan Wax With fatty acid amide)
一种带有脂肪酸胺的褐煤蜡，熔点82~95℃
EC-120
一种合成直链脂肪族碳氢混合物，熔点100℃

节选五

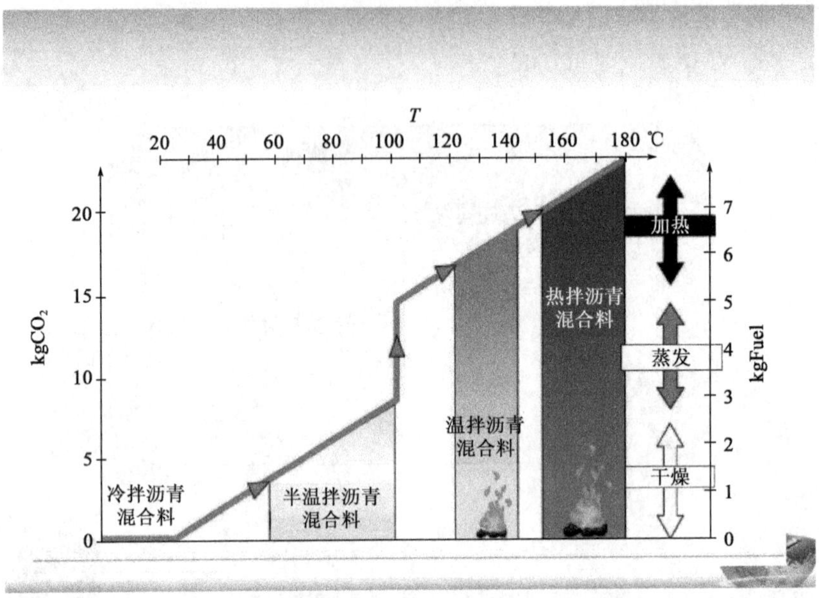
T
20 40 60 80 100 120 140 160 180 ℃
$kgCO_2$
kgFuel
加热
蒸发
干燥
冷拌沥青混合料
半温拌沥青混合料
温拌沥青混合料
热拌沥青混合料

节选六

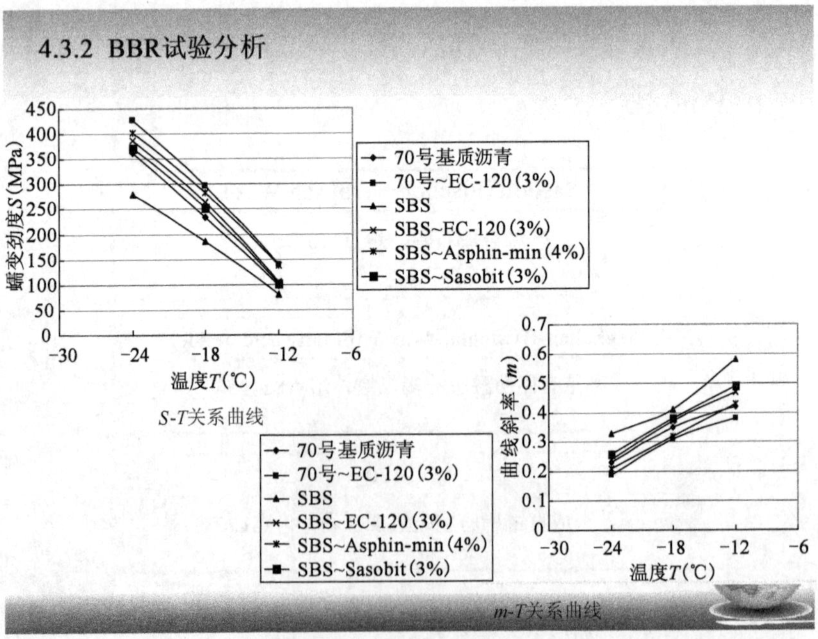
4.3.2 BBR试验分析
蠕变劲度S(MPa)
温度T(℃)
S-T关系曲线
70号基质沥青
70号~EC-120(3%)
SBS
SBS~EC-120(3%)
SBS~Asphin-min(4%)
SBS~Sasobit(3%)
曲线斜率(m)
温度T(℃)
m-T关系曲线

节选七

4.3.3 PG分级

各种沥青的临界分级温度

沥青类型	温度(℃)				PG分级
	RTFOT前车辙因子=1.0kPa	RTFOT后车辙因子=2.2kPa	蠕变劲度 S=300kPa	曲线斜率 m=0.3	
70号基质沥青	73.5	72.8	-21.2	-20.8	PG70-28
70号~EC120(3%)	>88	>88	-18.2	-18.6	PG82-28
SBS	80.2	80.4	-25.6	-25.8	PG76-34
SBS~EC120(3%)	>88	>88	-19.3	-21.4	PG82-28
SBS~Aspha-min(4%)	81.1	85.6	-18.6	-19.2	PG82-28
SBS~Sasobit(3%)	86.6	80.5	-20.1	-22.5	PG76-28

节选八

4.4.3 高温稳定性试验

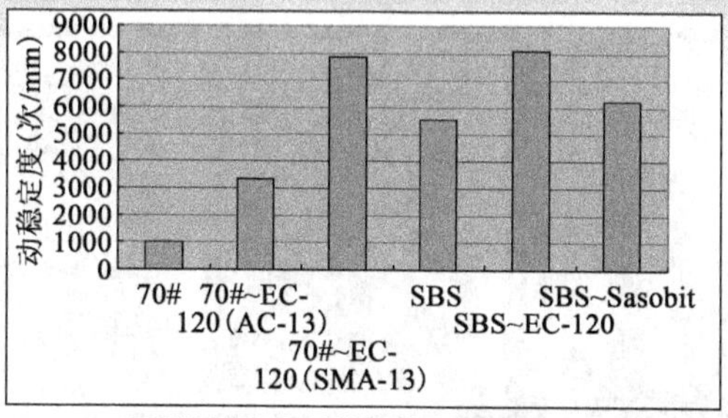

不同沥青混合料的车辙动稳定度

车辙试验仪

车辙试验5cm厚车辙板试件

"温拌沥青混合料(WMA)技术与应用"PPT

十二、聚合物改性沥青混凝土性能及其应用

简介：本文首先从国内几种常用纤维的基本性能、沥青加纤维的作用、纤维沥青胶浆的性能、纤维沥青混凝土的路用性能几个方面来介绍工程纤维在沥青路面中的应用，研究了纤维沥青混凝土的水稳定性、抗车辙性、抗裂性及疲劳性能，并介绍了土工布和纤维工程的几个成功应用案例。其次从高速公路沥青路面车辙问题解决方案、抗车辙剂的作用、抗车辙剂的使用效果、抗车辙剂的使用方法等方面介绍了抗车辙剂在提高高温稳定性方面的应用。

以下为"聚合物改性沥青混凝土性能及应用"PPT 的节选部分，想详细了解全部内容请用微信扫 PPT 节选部分后的二维码。

节选一

节选二

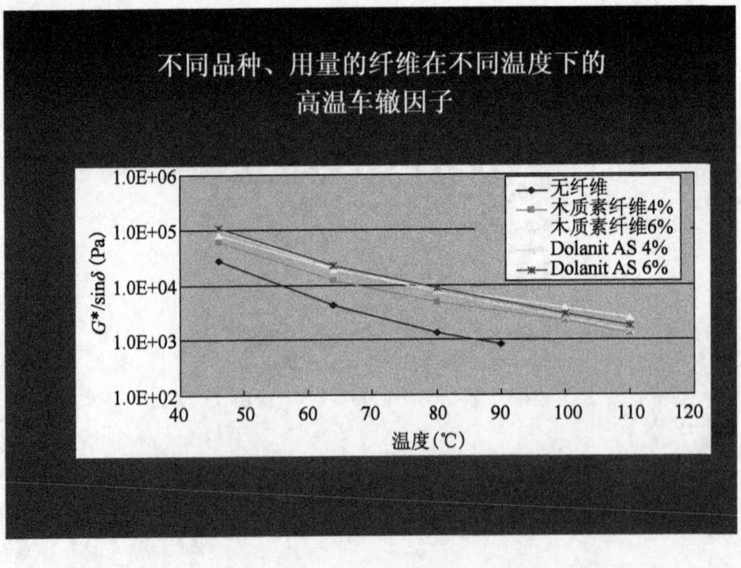

节选三

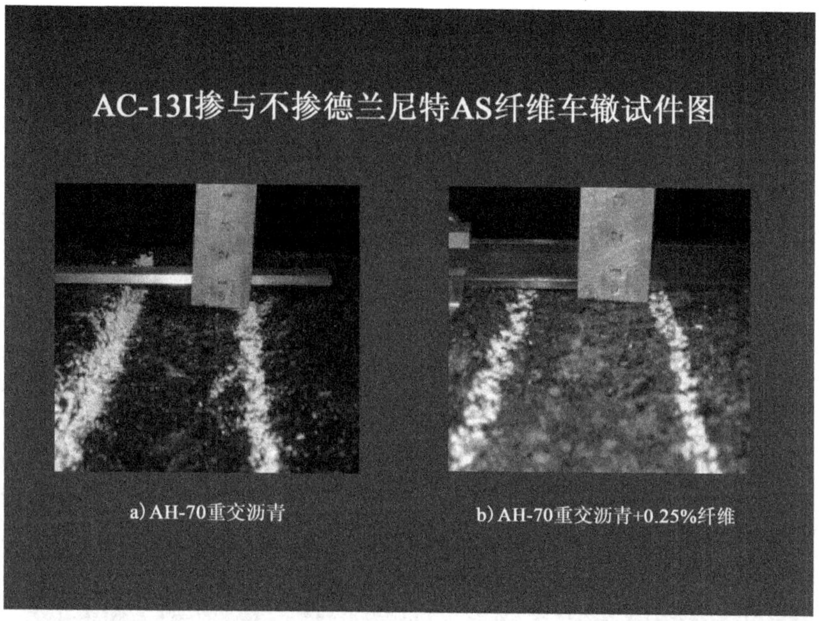
AC-13I掺与不掺德兰尼特AS纤维车辙试件图
a) AH-70重交沥青
b) AH-70重交沥青+0.25%纤维

节选四

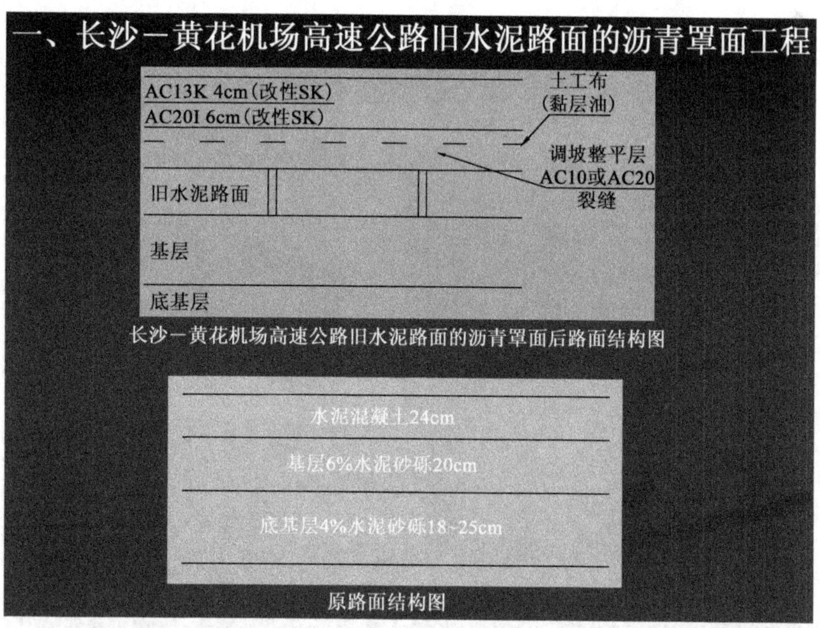
一、长沙－黄花机场高速公路旧水泥路面的沥青罩面工程
AC13K 4cm(改性SK)
AC20I 6cm(改性SK)
土工布
(黏层油)
调坡整平层
AC10或AC20
裂缝
旧水泥路面
基层
底基层
长沙－黄花机场高速公路旧水泥路面的沥青罩面后路面结构图
水泥混凝土24cm
基层6%水泥砂砾20cm
底基层4%水泥砂砾18~25cm
原路面结构图

节选五

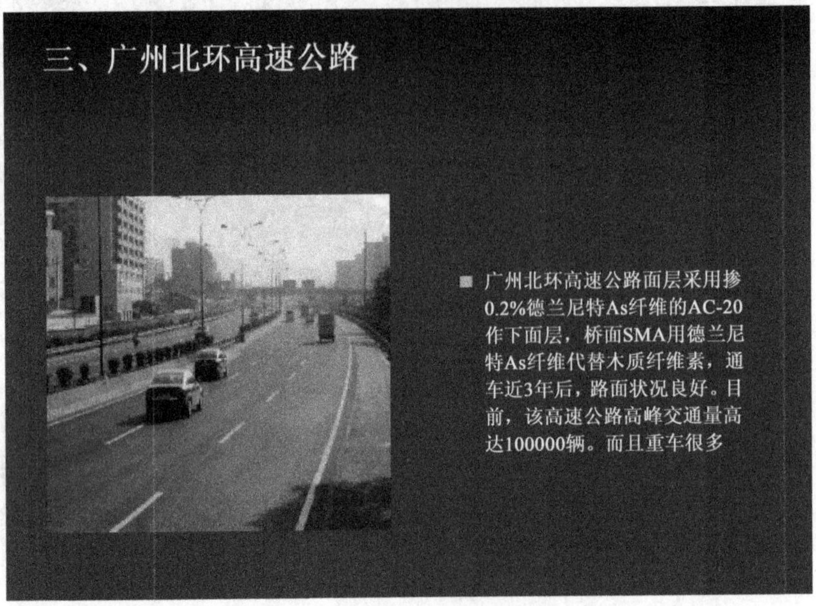
三、广州北环高速公路
广州北环高速公路面层采用掺0.2%德兰尼特As纤维的AC-20作下面层，桥面SMA用德兰尼特As纤维代替木质纤维素，通车近3年后，路面状况良好。目前，该高速公路高峰交通量高达100000辆。而且重车很多

节选六

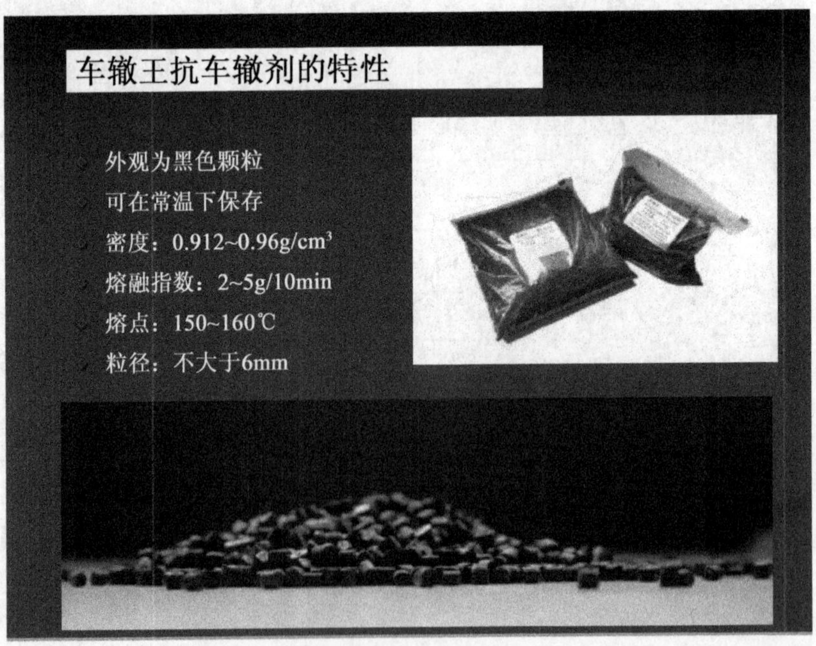
车辙王抗车辙剂的特性
外观为黑色颗粒
可在常温下保存
密度：0.912~0.96g/cm³
熔融指数：2~5g/10min
熔点：150~160℃
粒径：不大于6mm

节选七

车辙王抗车辙剂的工作原理

- 胶结作用
  部分聚合物的溶解形成胶结作用，从而达到降低渗透性、提高环球法软化温度和降低热敏感性等效果
- 加筋作用
  通过聚合物中塑料纤维在级配骨架内部搭桥而形成
- 嵌挤作用
  施工时微粒临时得到软化，然后这些颗粒在碾压过程中热成型，从而填充沥青混合料中的空隙

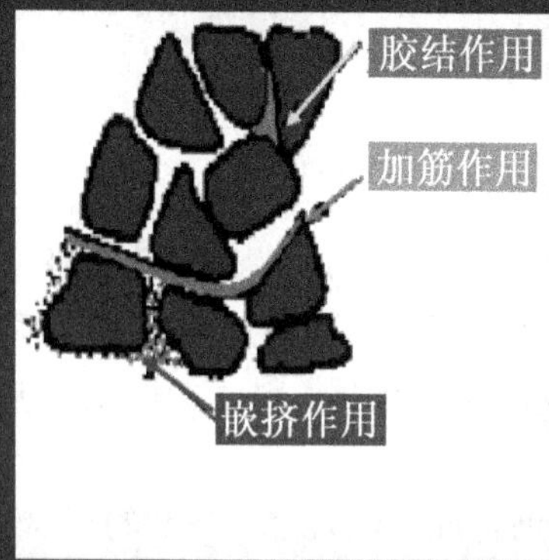

节选八

广韶高速公路

FAC-20I性能检验结果

性能指标	水稳性(%)		动稳定度(次/mm)	弯曲应变(×10⁻⁶)
	残留稳定度	TSR		
AH-70	80.5	74.2	1197	2557
AH-70+抗车辙剂	89.6	81.1	6189	2433
改性沥青	92.9	85.6	5301	2949
技术要求	≥80	≥80	≥3000	≥2000

“聚合物改性沥青混凝土性能及其应用”PPT

十三、沥青及沥青混合料性能

简介：本文主要介绍沥青的分类及炼制、道路工程中常用的沥青种类及标准、沥青的物理性能、沥青的化学性质、沥青的老化(硬化)与路面性能的关系、Superpave 沥青结合料试验与技术规范、沥青混合料特性、HMA 混合料设计方法及对集料一些性质的补充。

以下为"沥青及沥青混合料性能"PPT 的节选部分，想详细了解全部内容请用微信扫 PPT 节选部分后的二维码。

节选一

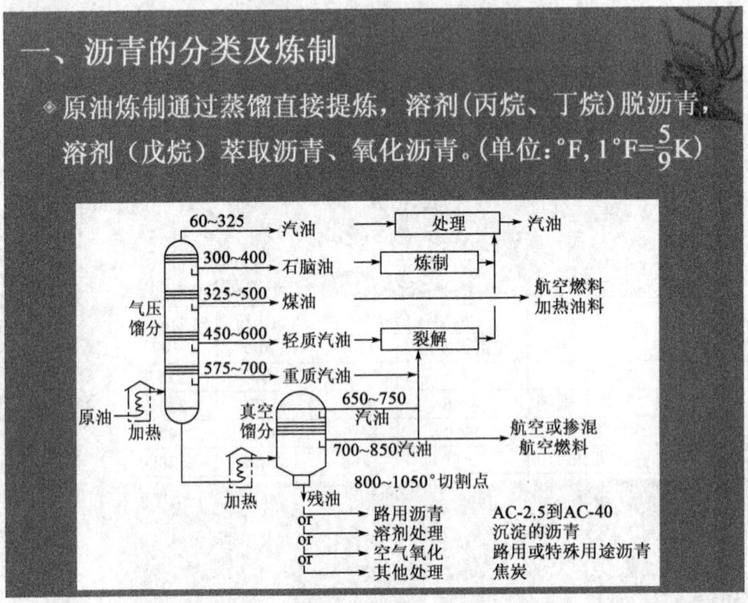

节选二

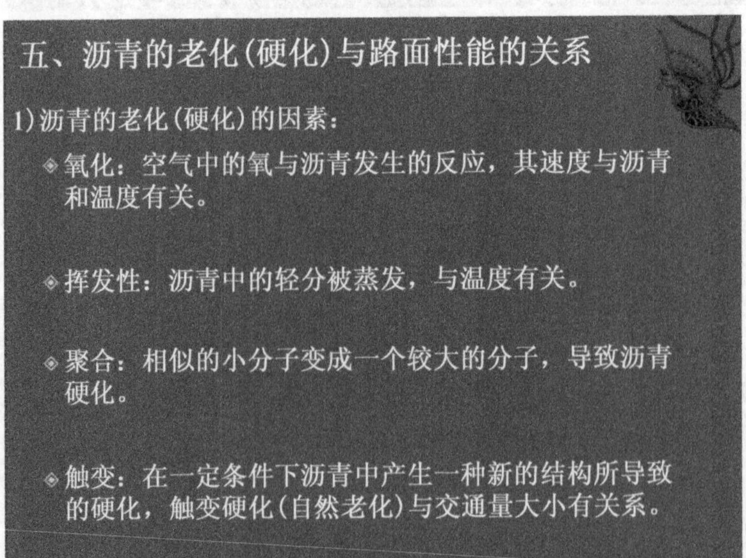

节选三

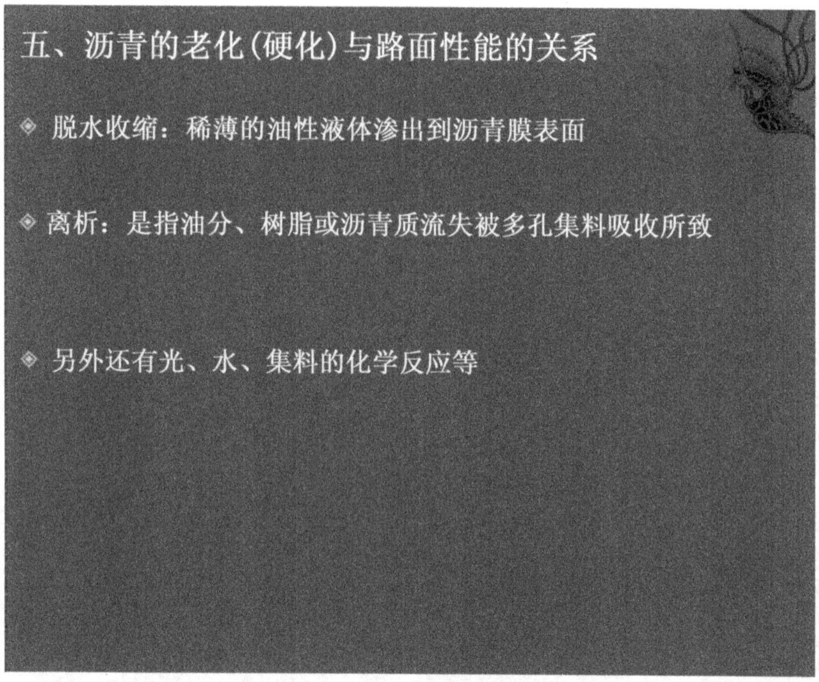
五、沥青的老化(硬化)与路面性能的关系
脱水收缩：稀薄的油性液体渗出到沥青膜表面
离析：是指油分、树脂或沥青质流失被多孔集料吸收所致
另外还有光、水、集料的化学反应等

节选四

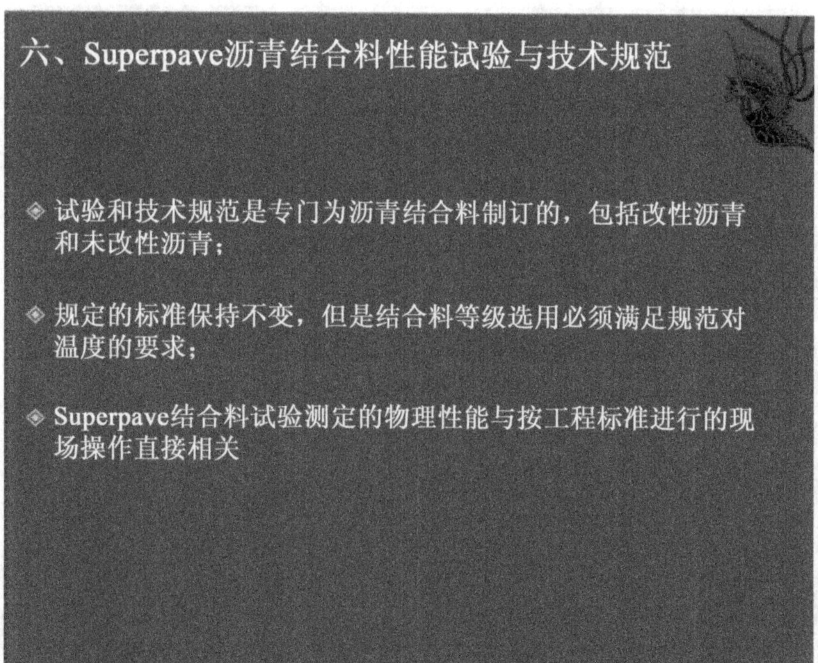
六、Superpave沥青结合料性能试验与技术规范
试验和技术规范是专门为沥青结合料制订的，包括改性沥青和未改性沥青；
规定的标准保持不变，但是结合料等级选用必须满足规范对温度的要求；
Superpave结合料试验测定的物理性能与按工程标准进行的现场操作直接相关

节选五

六、Superpave沥青结合料性能试验与技术规范

- 要求沥青结合料进行三个阶段的模拟老化，之后才能进行试验：

  A、基质沥青运输、储存和加工过程中的老化；
  B、HMA生产和施工过程的老化（短期老化）；
  C、HMA是用中长期老化。

- 考虑施工当地的温度变化；
- 目的是控制路面车辙（高温）疲劳开裂（中温）和收缩开裂（低温）；
- 具体内容见另一个介绍superpave的ppt。

节选六

七、沥青混合料特性

④间接拉伸（劈裂）

- 在圆柱形试件上施加一次或重复施加沿高度径向的变化荷载。ASTM D4123这种加载方式产生垂直的直径面的水平拉应力而致试件破坏。试件直径101.6mm，弧形压条宽127mm；试件152.4mm，压条宽19.0mm，试验温度25℃，加载速度50.8mm/min

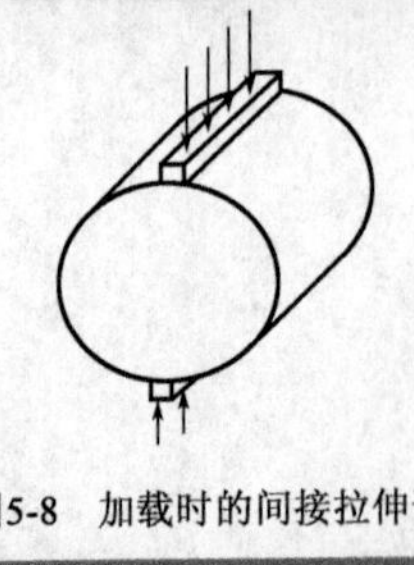

图5-8 加载时的间接拉伸试验

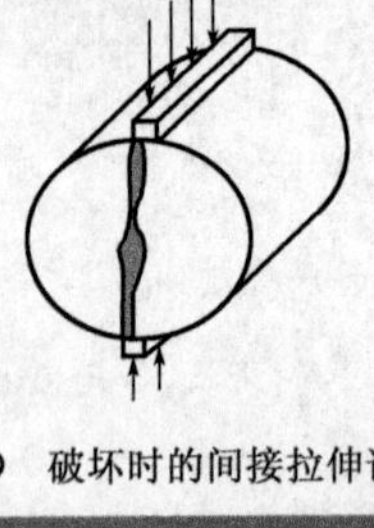

图5-9 破坏时的间接拉伸试验

节选七

七、沥青混合料特性

⑤蠕变

蠕变试验是用评估沥青混合料出现车辙的可能性

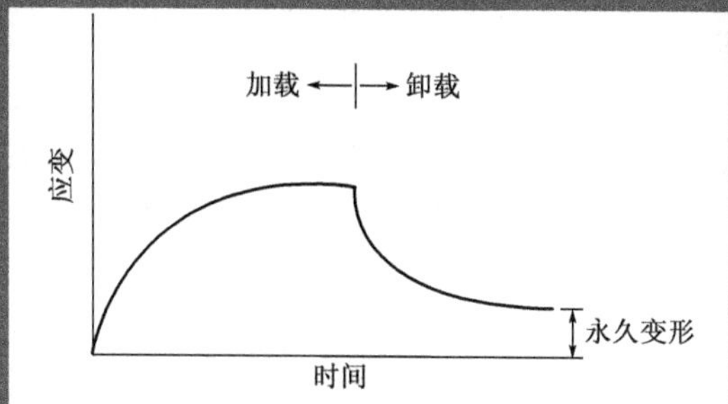

图5-10　典型的蠕变关系图

节选八

九、关于集料一些性质的补充

(3)砂当量是用来确定细集料中砂与泥土的大概比例，规范中一般规定砂当量最小25%~35%

(4)集料表面面积

- 集料表面面积影响沥青包裹集料所需的用量，计算表面积的常用方法是根据集料级配进行，用通过各种筛孔百分率乘以每个筛孔的表面积因子得到。

表面面积因子　　表3-45

筛分	表面面积因子	筛分	表面面积因子
最大过筛率	2	30号过筛率	14
4号过筛率	2	50号过筛率	30
8号过筛率	4	100号过筛率	60
16号过筛率	8	200号过筛率	100

“沥青及沥青混合料性能”PPT

十四、改性沥青及改性沥青混合料

简介：本文主要介绍了改性沥青的分类、不同改性沥青的使用效果、改性沥青的评价方法及常用的道路改性沥青等内容，着重介绍了SMA的组成特征及强度形成机理。

以下为“改性沥青及改性沥青混合料”PPT的节选部分，想详细了解全部内容请用微信扫PPT节选部分后的二维码。

节选一

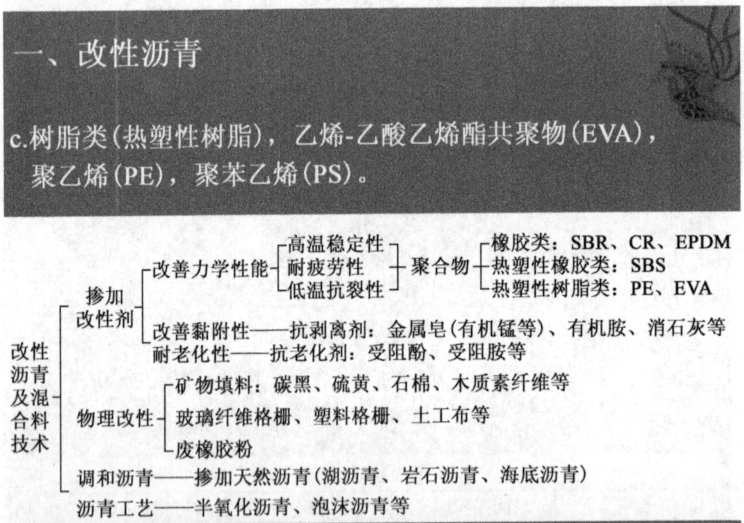

图1 道路改性沥青及改性沥青混合料技术

节选二

一、改性沥青

表1 不同改性剂在工程中使用的效果

改性剂	抗车辙	抗湿滑	抗温度疲劳	抗交通疲劳	裂缝自愈性	抗磨耗	抗老化
SBS	+	+	+	+	+	+	+
SIS	+	+	+	+	+	+	+
SBR	+	+	+	+			+
EVA	+	—	—	+	?	+	Δ
PE	+	—	—	—	—	—	—

节选三

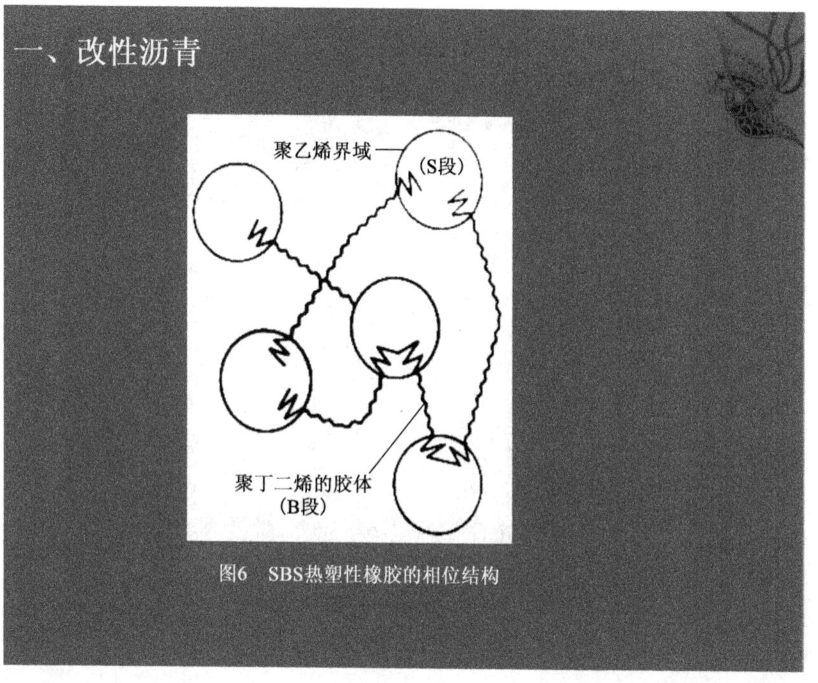
一、改性沥青
聚乙烯界域
(S段)
聚丁二烯的胶体
(B段)
图6　SBS热塑性橡胶的相位结构

节选四

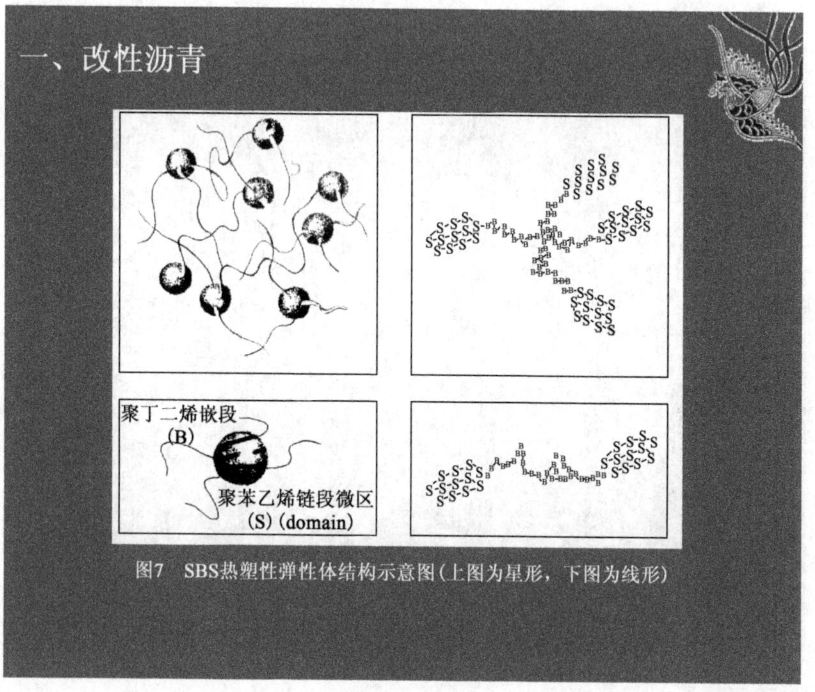
一、改性沥青
聚丁二烯嵌段
(B)
聚苯乙烯链段微区
(S) (domain)
图7　SBS热塑性弹性体结构示意图(上图为星形，下图为线形)

节选五

二、改性沥青混合料-SMA

②SMA的组成和强度形成的机理

SMA组成的特点：

• 间断的级配，以SMA-16为例，4.75mm以上颗粒比例达70%~80%，9.5mm以上的颗粒约占一半。细料少，矿粉用量达8%~13%，0.075mm的通过量达10%，粉胶比超出通常1.2的限值；

• 加入沥青用量较多，沥青用量达5%~6.5%，甚至更多，增加矿粉用量，同时用纤维作为稳定剂，用木质纤维，用量为沥青混合料的0.3%；用矿物纤维，用量为0.4%；

• 最好用改性沥青，以提高其黏附力和高低温性能。

节选六

二、改性沥青混合料-SMA

• 最好用改性沥青，以提高其黏附力和高低温性能。

• SMA配合比设计（用马歇尔方法），主要看体积指标，其中VCAmax（粗集料骨架间隙率）应小于VCADRC（捣实状态下粗集料骨架间隙率）是SMA成功的关键！

• SMA要求粗骨架坚硬粗糙，针片状少。细集料用人工砂，可用天然砂。矿粉用磨细石灰粉，可用回收粉尘。

• SMA施工，拌和温度提高（180℃），时间延长，压实温度高（140℃），一般不用轮胎压路机。

节选七

二、改性沥青混合料-SMA

SMA强度形成机理：
SMA强度形成见图8。

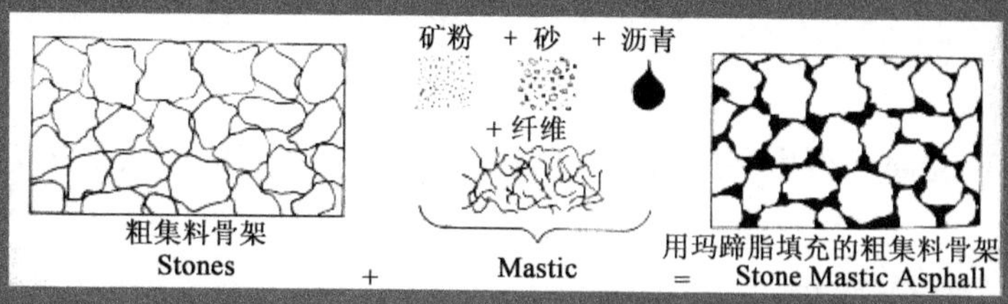

图8 沥青玛蹄脂碎石混合料的构成

节选八

二、改性沥青混合料-SMA

• 从图8可以看出在SMA混合料中，因粗集料比例大(70%以上)，粗集料之间的接触面很多，玛蹄脂填充了粗集料的间隙。车辆荷载主要由粗集料骨架承受，在高温时其抗变形能力较好。这一点对SMA是很重要的。另外，由于填充玛蹄脂的黏结力(柔性、韧性好)的作用，使得SMA低温抗裂性也提高。在抗水性方面，由于SMA空隙率在3%~5%之间，水几乎进不去。同时由于SMA用量较大，包裹在矿粉表面的沥青膜较厚，因此其耐久性也较好。

“改性沥青及改性沥青混合料”PPT

十五、沥青路面再生利用及发展趋势

简介：本文介绍了沥青路面再生利用的意义、沥青路面再生利用的现状等内容，详细介绍了沥青老化机理及规律。

以下为“沥青路面再生利用及发展趋势”PPT的节选部分，想详细了解全部内容请用微信扫PPT节选部分后的二维码。

节选一

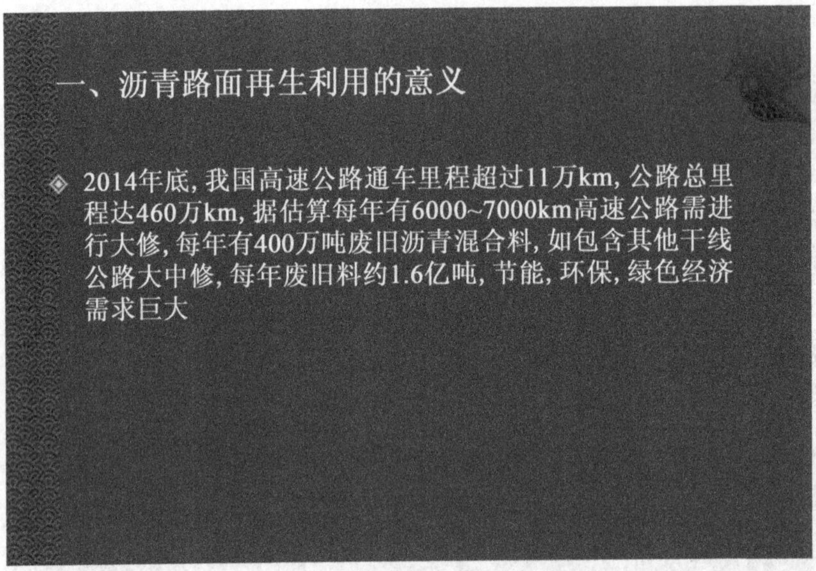

节选二

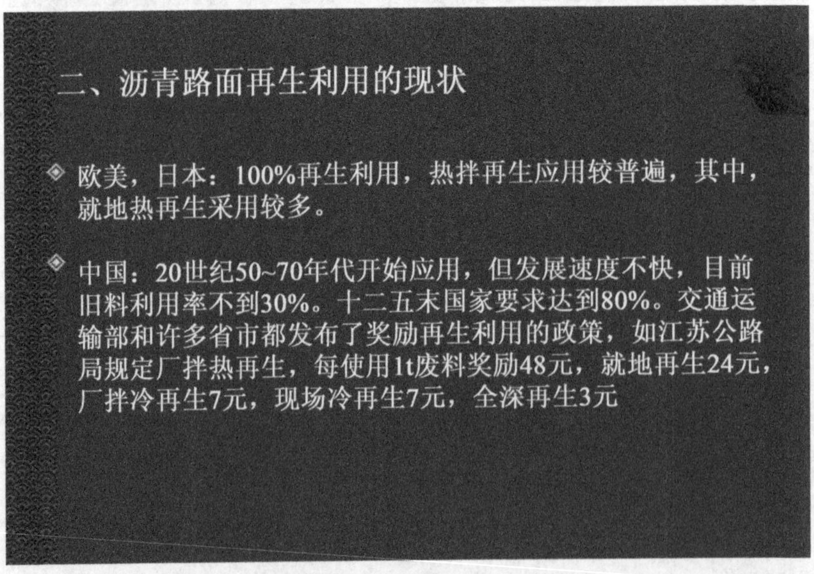

节选三

三、沥青老化机理及规律研究

沥青老化前后的组分变化见表

老化前后	使用年限	饱和分	芳香分	胶质	沥青质
老化前	0	36.7	39.4	20.9	3.0
老化后	8	34.3	21.3	35.6	8.8
	12	32.8	13.3	40.5	12.4

节选四

三、沥青老化机理及规律研究

- 沥青的胶体结构
- 在前面提到，我们再来讨论一下这三类胶体结构与沥青混合料性质的一些关系。

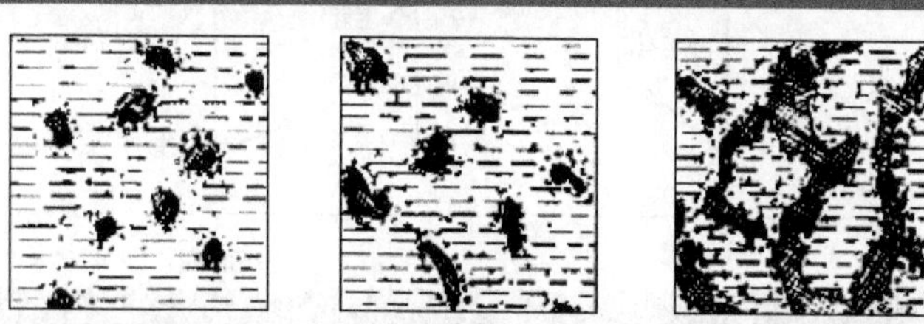

a)溶胶结构　b)溶-凝胶结构　c)凝胶结构

图1　沥青胶体结构

节选五

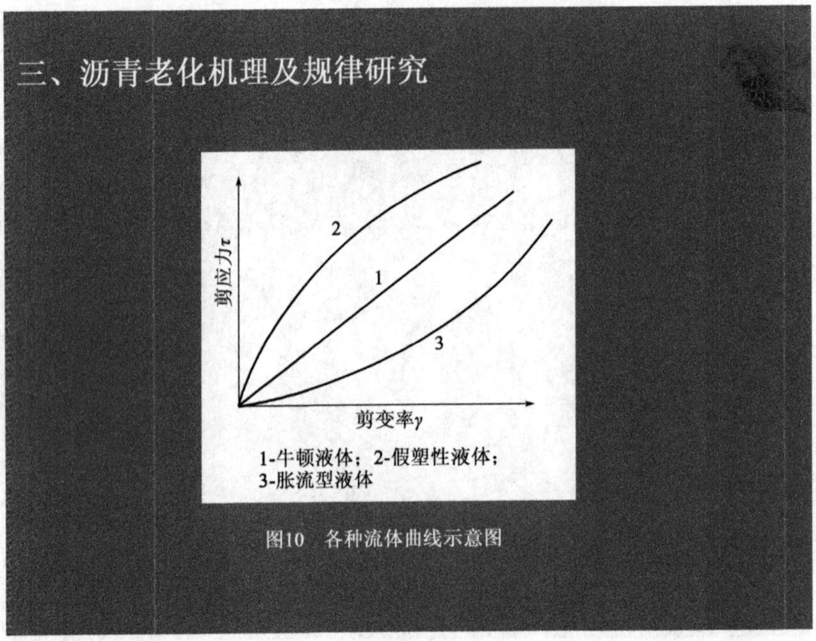

图10　各种流体曲线示意图

节选六

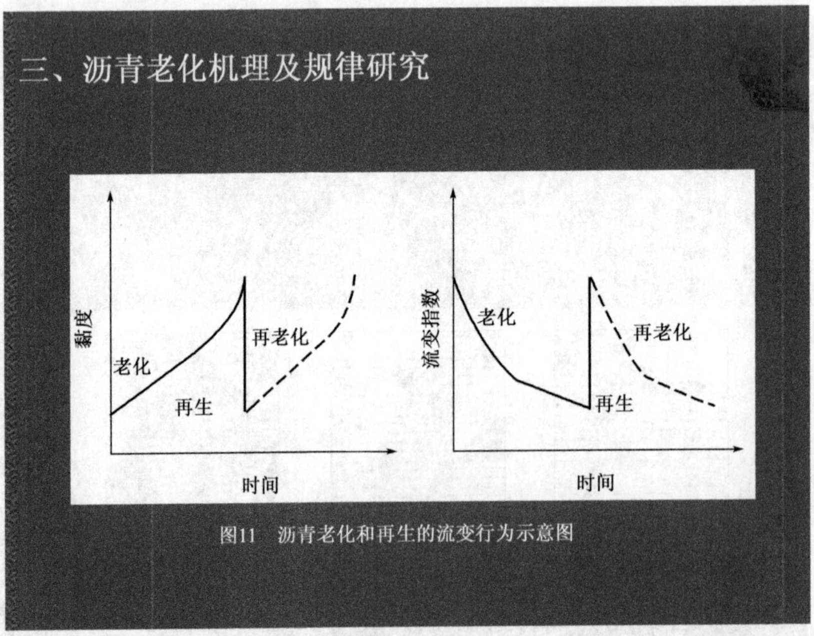

图11　沥青老化和再生的流变行为示意图

节选七

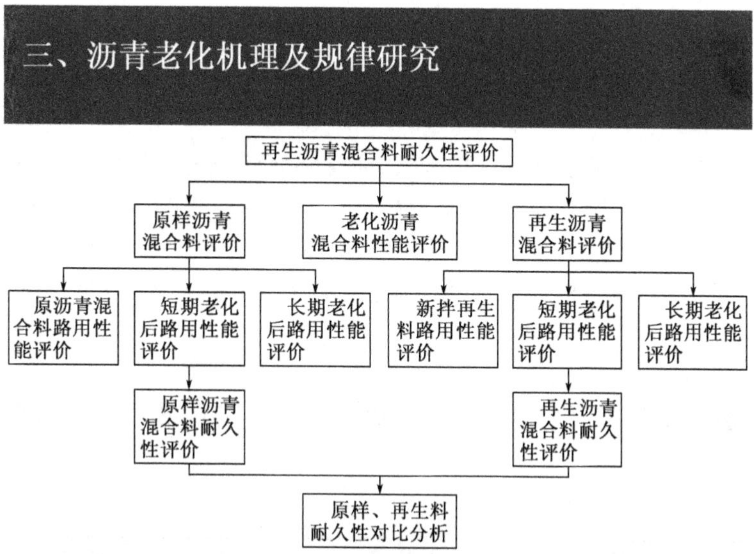

图13　再生沥青路面耐久性评价体系

“沥青路面再生利用及发展趋势”PPT

十六、沥青改性方法及使用中存在的问题

简介：从长远的效益以及后期的运营维护来看，沥青路面已成为道路路面的首选。然而，随着气候变化与荷载的增加，道路路面病害日益严重，对道路材料质量的要求越来越高，改性沥青的研究工作对提高路面使用性能与寿命具有重要的意义，为进一步掌握改性沥青的特性，本报告主要介绍了沥青改性剂的种类和性质、改性沥青的改性机理和性能试验，着重介绍了纳米改性（NaNo-modified）沥青技术的现状和发展。

以下为“沥青改性方法及使用中存在的问题”PPT 的节选部分，想详细了解全部内容请用微信扫 PPT 节选部分后的二维码。

节选一

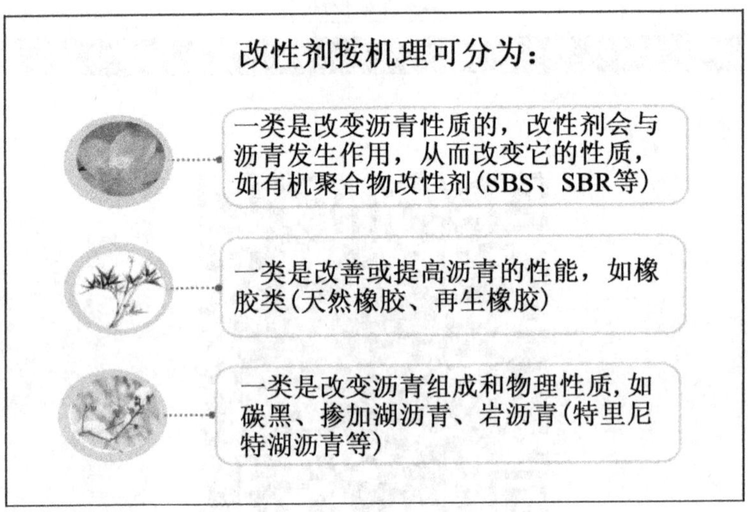

节选二

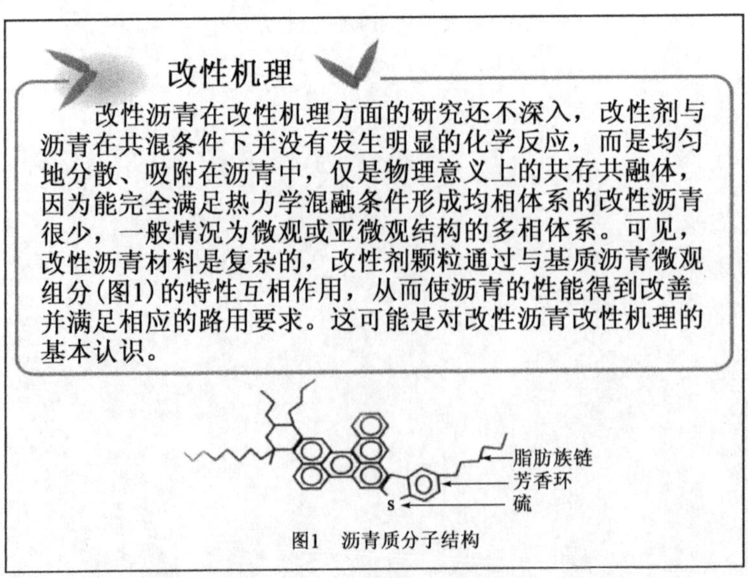

图1　沥青质分子结构

节选三

一般纳米材料分为两大类，即功能材料和结构材料

功能材料：纳米尺寸的原子团、纳米线、纳米带等，用于制造催化、杀菌、清洁、隐身、燃料等材料和信息器件。

结构材料：纳米粒子、纳米线、纳米带等压成块体或加入其他材料中构成复合体。

节选四

近年来，纳米技术在交通领域也得到了应用，道路工作者已开始应用纳米技术对沥青进行改性研究。

众所周知，沥青路面的宏观路用性能是由路面材料组成的微观结构，尤其是在微米和纳米尺度下发生的作用。

图2说明了不同沥青混凝土尺度演变的情况，从宏观(macro)到细观(meso)、微观(micro)、纳米(nano)和量子(quantum)尺度。

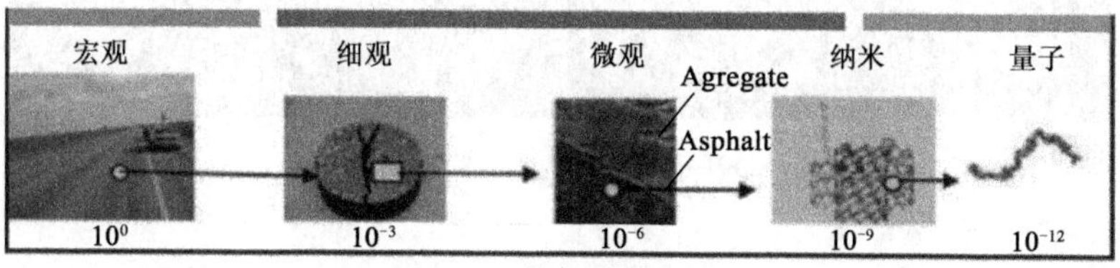

图2　不同沥青尺度的演变

节选五

纳米改性沥青剂的类型

由于制作方法的复杂性,用普通技术难于获得纳米尺度的有机材料,所以用聚合物改性剂作为纳米改性沥青剂有时是不可行的。

但是，金属氧化物纳米可以用普通方法制作，所以它们更有可能用作基质沥青的添加剂，这种方法目前很有前景。

由于费用的原因，目前大量采用非有机金属氧化物制作纳米级的材料，并用于基质沥青改性，其关键是分散性的表面活性剂，以使纳米添加剂与基质沥青能兼容。

目前已广泛采用的有：

- 层状黏土纳米材料(the layered clay nanomaterials)
- 原生蒙脱土(MMT)
- 有机蒙脱石(OMMT)

节选六

另外,从微观图片也可以看出纳米改性沥青与一般改性沥青的差异

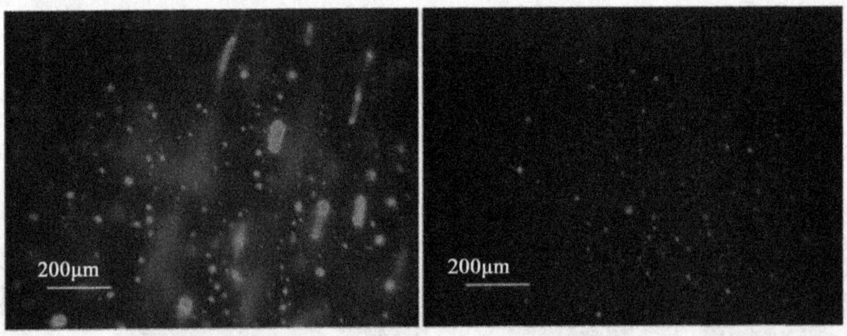

a)不含有机蒙脱石(OMMT)　　b)含有机蒙脱石(OMMT)

图4　PE改性沥青荧光显微镜图

节选七

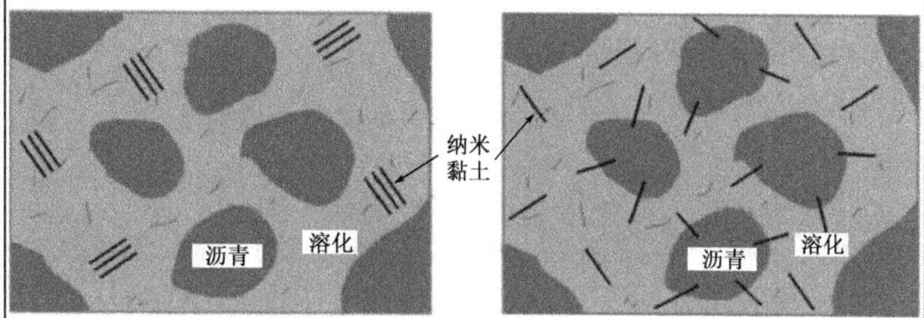

a)插入　　b)片状剥落

图5　沥青-纳米黏土结构示意图

节选八

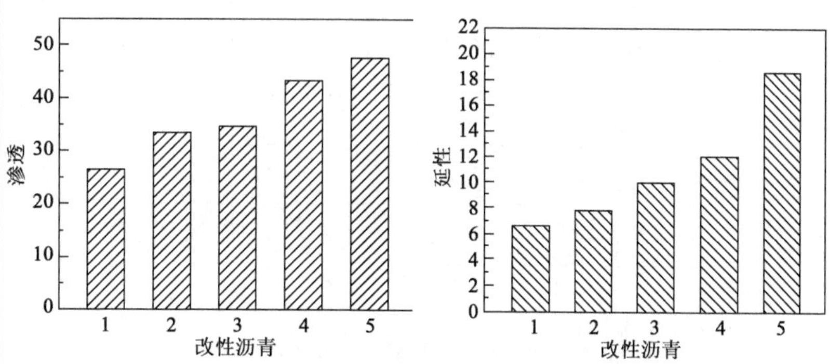

图7　改性沥青性能指标

图7表明了OMMT掺量对改性沥青性能的影响，其中1号~5号表示OMMT的掺量分别为0%、1%、2%、3%与4%。从图中可知，针入度与延度随着OMMT含量的增加而加强，另外，沥青的劲度模量下降，抗变形能力增加。

因此，添加OMMT可以提高沥青路面的抗裂性。

“沥青改性方法及使用中存在的问题”PPT

十七、我国路面基层的分类、特点及其应用关键技术

简介:本文主要介绍了我国沥青路面设计方法、我国水泥混凝土路面设计方法、沥青路面和水泥路面对基层和底基层的基本要求、路面基层和底基层的分类和适用性、基层与底基层的特性及材料技术要求及各类基层应用的关键技术等内容。

以下为“我国路面基层的分类、特点及其应用关键技术”PPT 的节选部分,想详细了解全部内容请用微信扫 PPT 节选部分后的二维码。

节选一

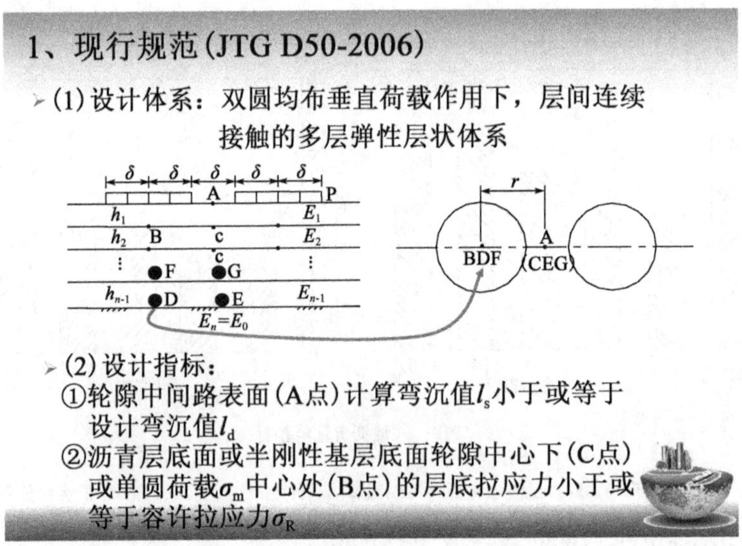

节选二

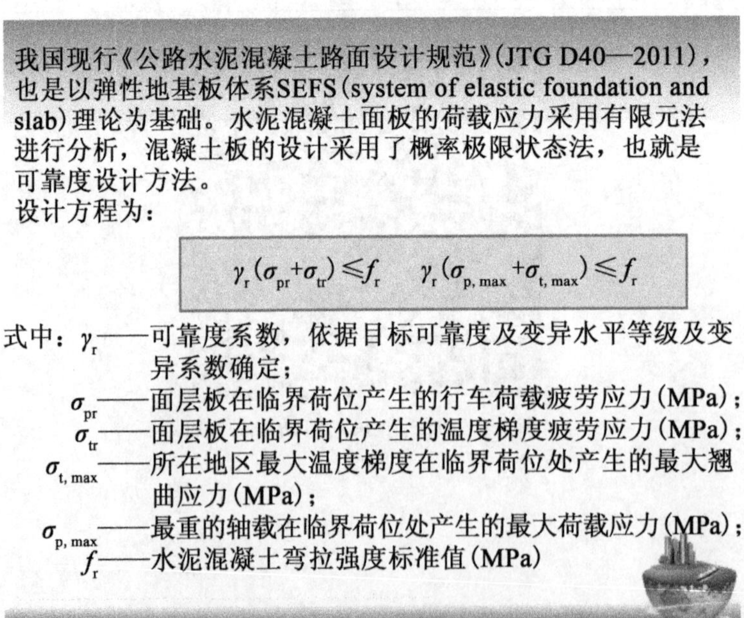

节选三

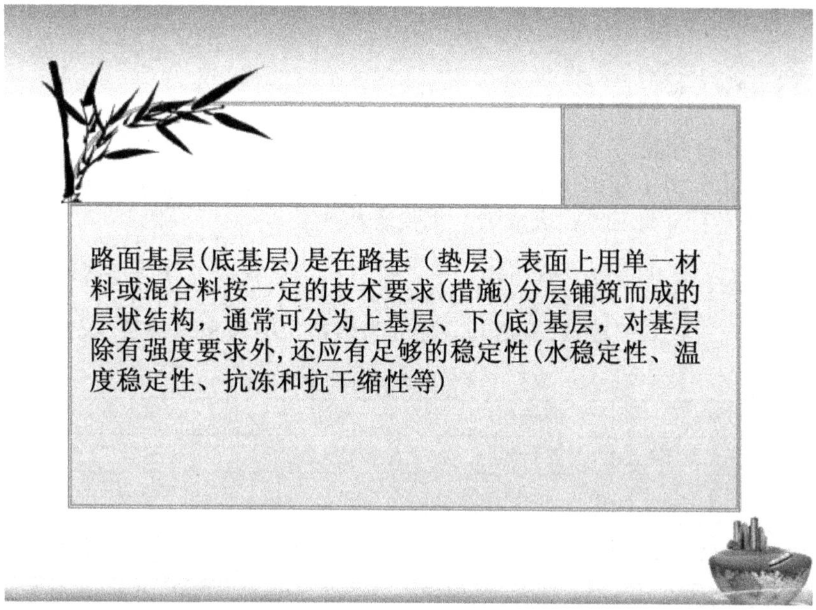
路面基层(底基层)是在路基（垫层）表面上用单一材料或混合料按一定的技术要求(措施)分层铺筑而成的层状结构，通常可分为上基层、下(底)基层，对基层除有强度要求外,还应有足够的稳定性(水稳定性、温度稳定性、抗冻和抗干缩性等)

节选四

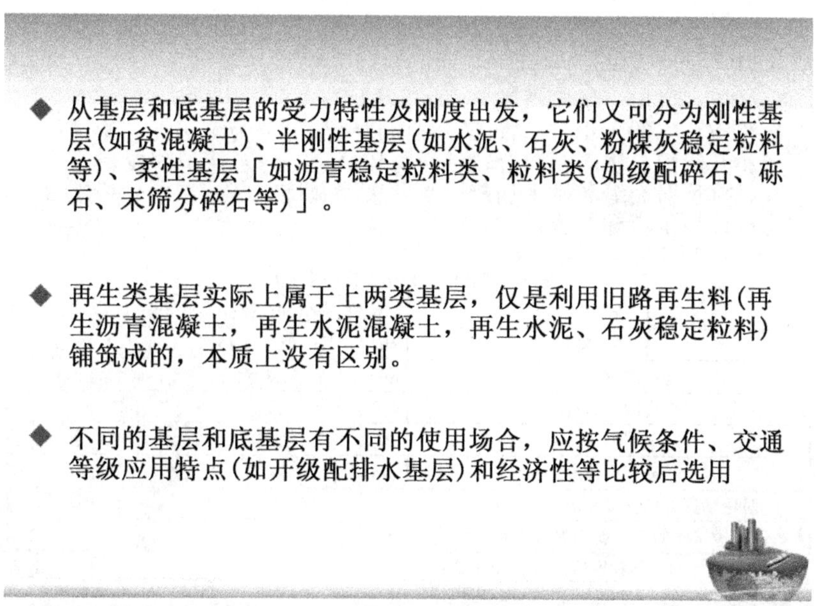
◆ 从基层和底基层的受力特性及刚度出发，它们又可分为刚性基层(如贫混凝土)、半刚性基层(如水泥、石灰、粉煤灰稳定粒料等)、柔性基层［如沥青稳定粒料类、粒料类(如级配碎石、砾石、未筛分碎石等)］。
◆ 再生类基层实际上属于上两类基层，仅是利用旧路再生料(再生沥青混凝土，再生水泥混凝土，再生水泥、石灰稳定粒料)铺筑成的，本质上没有区别。
◆ 不同的基层和底基层有不同的使用场合，应按气候条件、交通等级应用特点(如开级配排水基层)和经济性等比较后选用

节选五

1.级配碎(砾)石基层

(1)岩石分类

公路工程中使用的集料大多取自天然岩石，根据其起源、地质学把岩石分为三类：火成岩、沉积岩和变质岩

火成岩 是火山爆发时熔化岩浆，喷射在地球表面上冷却形成的结晶体。若结晶颗粒大于2mm则为粒料岩，若晶体小于0.2mm则为细粒岩，根据其成分分为酸性、中性和碱性石粒(表7)

表7 根据成分对火成岩的分类

指标	酸性	中性	碱性
二氧化硅(%)	>66	55~66	<55
相对密度	<2.75	-	>2.75
颜色	淡色	-	深色
游离石英成分	有	-	没有

节选六

2.沥青碎石基层

按照空隙率的大小，沥青碎石混合料级配可分为密级配、半开级配和开级配。密级配混合料承载力较好(重载)；半开级配具有承载、抗反射裂缝和排水功能；半开级配做排水基层，混合料配合比设计技术指标见表13

表13 混合料配合比设计技术指标

试验指标	单位	半开级配沥青碎石(AM)	开级配沥青碎石(ATPB)
公称最大粒径	mm	等于或大于26.5	等于或大于26.5
马歇尔试件尺寸	mm	ϕ152.4×95.3	ϕ152.4×95.3
击实次数(双面)	次数	112	75
设计空隙率VV	%	12-18	>18
沥青膜厚度	μm	>12	—
谢伦堡沥青析漏试验的结合料损失	%	不大于0.2	—
肯塔堡飞散试验的混合料损失或浸水飞散试验	%	不大于20	—

(注：试件的毛体积密度，按体积法确定)

节选七

3.水泥类稳定粒料基层

水泥稳定粒料基层(也称半刚性基层)在我国应用数十年了，在高速公路路面中占了90%以上。所以大家是很熟悉的，这里对它应用中几个重要问题讨论一下。

- 关于其适用条件问题，半刚性基层(底基层)混合料可分为骨架密实型、骨架空隙型、悬浮密实型和均匀密实型。

对于高速公路、一级公路的基层宜选用骨架密实型，二级及以下各等级公路可采用悬浮密实型。均匀密实型适合于各级公路底基层

对于水泥类稳定粒料基层主要是靠水泥发生水化硬化后的胶结力和水泥碎屑填充形成的，所以其配合比设计应按无侧限抗压强度试验确定。

见表16

节选八

4.贫混凝土和碾压混凝土基层

贫混凝土基层和碾压混凝土基层一般称为半刚性基层，适用于重交通和特重交通的路面基层。

贫混凝土的配合比设计应根据28d龄期的抗弯拉强度试验确定，水泥用量8%~12%。贫混凝土的强度应符合表19的规定。

表19　贫混凝土基层材料的强度要求

试验项目	特重、重交通
28d龄期抗弯拉强度(MPa)	2.5~3.5
28d龄期抗压强度(MPa)	12~20
7d龄期压强度(MPa)	9~15

“我国路面基层的分类、特点及其应用关键技术”PPT

十八、特殊土地区路基设计与处理

简介:本文首先介绍了路基的基本组成、一般设计原则、对材料的要求等,然后依次介绍了软土地基、膨胀土地基、冻土地基、红黏土地基、岩溶地基、湿陷性黄土地基盐渍土地基的主要特征及处治方法,最后简单介绍了改扩建工程路基的设计与施工。

1. 路基设计的原则

(1)足够的强度、稳定性和耐久性。

(2)保护环境,避免引发地质灾害,减少对环境的影响。

(3)做好工程地质勘察工作,按水文地质和工程地质条件取得岩土物理力学参数。

(4)避免高填、深挖。

(5)综合设计(从地基处理、填料、强度、稳定性、防护工程、排水系统和施工技术等方面综合考虑)。

(6)动态设计(根据实际情况校核、修改和补充设计)。

(7)采用新技术、新结构、新材料和新工艺。

2. 对路基的基本要求

(1)路床填料、最小强度和压实度的要求。

(2)路堤填料最小强度要求。

(3)路堤压实要求。

(4)路堤边坡坡率。

(5)高填土路堤(边坡高度超过 20m)填土要求的强度指标。

3. 特殊路基

(1)特殊路基:特殊土(岩)路基,不良地质路基和特殊条件下的路基。

(2)特殊路基设计应考虑地质和环境等因素对路基的影响,以及这些因素的发展变化规律。路基病害整治应遵循以防为主、防治结合、力求根治的原则,通过综合技术经济比较,因地制宜,采用合理的处治方案和有效的工程措施。

(3)特殊路基主要有:滑坡地段路基、泥石流地区路基、岩溶地区路基、软土地基、膨胀土路基、红黏土和高液限土路基、黄土路基、盐渍土路基、多年冻土路基、风沙地区路基、采空区路基、滨海路基、水库地区路基等。

以下为"特殊土地区地基设计与处理"PPT 的节选部分,想详细了解全部内容请用微信扫 PPT 节选部分后的二维码。

节选一

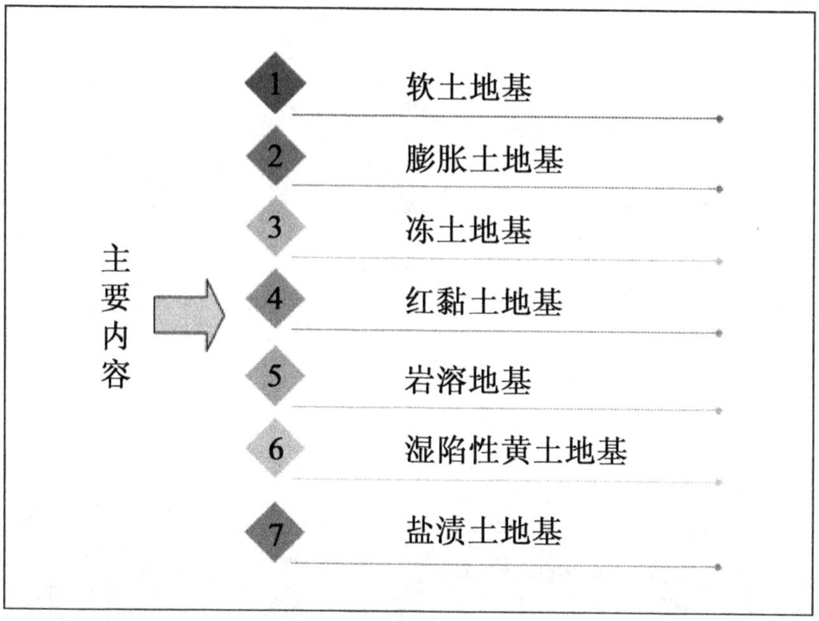
主要内容
1
软土地基
2
膨胀土地基
3
冻土地基
4
红黏土地基
5
岩溶地基
6
湿陷性黄土地基
7
盐渍土地基

节选二

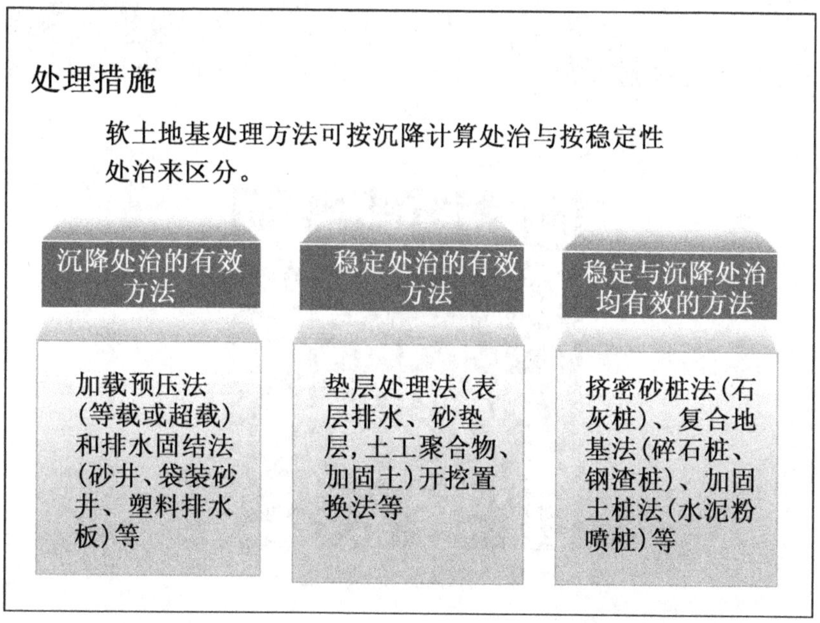
处理措施
软土地基处理方法可按沉降计算处治与按稳定性处治来区分。
沉降处治的有效方法
稳定处治的有效方法
稳定与沉降处治均有效的方法
加载预压法(等载或超载)和排水固结法(砂井、袋装砂井、塑料排水板)等
垫层处理法(表层排水、砂垫层,土工聚合物、加固土)开挖置换法等
挤密砂桩法(石灰桩)、复合地基法(碎石桩、钢渣桩)、加固土桩法(水泥粉喷桩)等

节选三

膨胀土地区的钻探

节选四

冻土

“特殊土地区路基设计与处理”PPT

十九、重载交通作用下沥青路面技术对策

简介:本文主要介绍了重载交通路面损坏特征,重载交通作用下沥青路面的受力特点,重载交通作用下沥青混合料的特性,沥青面层结构功能性能划分及沥青材料选择,复合式沥青路面结构,预防性养护与长寿命路面等内容。

以下为“重载交通作用下沥青路面技术对策”PPT 的节选部分,想详细了解全部内容请用微信扫 PPT 节选部分后的二维码。

节选一

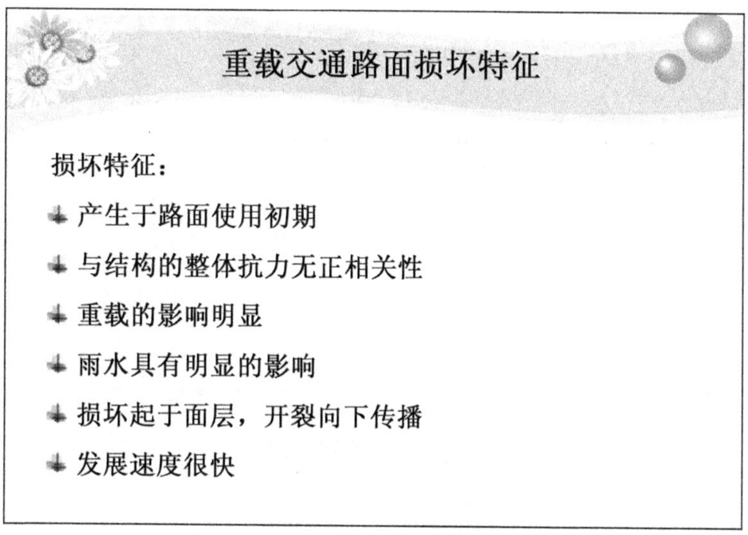

节选二

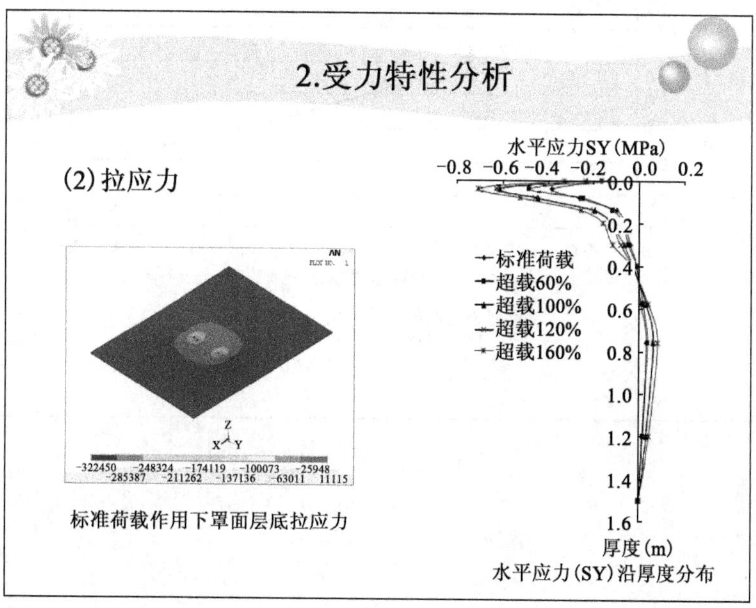

节选三

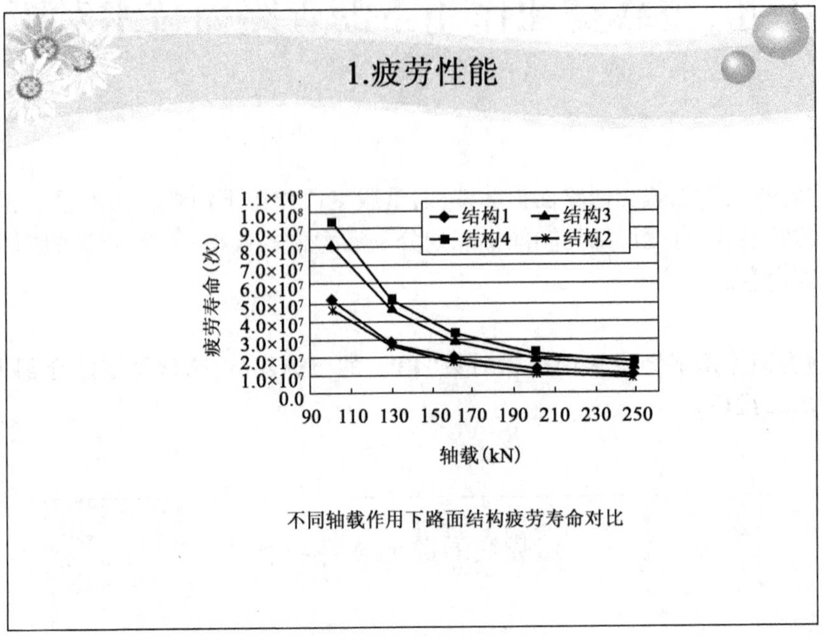
1.疲劳性能
1.1×10⁸
1.0×10⁸
9.0×10⁷
8.0×10⁷
7.0×10⁷
6.0×10⁷
5.0×10⁷
4.0×10⁷
3.0×10⁷
2.0×10⁷
1.0×10⁷
0.0
疲劳寿命(次)
结构1
结构3
结构4
结构2
90 110 130 150 170 190 210 230 250
轴载(kN)
不同轴载作用下路面结构疲劳寿命对比

节选四

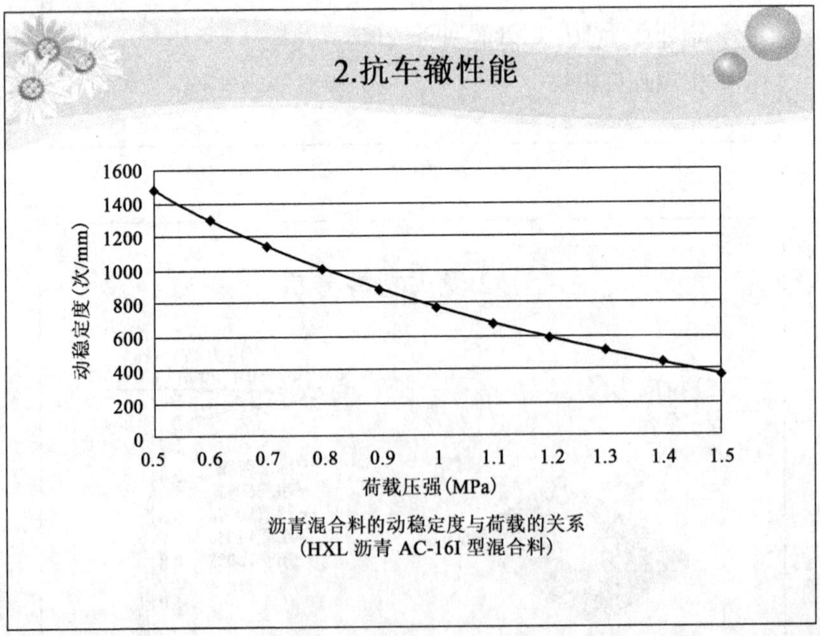
2.抗车辙性能
1600
1400
1200
1000
800
600
400
200
0
动稳定度(次/mm)
0.5 0.6 0.7 0.8 0.9 1 1.1 1.2 1.3 1.4 1.5
荷载压强(MPa)
沥青混合料的动稳定度与荷载的关系
(HXL 沥青 AC-16I 型混合料)

节选五

1.复合式沥青路面结构的提出

- 半刚性基层材料的温度收缩和干缩特性易引起早期开裂，并最终在行车荷载的反复作用下发展到沥青面层形成反射裂缝，从而导致整个路面结构层出现贯穿裂缝，路表水就会深入结构层内。半刚性基层材料在行车荷载、水和温度变化等综合因素作用下会出现基层唧泥、冲刷及路基永久变形等破坏现象，这类结构性损坏不易修复，只能通过结构性大修或改建以恢复其路用功能。显而易见，路面结构在重交通荷载作用下出现的疲劳破坏、开裂等现象都严重影响着路面的使用性能和寿命，早期修建的公路已陆续进入大修期。

节选六

7.综合分析

- 对于复合式沥青路面，从力学角度讲，一方面沥青层加厚，荷载沿路面愈向下愈分散，使半刚性材料所承受的应力集中程度降低，应力值减小，其更不容易发生疲劳破坏；另一方面，半刚性材料为沥青碎石提供了较好的工作面，其相对于级配碎石底基层和石灰土底基层具有更高的模量，抗变形能力更强，承载能力更高。

节选七

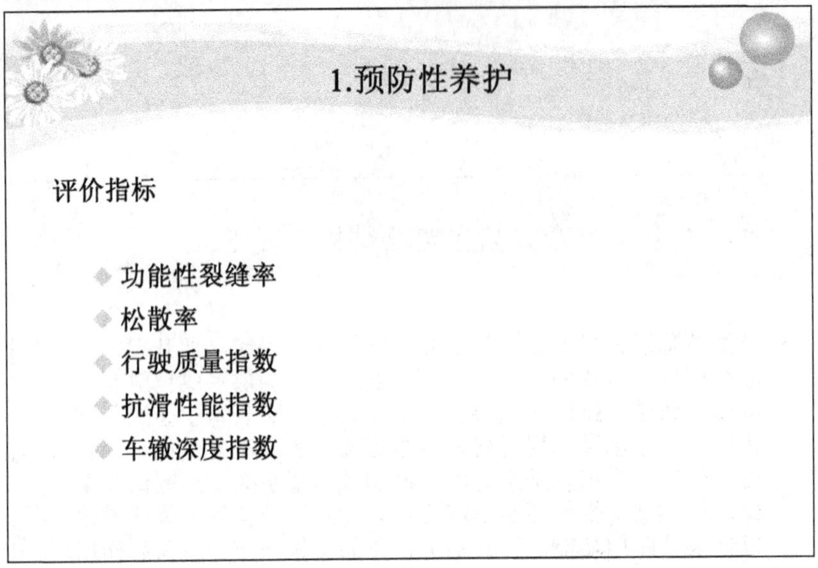

节选八

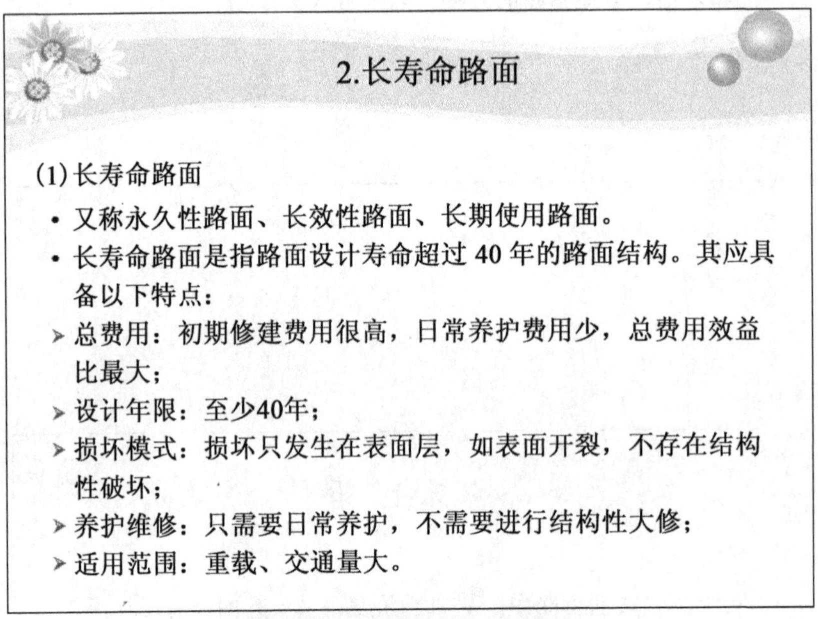

“重载交通作用下沥青路面技术对策”PPT

二十、半刚性—柔性复合式基层沥青路面结构设计及其优化技术研究

1. 项目概况

半刚性基层与柔性基层相结合的路面结构是目前较为常见的一种结构形式，该路面结构既能够达到半刚性基层的高强度、承载力大的效果，又能够将柔性基层的优点抗变形和开裂的能力发挥出来。

到目前为止，国内对这种结构进行了大量的研究，并铺筑了大量的试验路段，但是这些研究目前仍限于初步应用阶段，尚未有全面、深入的研究，对这些试验路段的使用效果也缺乏深入的总结，没有提出这种沥青路面的结构设计指标和方法以及相应的设计参数。这些问题限制了这种路面结构的进一步应用。

鉴于此，研究人员组提出在对国内已有相关研究成果和对广东省内已铺筑的复合式基层沥青路面试验路段进行跟踪调查的基础上，对该种路面结构进行深入研究，提出该种路面的结构设计指标和设计方法，并结合理论分析和室内试验，提出依托工程在不同路基条件下优化的复合式基层沥青路面结构。

2. 主要研究内容

（1）广东省已建复合式基层沥青路面的跟踪观测及分析

对广东省内已建的复合式基层沥青路面使用状况进行跟踪调查，主要观测路面的车辙、裂缝等病害的发展情况，同时搜集相关的交通、材料、结构等数据（必要时钻芯取样进行相关参数的测定）。根据对这些数据的深入分析、整理，为提出复合式基层沥青路面结构设计的控制指标和标准提供参考。

（2）复合式基层沥青路面的结构设计指标和设计方法研究

复合式基层沥青路面结构的设计指标和设计方法，既不同于我国的半刚性基层沥青路面，也不同于永久性沥青路面。拟通过对设置半刚性—柔性复合式基层沥青路面结构在行车荷载和温度荷载作用下的响应进行分析，并将其与半刚性基层沥青路面结构的响应进行对比分析，以进一步了解复合式基层沥青路面结构的响应特点，提出相应的路面设计指标和方法。

（3）依托工程的复合式基层沥青路面结构分析

针对依托工程所设计的路面结构进行结构响应分析，同时考虑原材料的选择、配合比设计、施工质量等因素引起的路面结构及材料参数的变化对路面结构响应的影响。

（4）复合式基层沥青路面结构抗车辙性能试验研究

以依托工程设计的路面结构和选用材料为基础，成形具有不同结构或材料的复合式基层沥青路面的复合试件，然后对其进行高温车辙试验，研究复合式基层的结构及材料组成对整个路面结构抗车辙性能的影响，为选择优化的路面结构提供参考。

（5）依托工程复合式基层沥青路面的结构优化

对依托工程的路基状况进行调查，结合前述的研究成果，提出不同路段在保证路用性能前提下的优化的路面结构方案。

（6）试验路段的修筑及跟踪观测

根据研究提出的优化的复合式基层沥青路面结构方案，在依托工程中修筑试验路段，然后对其跟踪观测，以验证本课题的研究成果。

3. 取得成果

(1)通过调研和结构分析，指出：①复合式基层中的柔性基层厚度应结合抗反射裂缝能力、车辙等指标综合确定；②应提高下面层或ATB层的抗反射裂缝能力；③下面层或ATB层应具有一定的排水能力；④应加强半刚性层与沥青层间的黏结。

(2)引入车辙深度、抗反射裂缝能力指标，提出了复合式基层沥青路面结构设计方法。

(3)基于不同混合料、不同厚度和不同温度条件下的大量车辙试验结果，结合相应的材料性能参数(弹性模量、抗剪强度)、各亚层的应力状态(压应力、剪应力)，应用神经网络法分析建立了车辙深度预估模型。

(4)通过半圆试件弯拉试验、双面剪切疲劳试验、抗反射裂缝能力试验，研究了沥青混合料的抗裂性能，获得了临界应力强度因子及其随温度、加载模式的变化规律；建立了考虑失效概率的剪切疲劳方程；建立了不同断裂模式下的抗反射裂缝能力方程。

(5)提出了采用粗集料间断半开级配的沥青稳定碎石级配优化方案，基于体积设计法，提出了基于性能试验的级配优化方法；采用该方法优化设计了四种抗裂性能好，且有一定排水能力的沥青稳定碎石混合料(改性沥青排水型沥青稳定碎石、抗裂型改性沥青稳定碎石、纤维增强型改性沥青稳定碎石、增韧型复合改性沥青加强型AC-25)。

(6)通过埋设温度传感器实测了依托工程路面结构的温度场，分析并建立了沥青面层温度场的计算方法和公式。

(7)结构分析及复合型梁式试件的弯拉强度试验、疲劳试验结果表明将常用的两层半刚性基层进行倒置，可以充分发挥各层材料的性能，提高抗裂性能和疲劳寿命。

(8)试验测定了沥青稳定碎石的设计参数。

(9)通过三轴静态蠕变试验和动态蠕变试验研究了沥青混合料的高温性能，获得了不同沥青混合料的黏弹性参数值。

(10)提出了加强型AC-25和高稠度改性沥青同步碎石封层的施工工艺和质量控制技术；修筑了试验路段并进行试验与检测。

(11)推荐了依托工程的路面结构设计方案。

4. 前景应用

该项研究技术的应用前景广，可指导同类工程建设等内容。

以上为“半刚性—柔性复合式基层沥青路面结构设计及其优化技术研究”资料的节选部分，想详细了解全部研究成果和报告PPT请扫下面的二维码。

“半刚性—柔性复合式基层沥青路面结构设计及其优化技术研究”PDF

“半刚性—柔性复合式基层沥青路面结构设计及其优化技术研究”PPT

二十一、永久路面与结构材料性能

简介：本文主要介绍了永久性路面设计理念、永久性路面设计方法、表面开裂、永久性路面对结构层设计的要求、目前各地永久性路面状况等内容。

以下为"永久路面与结构材料性能"PPT 的节选部分，想详细了解全部内容请用微信扫 PPT 节选部分后的二维码。

节选一

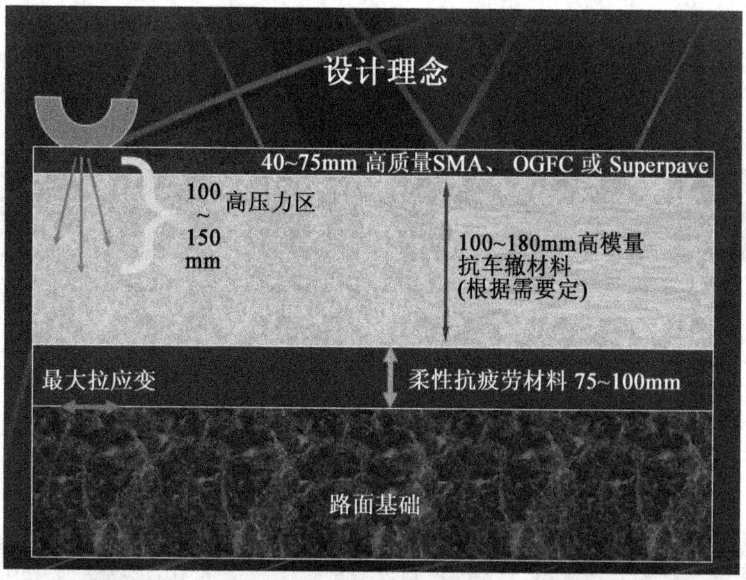

节选二

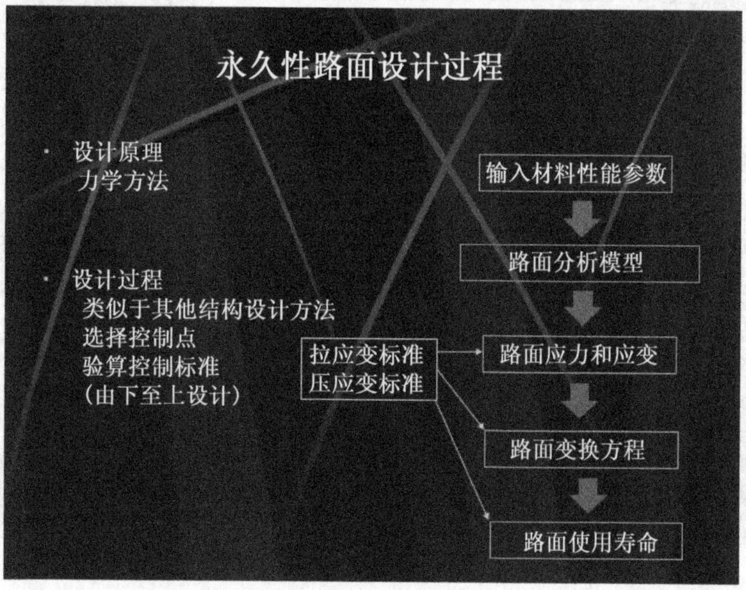

节选三

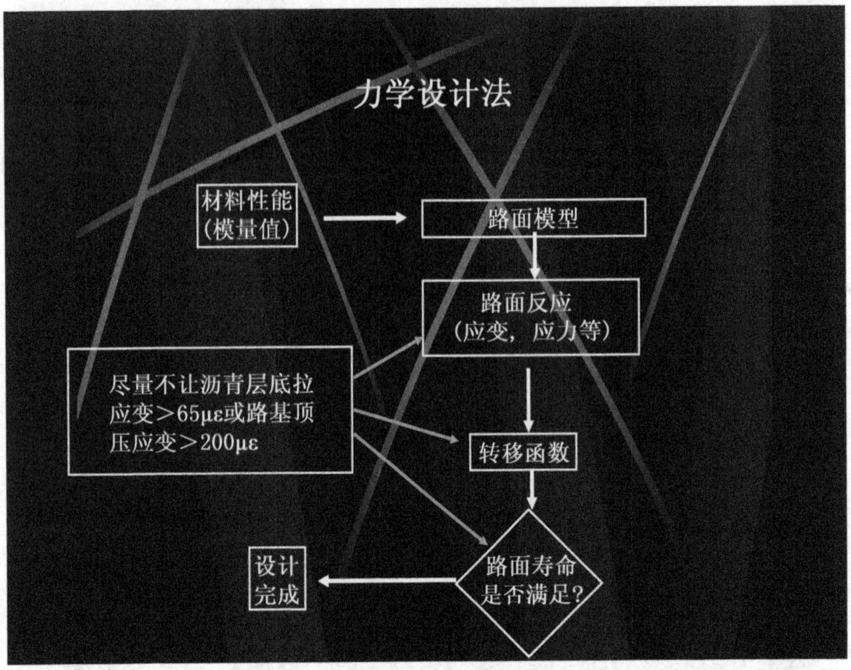
力学设计法
材料性能
(模量值)
路面模型
路面反应
(应变，应力等)
尽量不让沥青层底拉
应变＞65με或路基顶
压应变＞200με
转移函数
路面寿命
是否满足?
设计
完成

节选四

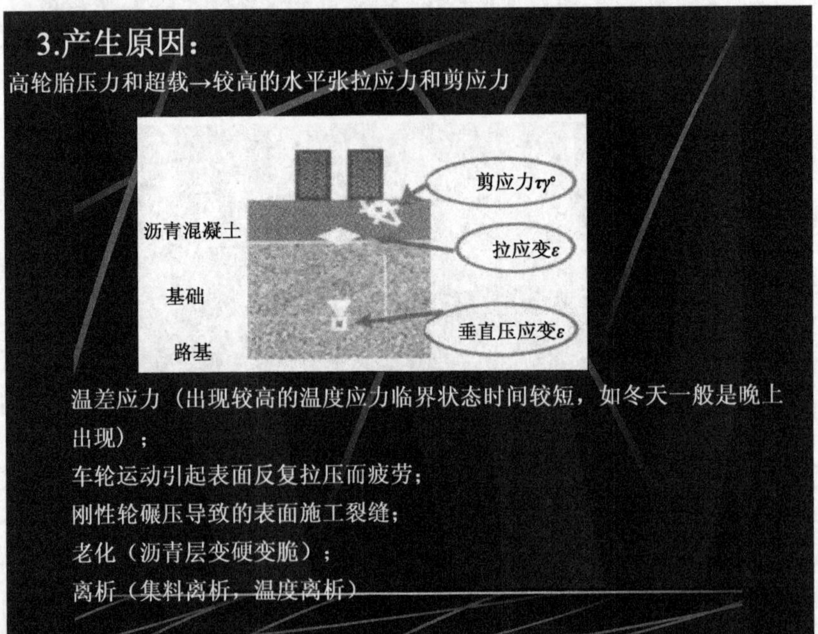
3.产生原因：
高轮胎压力和超载→较高的水平张拉应力和剪应力
剪应力τγ
沥青混凝土
拉应变ε
基础
垂直压应变ε
路基
温差应力（出现较高的温度应力临界状态时间较短，如冬天一般是晚上出现）；
车轮运动引起表面反复拉压而疲劳；
刚性轮碾压导致的表面施工裂缝；
老化（沥青层变硬变脆）；
离析（集料离析，温度离析）

节选五

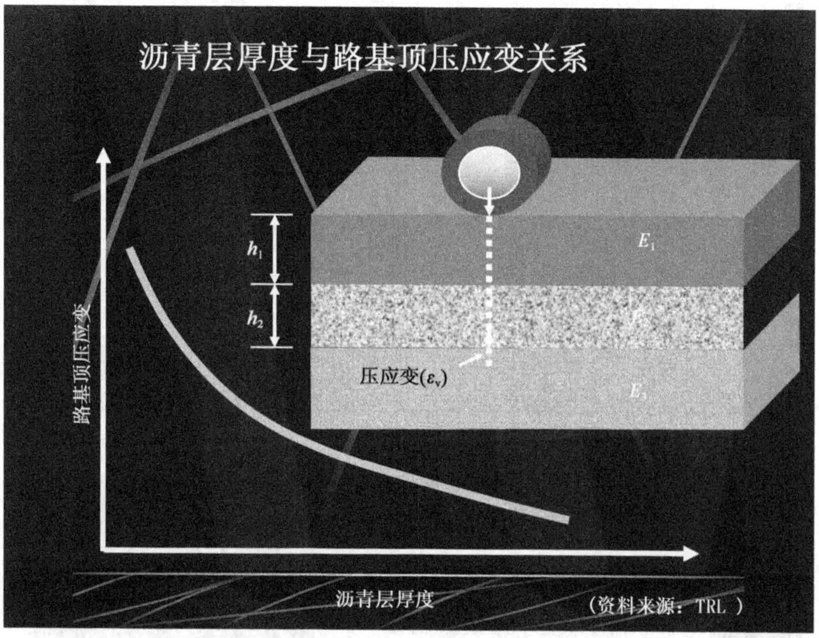
沥青层厚度与路基顶压应变关系
路基顶压应变
h_1
h_2
E_1
压应变(ε_v)
E_3
沥青层厚度
(资料来源：TRL)

节选六

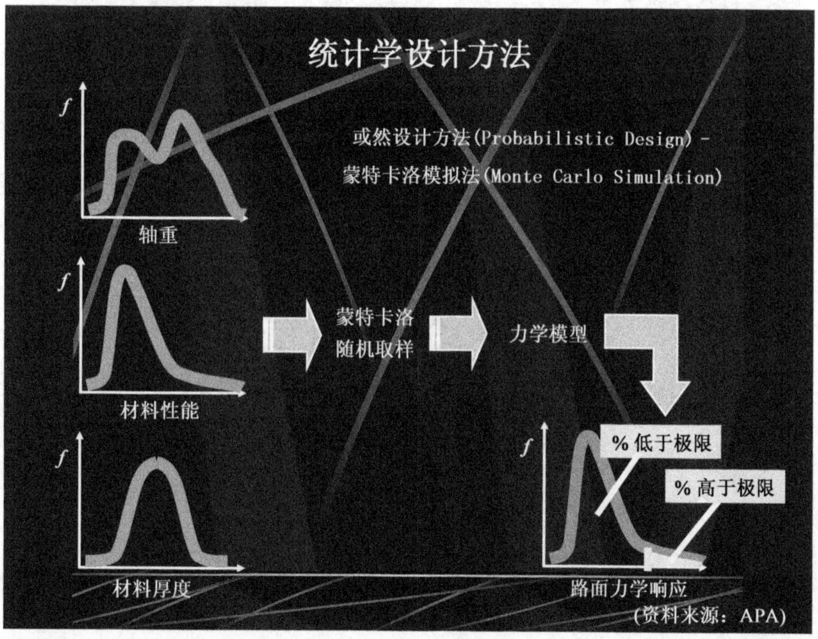
统计学设计方法
或然设计方法(Probabilistic Design) -
蒙特卡洛模拟法(Monte Carlo Simulation)
f
轴重
f
材料性能
蒙特卡洛
随机取样
力学模型
f
% 低于极限
% 高于极限
f
材料厚度
路面力学响应
(资料来源：APA)

节选七

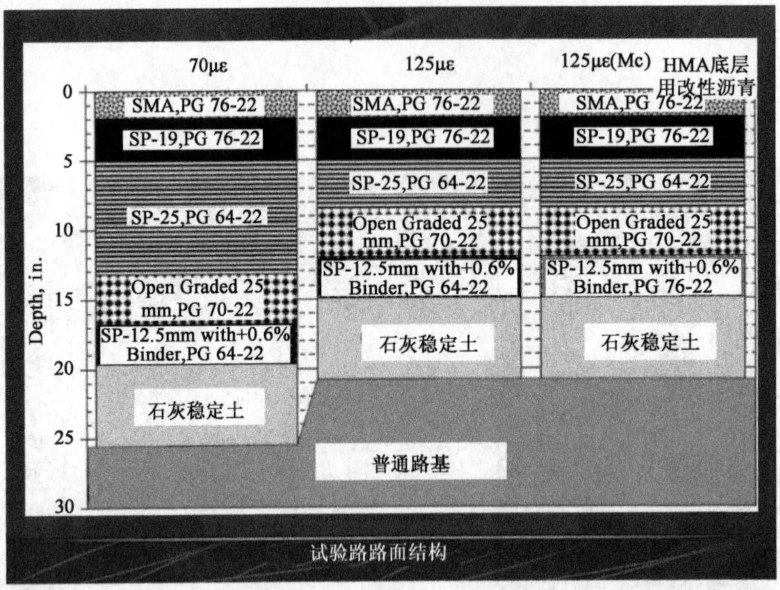

试验路路面结构

节选八

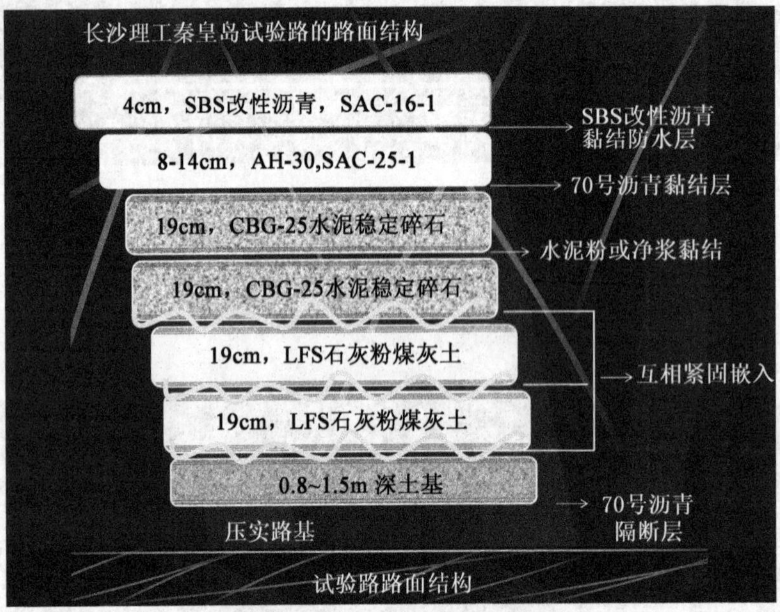

试验路路面结构

“永久路面与结构材料性能”PPT

二十二、全柔长寿命沥青路面结构及其设计

简介:在我国公路沥青路面建设中,半刚性基层沥青路面仍是主要形式,普遍采用沥青面层三层总厚度为 15 ~ 18cm 的结构,基层强度达 3MPa 以上沥青层较薄,大部分沥青路面实际使用寿命偏短,达不到设计寿命,且维修养护成本高,这些问题已成为阻碍我国道路建设发展的主要问题之一。

我国现有的沥青路面设计使用寿命与道路分析年限等同,且以基层作为承重层设计其厚度,设计模型与设计指标单一,路面材料设计参数与实际路用性能缺乏关联性,这样的设计理念和设计方法对其他路面结构形式有一定的限制。因此,需提出全柔式长寿命沥青路面结构设计方法,本文主要介绍了全柔式长寿命沥青路面的主要研究方法、国内外主要的设计指标与标准、结构应力分析及其层位划分、结构组合设计、材料组合设计、可靠度设计方法及其优化及设计方法验证性分析等内容。

以下为“全柔长寿命沥青路面结构及其设计”PPT 的节选部分,想详细了解全部内容请扫 PPT 节选部分后的二维码。

节选一

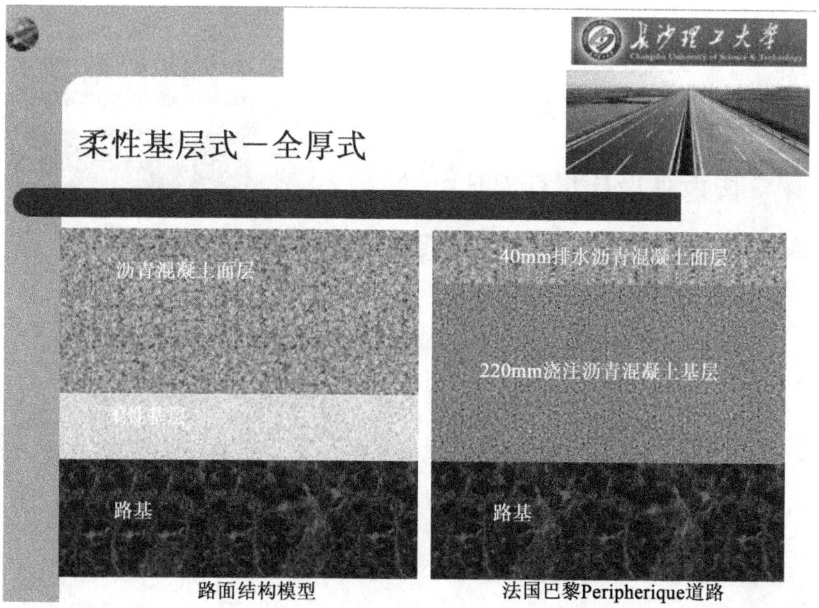

节选二

主要研究方法

- 分析理论:
  - 线弹性多层体系理论
  - 正交设计理论
  - 可靠度设计理论
- 数据来源:
  - 前人研究数据
  - 室内外试验数据
  - 力学计算数据
- 相关软件应用
  - BISAR3.0
  - ORIGN7.0
  - SPASS13
  - ANSYS10.0

节选三

国内外设计指标对比

- 国内
- 路表开裂指标
  - 弯拉应力
- 刚度指标
  - 路表弯沉
- 国外
- 路表开裂指标
  - 弯拉应力
- 刚度指标
  - 土基顶面压应变

节选四

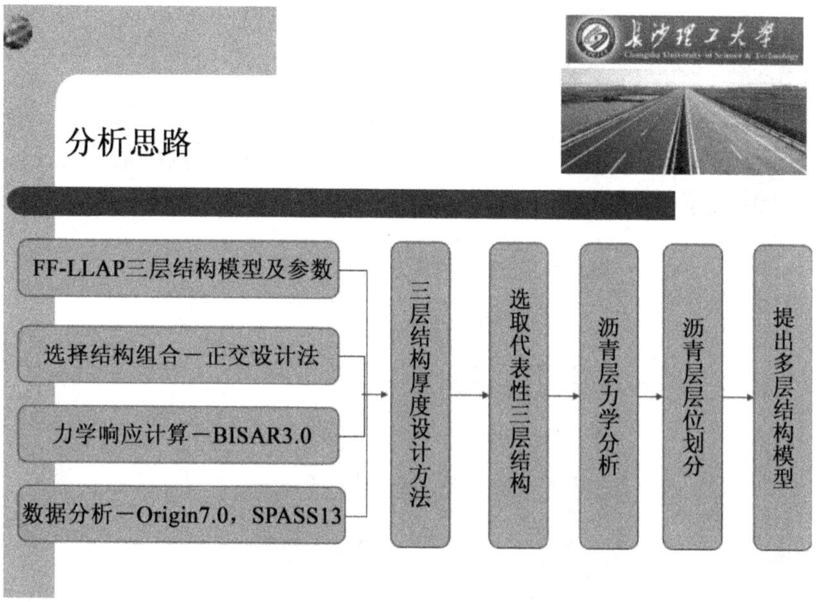
分析思路
FF-LLAP三层结构模型及参数
选择结构组合－正交设计法
力学响应计算－BISAR3.0
数据分析－Origin7.0，SPASS13
三层结构厚度设计方法
选取代表性三层结构
沥青层力学分析
沥青层层位划分
提出多层结构模型

节选五

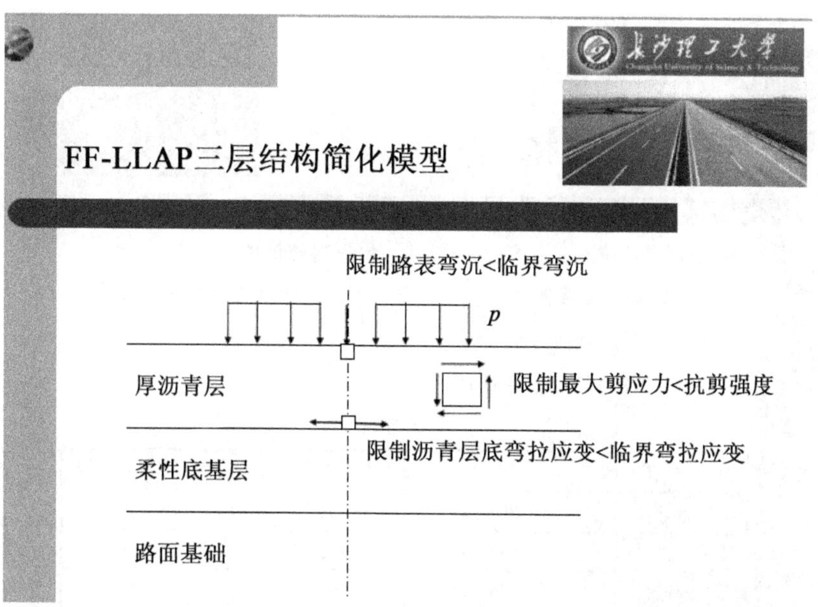
FF-LLAP三层结构简化模型
限制路表弯沉<临界弯沉
p
厚沥青层
限制最大剪应力<抗剪强度
限制沥青层底弯拉应变<临界弯拉应变
柔性底基层
路面基础

节选六

长沙理工大学

FF-LLAP结构模型

沥青混凝土磨耗层4~6cm

沥青混凝土联结层10~20cm

沥青混凝土基层8~16m

底基层 20~50cm
(级配碎石层、沥青稳定碎石等)

垫层 0~20cm
(粗砂、砂砾、碎石、煤渣、矿渣等)

路基

节选七

长沙理工大学

沥青与集料选择

- 沥青评价体系
  - 沥青PG分级体系
- 沥青层温度预估方法
  - SHRP与国内已有研究相结合
- 集料评价体系
  - 按我国规范的要求进行

实例分析

结构层	SHRP法	国内学者	实测
磨耗层	P64-16	P58-22	P58-16
联结层	P58-10	P52-16	P52-16
基层	P46-10	P46-16	P46-16

节选八

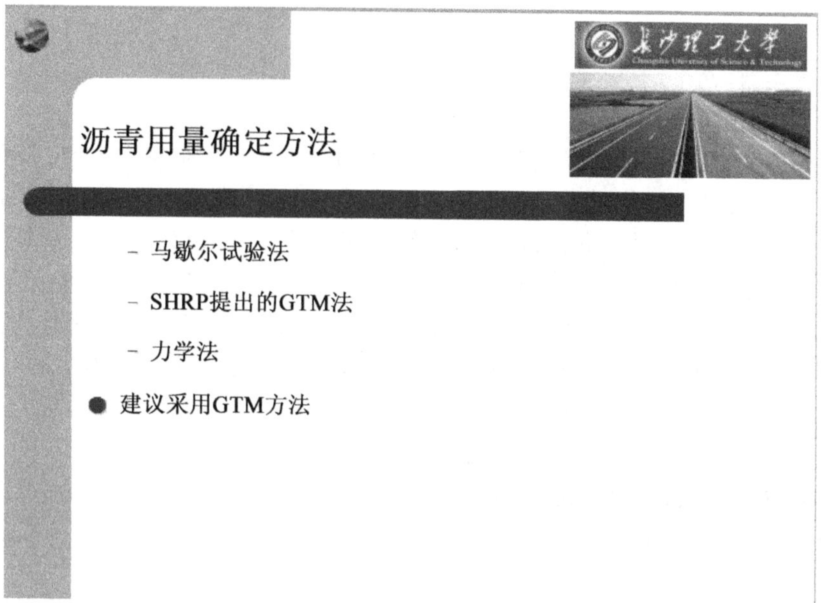

“全柔长寿命沥青路面结构及其设计”PPT

二十三、京珠高速某路段沥青路面改扩建试验路设计和施工

简介：京珠国道主干线起自北京，经河北、河南、湖北、湖南，止于广东省珠海市，是我国首都连接华中、华南的主骨架公路，是国家十大重点工程之一。自建成以来，京珠高速路对区域经济的快速发展起了极大的拉动作用，是广东省公路南北运输的大动脉，不仅车流量大，超载现象也非常严重。本路段所处地带为亚热带季风性气候区，常年高温，雨量充沛。因此在重载和恶劣的气候等综合影响下，刚通车不久的沥青路面及混凝土路面出现了严重的轮迹带车辙、水损坏、裂缝等病害。这些病害严重地影响到道路行车安全和高速公路的形象，使道路使用品质大大下降。本文通过现场调查、室内试验、理论分析、试验路的铺设，为该路段的路面改扩建提供科学的指导。

以下为"京珠高速某路段沥青路面改扩建试验路设计和施工"PPT 的节选部分，想详细了解全部内容请扫 PPT 节选部分后的二维码。

节选一

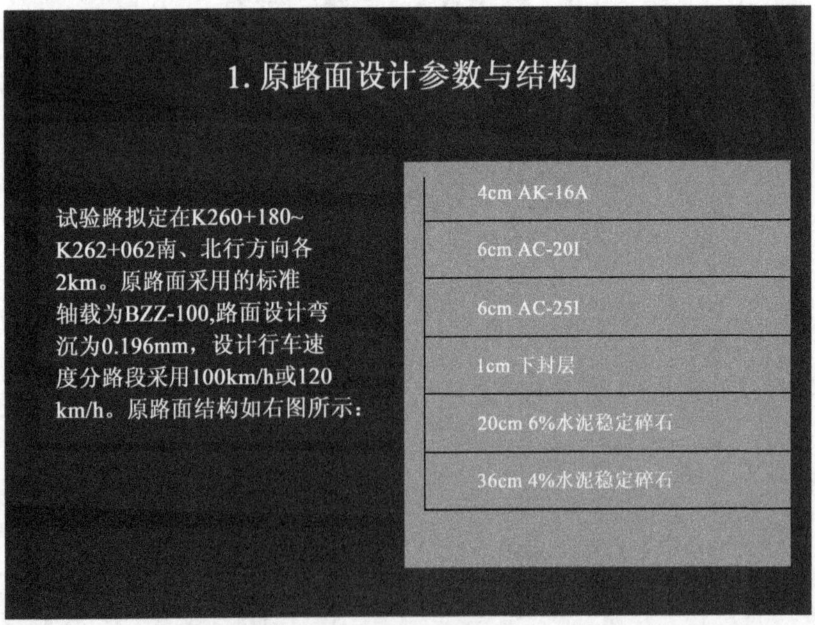

节选二

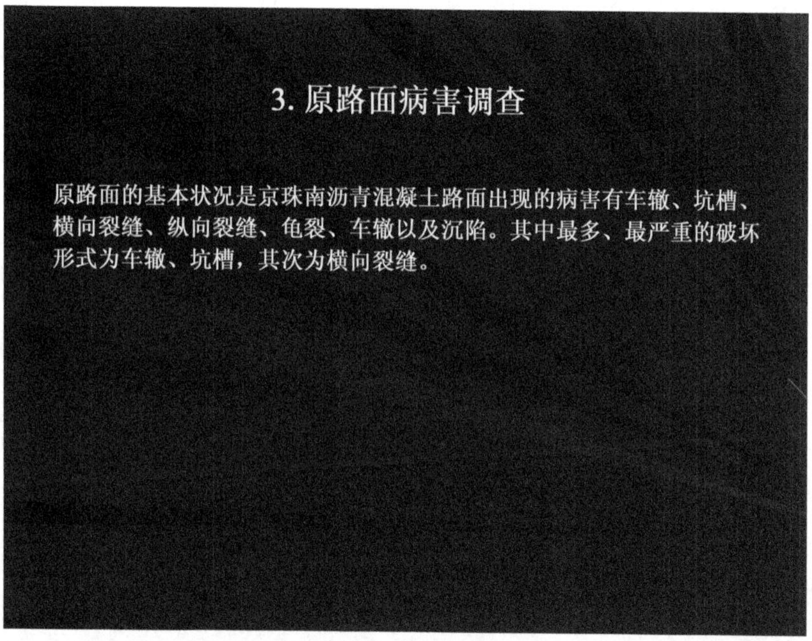
3. 原路面病害调查
原路面的基本状况是京珠南沥青混凝土路面出现的病害有车辙、坑槽、横向裂缝、纵向裂缝、龟裂、车辙以及沉陷。其中最多、最严重的破坏形式为车辙、坑槽，其次为横向裂缝。

节选三

取样试件的芯样图

节选四

现场取样车辙试验结果

指标 / 位置	动稳定度(次/mm)		
	上面层	中面层	下面层
NK155+100	5237	8442	1264
SK160+985	9490	6909	386
SK175+910	3691	413	……
NK177+500	287	1348	1291
NK191+080	918	4714	2310
NK217+600	2513	652	406
NK227+600	7000	17000	480
SK235+025	600	791	405
SK256+025	9125	18200	1089
SK274+150	1219	413	1424
SK277+020	593	606	626
SK281+505	2988	1581	872

节选五

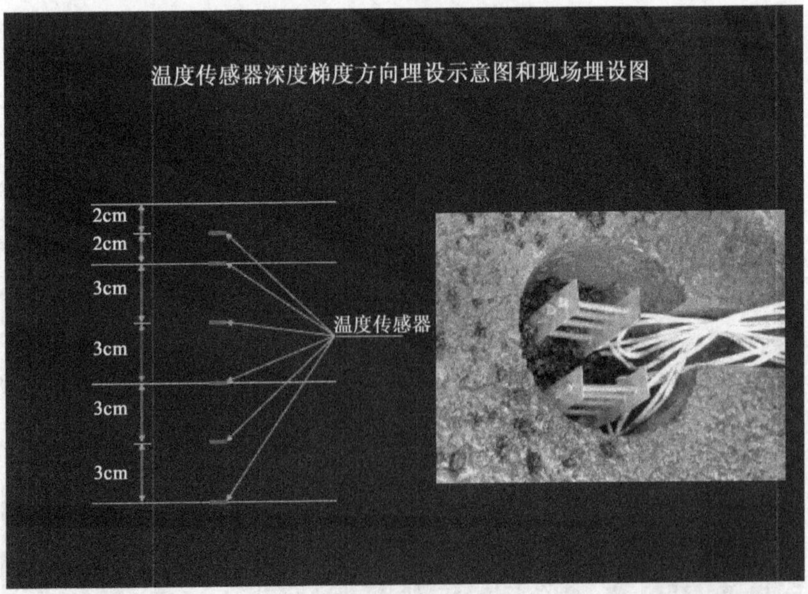

节选六

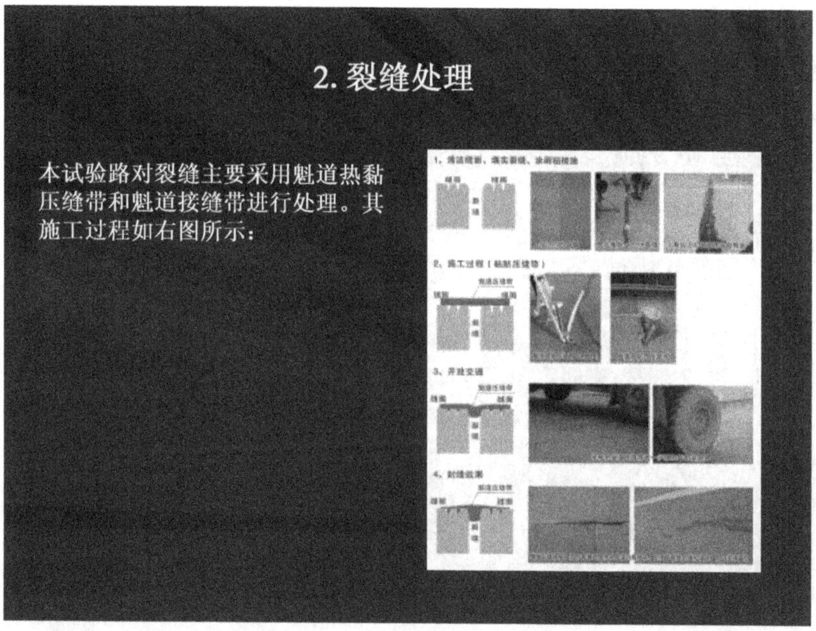
2. 裂缝处理
本试验路对裂缝主要采用魁道热黏压缝带和魁道接缝带进行处理。其施工过程如右图所示：

节选七

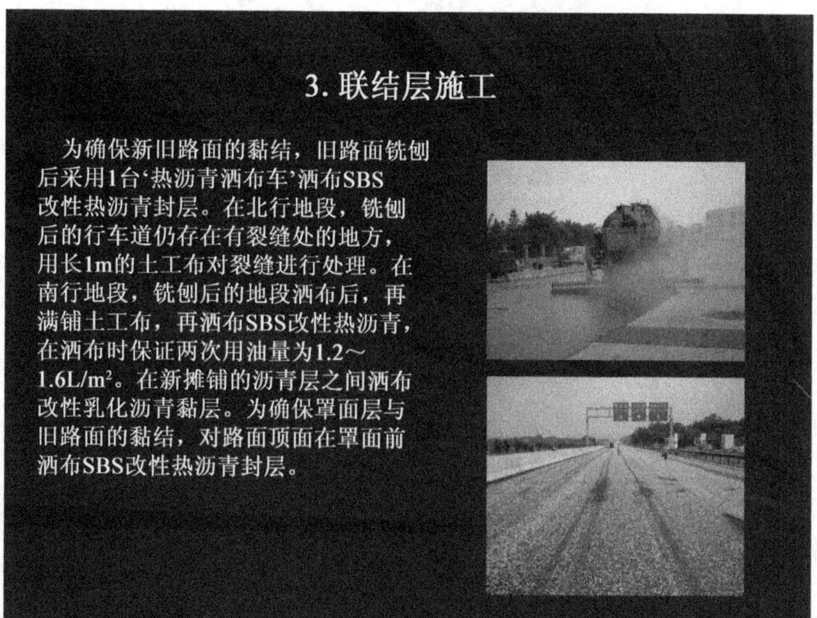
3. 联结层施工
为确保新旧路面的黏结，旧路面铣刨后采用1台‘热沥青洒布车’洒布SBS改性热沥青封层。在北行地段，铣刨后的行车道仍存在有裂缝处的地方，用长1m的土工布对裂缝进行处理。在南行地段，铣刨后的地段洒布后，再满铺土工布，再洒布SBS改性热沥青，在洒布时保证两次用油量为1.2～1.6L/m²。在新摊铺的沥青层之间洒布改性乳化沥青黏层。为确保罩面层与旧路面的黏结，对路面顶面在罩面前洒布SBS改性热沥青封层。

节选八

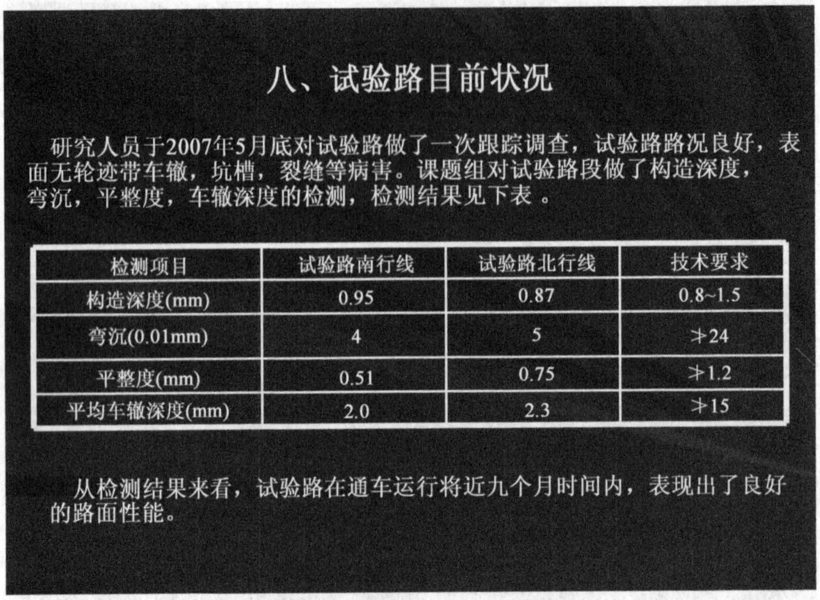

八、试验路目前状况

研究人员于2007年5月底对试验路做了一次跟踪调查，试验路路况良好，表面无轮迹带车辙，坑槽，裂缝等病害。课题组对试验路段做了构造深度，弯沉，平整度，车辙深度的检测，检测结果见下表 。

检测项目	试验路南行线	试验路北行线	技术要求
构造深度(mm)	0.95	0.87	0.8~1.5
弯沉(0.01mm)	4	5	≯24
平整度(mm)	0.51	0.75	≯1.2
平均车辙深度(mm)	2.0	2.3	≯15

从检测结果来看，试验路在通车运行将近九个月时间内，表现出了良好的路面性能。

“京珠高速某路段沥青路面改扩建试验路设计和施工”PPT

二十四、旧水泥混凝土路面评价与沥青加铺技术研究

简介：在旧水泥混凝土路面上加铺沥青层是一种常用的路面修复技术，它具有工期短、造价低、对交通影响小、修复路面服务性能好等优点。本报告从旧水泥混凝土路面评价、旧水泥混凝土路面的处置措施、沥青加铺设计的国内外研究概况、国内外主要的加铺设计方法、土工织物加筋沥青混凝土加铺层防裂性能试验等几个方面进行介绍，最后以长永高速公路和芙蓉路为例进行了性能检测，验证加铺效果。

以下为"旧水泥混凝土路面评价与沥青加铺技术研究"PPT 的节选部分，想详细了解全部内容请扫 PPT 节选部分后的二维码。

节选一

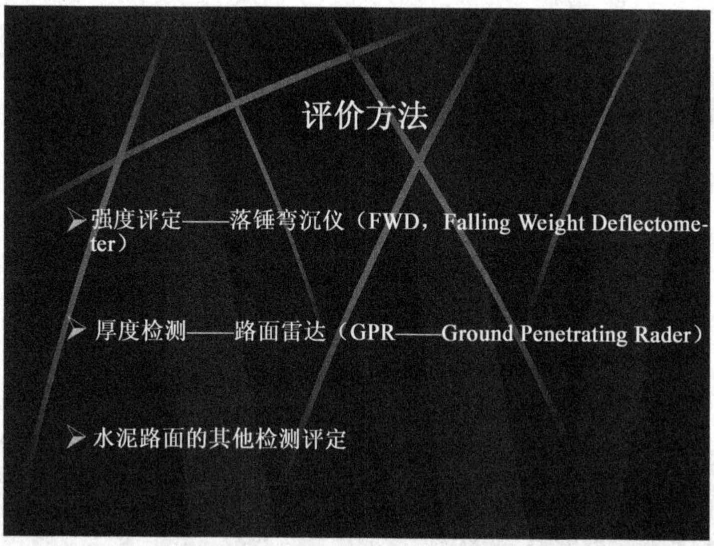

节选二

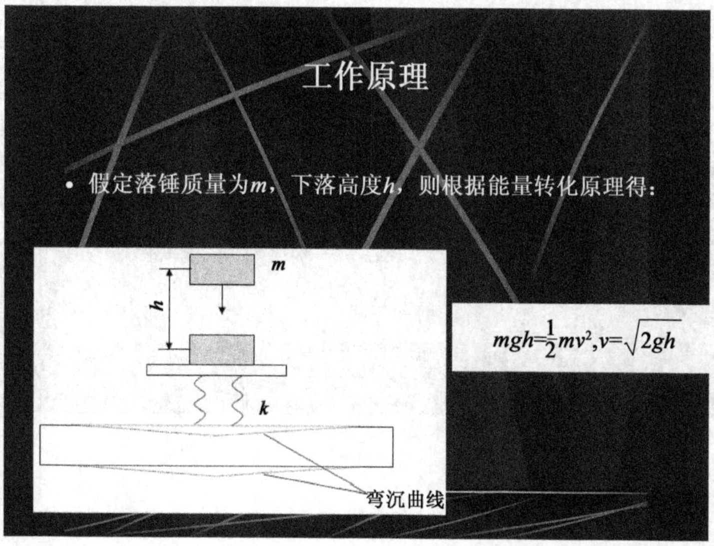

节选三

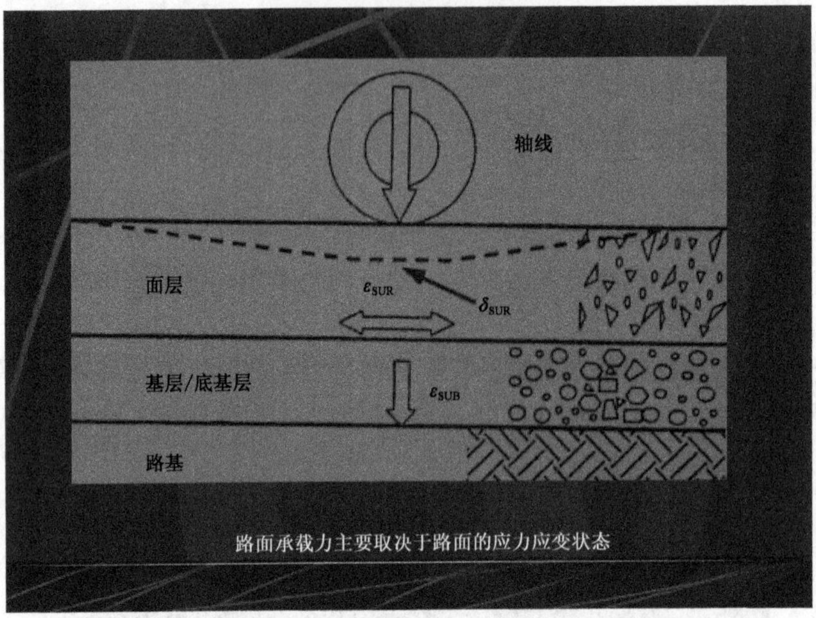
轴线
面层
ε_{SUR}
δ_{SUR}
基层/底基层
ε_{SUB}
路基
路面承载力主要取决于路面的应力应变状态

节选四

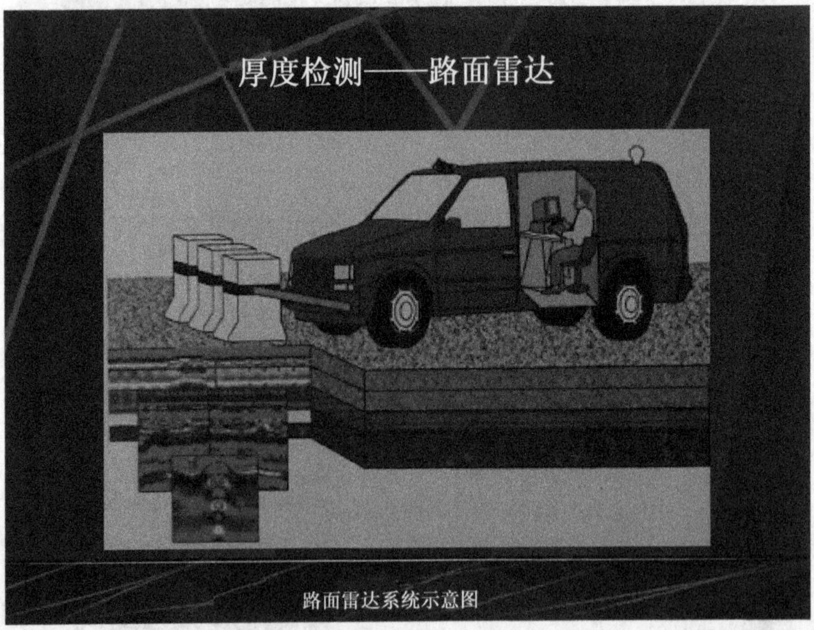
厚度检测——路面雷达
路面雷达系统示意图

节选五

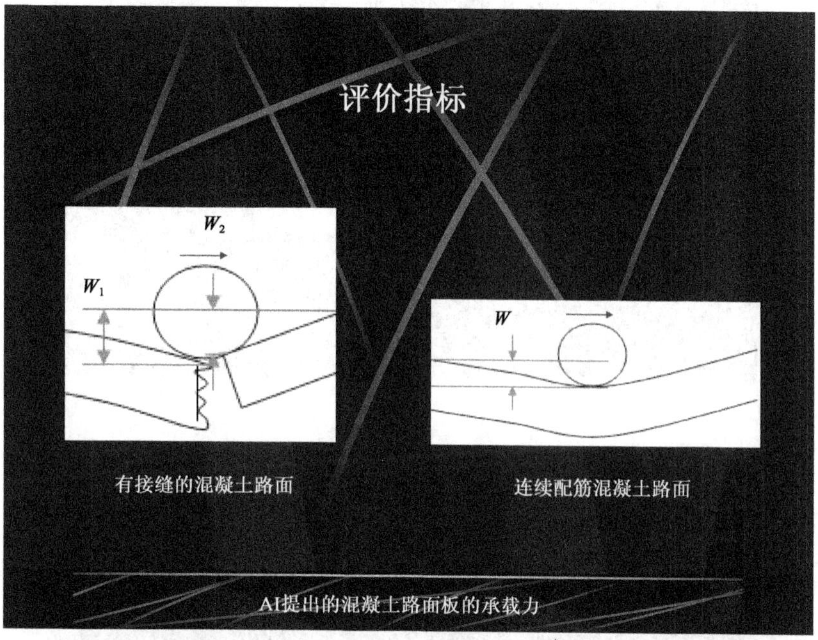
评价指标
W_2
W_1
W
有接缝的混凝土路面
连续配筋混凝土路面
AI提出的混凝土路面板的承载力

节选六

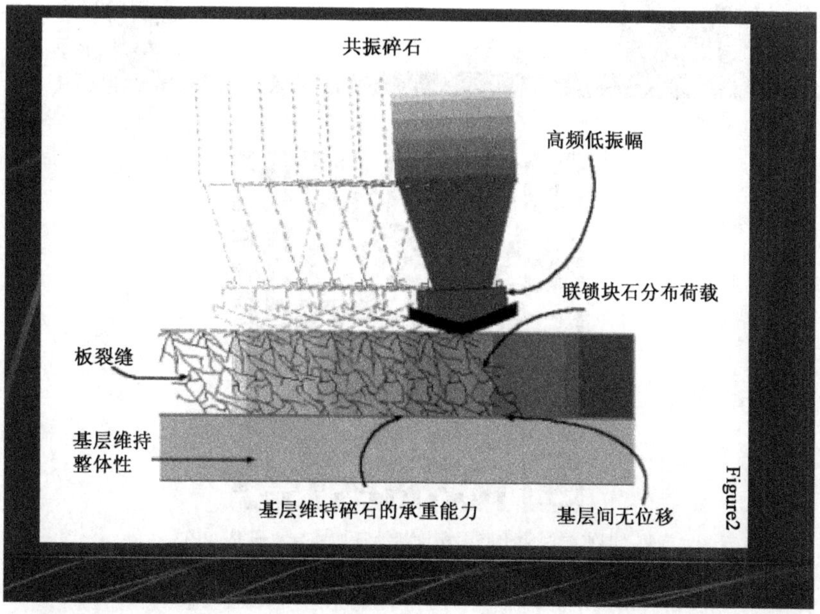
共振碎石
高频低振幅
联锁块石分布荷载
板裂缝
基层维持
整体性
基层维持碎石的承重能力
基层间无位移
Figure2

节选七

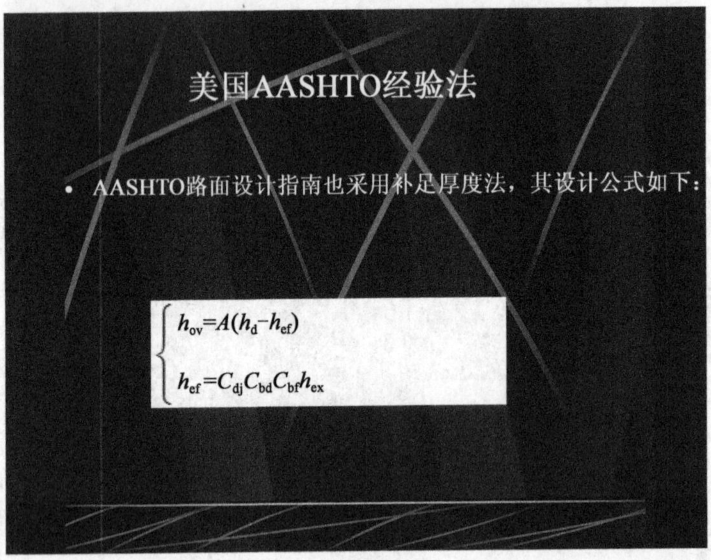

节选八

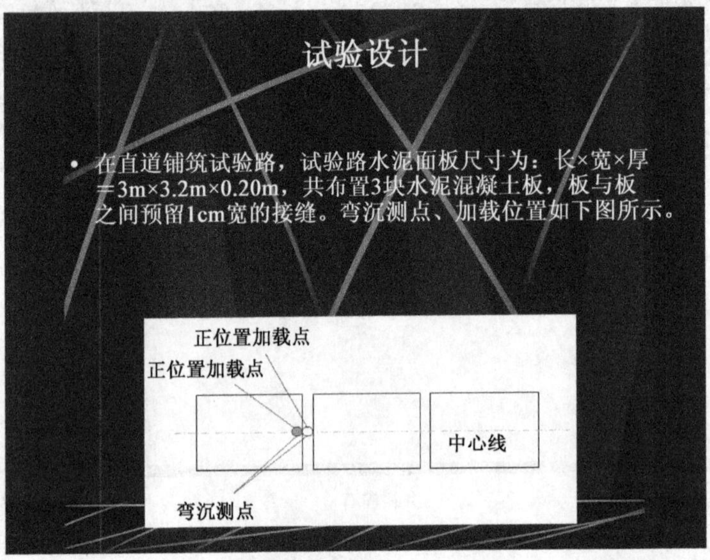

“旧水泥混凝土路面评价与沥青加铺技术研究”PPT

二十五、梅观高速公路旧水泥路面加宽及拓宽关键技术研究

1. 项目概况

梅观高速公路南连接梅林海关，北与莞深高速公路相接，路线全长19.2km，水泥混凝土路面。该路于1992年年底开工，1995年竣工通车，起点梅林至清湖立交为双向六车道（约9km），清湖立交至黎光段为双向四车道（约10km）。2007年，梅林至清湖段交通量为78857pcu/d（2025年为10.6万pcu/d），清湖至黎光交通量为55371pcu/d（2025年为10.2万pcu/d）。

现拟将该项目按双向八车道进行改扩建，路面拟采用沥青混凝土路面。

2. 主要研究内容

（1）调研与分析

①调研国内外旧水泥混凝土路面的处治和沥青加铺结构与技术，主要分析各种旧水泥混凝土路面处治技术、沥青加铺层结构的适用条件、材料要求、设计方法、施工工艺及其使用效果，分析沥青加铺结构反射裂缝的防治措施。

②调查国内外高速公路老路拓宽工程技术，掌握高速公路新旧路面结合的主要技术特征，既有工程所采用的处治措施及其实施效果，主要工程技术问题及其成因机理，分析可行的新旧路面结合部处治技术。

（2）旧水泥混凝土路面性能评价研究

①在相关技术规范和规程及已有研究成果的基础上，采用贝克曼梁、落锤式弯沉仪（FWD）、路面雷达等检测方法对梅观高速公路旧水泥混凝土路面的强度、刚度、厚度、平整度、抗滑性能、脱空、断板、传荷能力和破损状况等进行现场调查和检测。

②调查梅观高速公路的交通量、旧水泥混凝土路面结构、结构物、路基状况、路基路面排水状况、养护历史和筑路材料及沿线的地质、水文、气候条件等资料，分析影响梅观高速公路路面使用性能的气候和交通关键因素。

③调查现有交通组成，采用轴重仪或称重设备连续测试汽车轴载，分析轴载谱，掌握交通荷载组成及作用次数，为沥青加铺层设计和新建沥青路面结构设计提供可靠的交通荷载数据。

④根据历史资料和现有路况调查结果，在现行《公路水泥混凝土路面养护技术规范》（JTJ 073.1—2001）的评价指标体系的基础上，分析路面破坏的原因，提出快速无损检测技术的旧水泥混凝土路面的检测和评价指标体系与方法，以及相应的分级标准。

⑤分析梅观高速公路累计标准轴次、旧水泥混凝土路面的性能等级、路况综合评价指标和承载能力，确定合理的性能分段，为确定旧路处治、沥青加铺层和新建沥青路面结构方案提供可靠的依据。

（3）旧水泥混凝土路面处治技术研究

①根据旧水泥混凝土路面路况检测评价结果和性能分段、路基状况及实际情况，本着“经济合理、旧路稳固、方便施工、利于加铺”的原则，依据不同的破坏类型，在分析比较的基础上，确定合理的旧水泥混凝土路面处治方案，如填缝、挖除、板底灌浆、补块、换板、碎石化等，确保处治后的旧水泥混凝土路面具有足够的承载能力，并有效地防止沥青加铺层产生反射裂缝。

②根据采用的旧水泥混凝土路面处治措施，提出各种处治方案的施工技术、材料要求和控制指标，为现场施工质量控制提供依据。

(4)沥青加铺层方案优化

①参考国内外旧水泥混凝土路面沥青加铺技术成功经验，针对梅观高速公路旧水泥混凝土路面破损状况、处治措施、当地气候条件等实际情况，确定合理的沥青加铺层结构(材料)组合方案。

②在交通组成、交通量增长率、累计标准轴次和旧水泥混凝土路面处治后承载能力的分析基础上，通过路面结构力学分析计算，研究合理的旧水泥混凝土路面沥青加铺设计指标和设计方法，确定满足强度和性能要求的沥青加铺层结构厚度组合方案。

③通过技术经济比较，优化选择适合梅观高速公路气候和交通条件的旧水泥混凝土路面沥青加铺结构方案。

④根据优化得到的旧水泥混凝土路面沥青加铺层结构方案，提出沥青加铺层材料要求和性能指标。

(5)沥青加铺层防止反射裂缝技术研究

①分析国内外旧水泥混凝土路面沥青加铺层防止放射裂缝技术的经验和教训，结合梅观高速公路旧水泥混凝土路面破损状况、处治措施、当地气候条件等实际情况，确定合理的防止反射裂缝措施。

②对各种防裂措施所用材料进行室内抗拉强度、抗老化性能、高低温性能等物理力学性能试验，获取材料性能设计参数。

③采用有限元法和解析法对各种防止反射裂缝措施进行力学分析，比较防裂效果，从而针对旧水泥混凝土路面处治措施，选择合理的防裂措施。

④对选定的防裂措施，提出材料要求和性能指标，为设计方案提供可靠依据。

(6)新建沥青路面结构方案优化

①参考广东省高速公路沥青路面成功经验，针对梅观高速公路交通和气候条件，依据南方湿热地区沥青路面抗车辙、抗开裂和抗水损的性能要求，确定合理的新建沥青结构(材料)组合方案。

②通过路面结构力学分析计算，确定满足强度和性能要求的沥青结构厚度组合方案。

③通过技术经济比较，优化选择适合梅观高速公路气候和交通条件的新建沥青路面结构方案。

④提出各结构层材料要求和性能指标，从而为设计方案提供可靠的依据。

(7)新旧路面拓宽结合部处治技术研究

①根据优化的旧水泥混凝土路面沥青加铺层结构方案与新建沥青路面结构方案，通过力学理论计算，分析新旧路面结构之间的相对变形，参考国内外成功经验，确定合理的新旧路面结构结合部处治措施，进一步通过理论分析，比较处治前后的相对变形。

②通过室内处治措施的模型试验研究，分析比较不同处治措施的使用效果，提出新旧路面结合部相对变形控制标准，从而优化确定合理的新旧路面结构结合部处治方案。

③提出新旧路面结合部处治措施的材料要求和性能指标，为设计方案提供可靠的依据。

3. 取得成果

(1)旧水泥混凝土路面性能评价及处治技术

分别采用贝克曼梁、落锤式弯沉仪(FWD)和路面雷达等方法评价梅观高速公路旧水泥混凝土路面的使用性能和破损状况；分析了不同评价方法的相互关联性，提出了旧水泥混凝土路面的检测和评价方法和指标；根据旧路面检测评价结果，分析了不同处治措施的有效性，提出了适宜于梅观高速公路旧水泥混凝土路面的处治技术与方案。

(2)沥青加铺层及新铺沥青路面结构方案优化

通过路面结构力学分析计算，研究合理的旧水泥混凝土路面沥青加铺设计指标和设计方法，提出了梅观高速公路旧水泥混凝土路面沥青加铺层结构厚度组合方案；结合梅观高速公路旧水泥混凝土路面破损状况、处治措施、当地气候条件等实际情况，确定了合理的防止反射裂缝措施；针对梅观高速公路交通和气候条件，依据南方湿热地区沥青路面抗车辙、抗开裂和抗水损的性能要求，确定了合理的新建沥青结构(材料)组合方案。

(3)新旧路面拓宽结合部处治技术

通过力学理论计算，分析了新旧路面结构之间的相对变形，提出了梅观高速旧水泥混凝土路面加铺及扩建中新旧路面结构结合部的处治措施；通过室内处治措施的模型试验研究，分析比较了不同处治措施的使用效果，提出了新旧路面结合部相对变形控制标准，确定了的新旧路面结构结合部处治方案。

4. 前景应用

该项研究技术的应用前景，可指导同类工程建设等内容。

以下为“梅观高速公路旧水泥路面加宽及拓宽关键技术研究”PPT 的节选部分，想详细了解全部内容请扫 PPT 节选部分后的二维码。

节选一

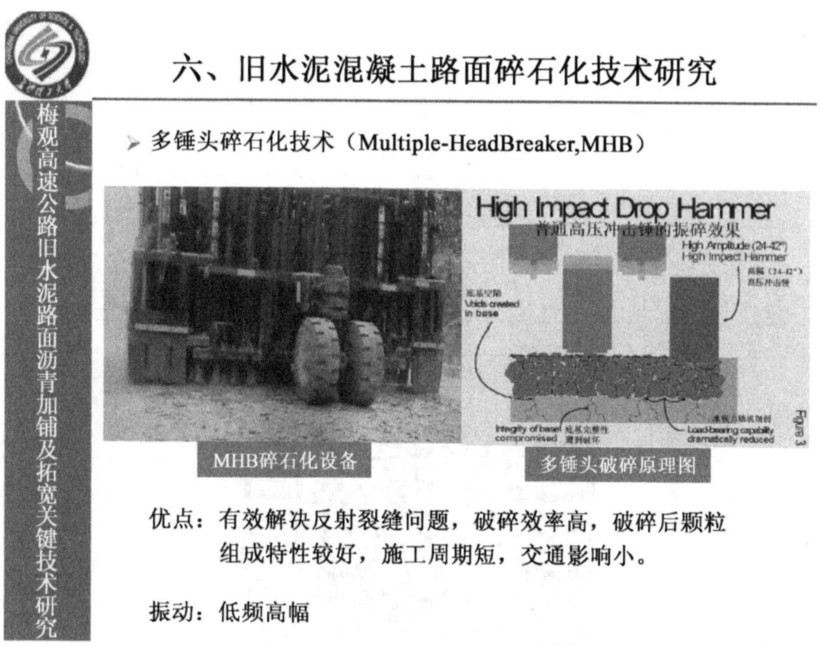

节选二

表9-10　睛湖以南原有六车道加铺推荐方案	
旧路面部分	拓宽部分（2.75m宽的部分）
4cm SMA-13（改性沥青）	
黏层（改性乳化沥青PCR）	
6cm AC-20C（改性沥青+抗车辙剂）	
黏层（改性乳化沥青PCR）	
10～14cm 调平层兼下面层ATB-30（70号A级沥青）	
黏层+封层（改性热沥青，撒9.5~13.2mm碎石）浸渍沥青防裂烧毛土工布	
处治后的旧水泥路面板	26cm C40 水泥混凝土
旧路面基层　纵缝拉杆	18cm 级配碎石垫层

节选三

表9-11 清湖以南原有六车道桥头过渡段路面结构推荐方案

旧路面部分	拓宽部分（宽的部分）
4cm SMA-13（改性沥青）	
黏层（改性乳化沥青PCR）	
6cm AC-20C（改性沥青+抗车辙剂）	
黏层（改性乳化沥青PCR）	
10～14cm 调平层兼下面层ATB-30（70号A级沥青）	
黏层+封层（改性热沥青，撒9.5~13.2mm碎石）	浸渍沥青防裂烧毛土工布
26cm C40水泥混凝土（破除后重建）	26cm C40水泥混凝土
纵缝拉杆 封层（70号A级热沥青）	
旧路面基层	18cm 4MPa水泥稳定级配碎石基层

“梅观高速公路旧水泥路面加宽及拓宽关键技术研究”PPT

二十六、临长高速公路大修方案试验研究

简介：临长高速公路地处南方高温多雨地区，且重载交通量大。本文主要研究应力吸收层在临长高速公路的应用效果。首先对比不同结合料应力吸收层的力学性能，优选最合适的结合料和级配，再次通过涂刷 ASPS 来提升应力吸收层的路用性能。

以下为“临长高速公路大修方案试验研究”PPT 的节选部分，想详细了解全部内容请扫 PPT 节选部分后的二维码。

节选一

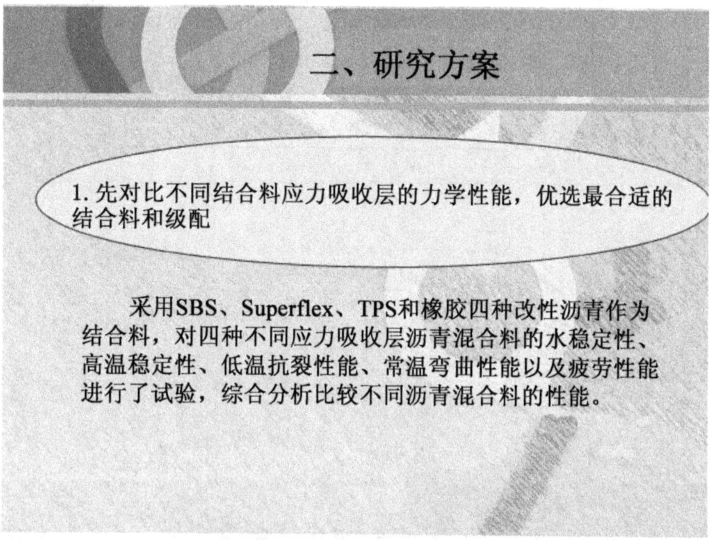

节选二

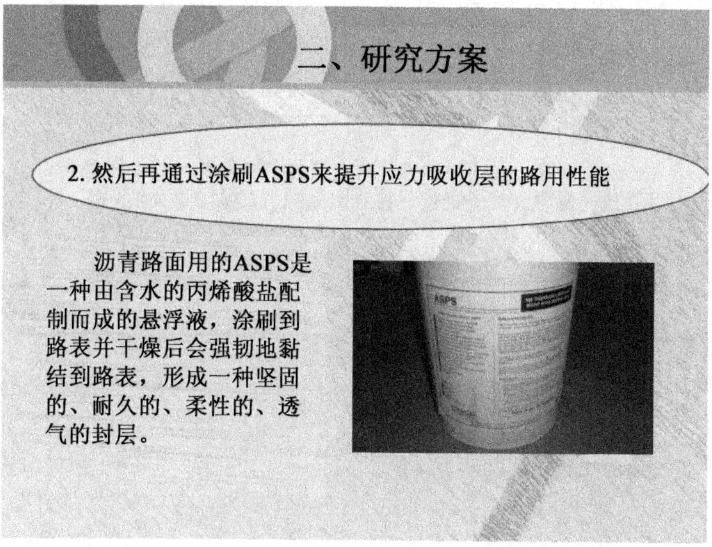

节选三

三、配合比设计

拟定设计空隙率为2.0%±0.2%、矿料间隙率VMA（%）要求大于20%、沥青饱和度VFA（%）85%~98%。
初步选择9种不同的级配，如下图所示。

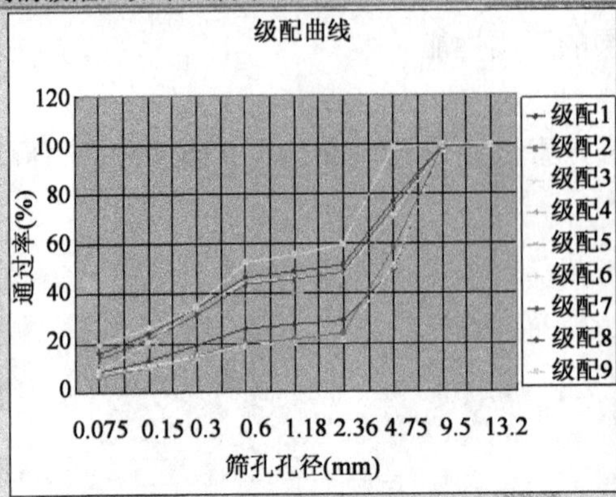

图2 初步选用级配的合成曲线

节选四

四、沥青混合料力学性能对比

SBS改性沥青按油石比8.7%、TPS高黏沥青按油石比8.9%、Superflex改性沥青按油石比8.9%、橡胶沥青按油石比8.8%制备试件。

1、常规力学性能试验

对四种应力吸收层的劈裂强度特性、高温稳定性、水稳定性及抗低温弯曲性能进行试验对比分析，试验结果如图4~图8所示。

在四种应力吸收层材料的高温稳定性试验中，特意加设一组涂布ASPS（0.25kg/㎡）的对比试验。

节选五

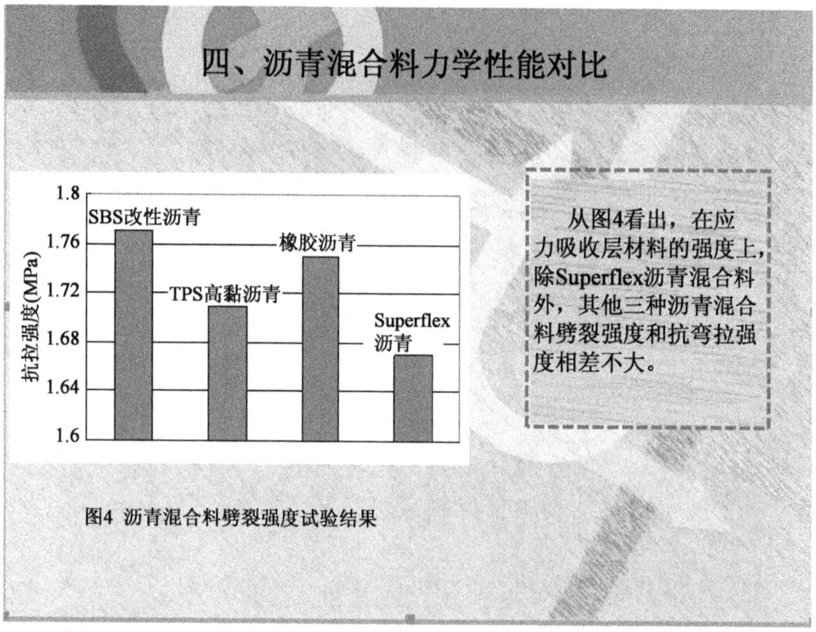
四、沥青混合料力学性能对比
抗拉强度(MPa)
1.8
1.76
1.72
1.68
1.64
1.6
SBS改性沥青
TPS高黏沥青
橡胶沥青
Superflex
沥青
从图4看出，在应力吸收层材料的强度上，除Superflex沥青混合料外，其他三种沥青混合料劈裂强度和抗弯拉强度相差不大。
图4 沥青混合料劈裂强度试验结果

节选六

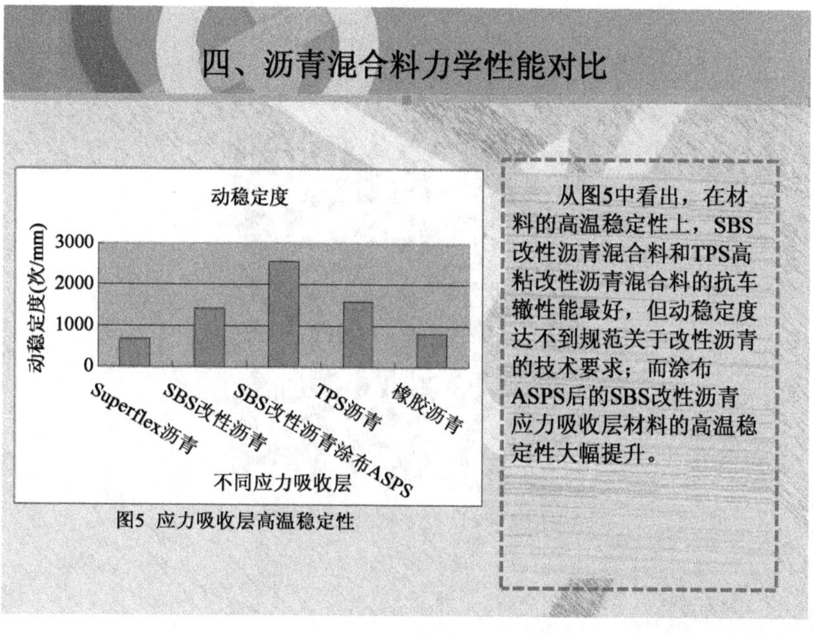
四、沥青混合料力学性能对比
动稳定度
动稳定度(次/mm)
3000
2000
1000
0
Superflex沥青
SBS改性沥青
SBS改性沥青涂布ASPS
TPS沥青
橡胶沥青
不同应力吸收层
图5 应力吸收层高温稳定性
从图5中看出，在材料的高温稳定性上，SBS改性沥青混合料和TPS高粘改性沥青混合料的抗车辙性能最好，但动稳定度达不到规范关于改性沥青的技术要求；而涂布ASPS后的SBS改性沥青应力吸收层材料的高温稳定性大幅提升。

节选七

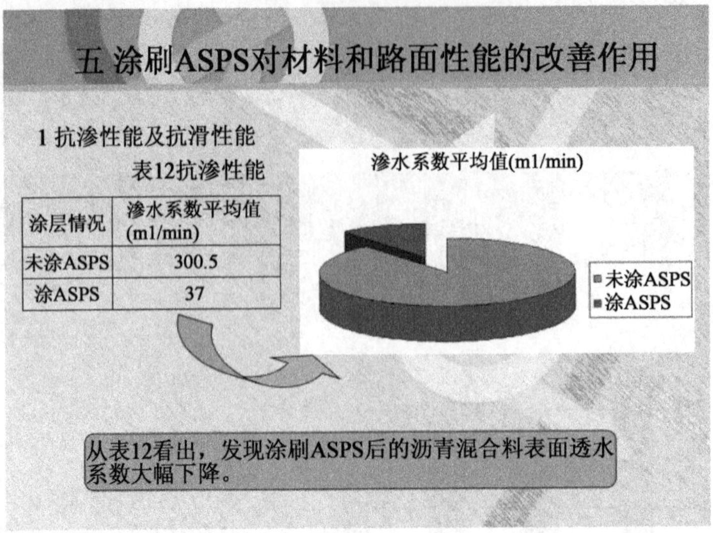

节选八

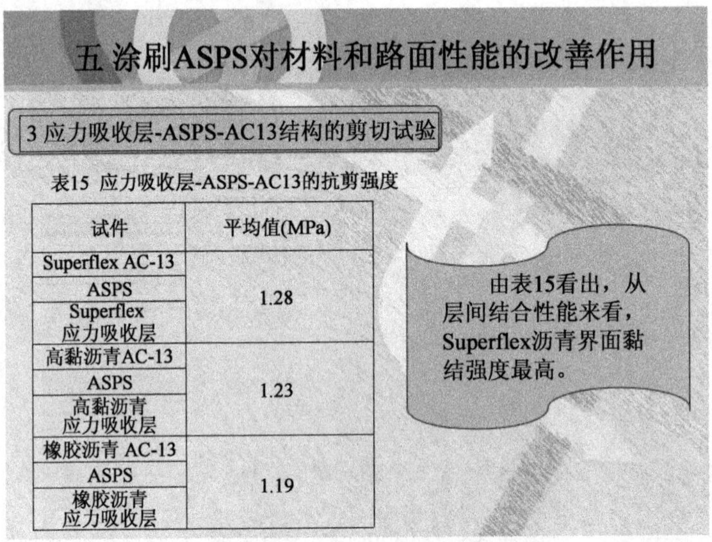

“临长高速公路大修方案试验研究”PPT

二十七、LASTIKA 薄层沥青罩面应用技术研究

1. 项目概况

近年来,对于路面结构的养护维修,从减小对路面高程的影响与节约资源的角度出发,仅需对其表面功能进行恢复,较为理想的方案是采用薄层沥青混凝土罩面,研究薄层沥青混凝土罩面,可缓解我国公路投资压力,改变我国高速公路大修养护的格局。然而,从现有的研究来看,发展薄层沥青混凝土罩面关键是要找到一种适用有效的改性沥青材料和相应的级配设计。

我国对薄层沥青混凝土的研究,主要针对旧沥青混凝土路面的加铺罩面或新建沥青路面的抗滑表层,而对水泥混凝土路面的薄层罩面研究很少。本项目以实用技术研究为重点,依托 G321 线肇庆段路面大修工程项目的技术特点,以开发“实用可靠、经济合理、易于推广”作为研究工作的技术原则。

2. 主要研究内容

主要通过相关的技术资料调研与依托工程相结合,室内试验与现场试验相结合,理论分析与测试数据分析相结合,工程试验与工程应用及跟踪观测相结合等技术手段,制定四种不同结构和配合比设计的薄层间试验路段方案,形成一套完整的 LASTIKA 薄罩面层施工技术指南。具体研究内容有:

(1)SUPERFLEX 沥青技术性能评价与最佳掺配研究

首先对 Superflex 改性沥青的常规指标性能进行了评价,随后先后选用了 70 号和 50 号基质沥青进行了 Superflex 浓缩沥青的最佳掺量试验。对 70 号基质沥青以 9%、12%、15%、18% 四个掺量,50 号基质沥青以 12%、15%、18%、21% 四个掺量分别进行了对比试验,确定了最佳掺量。

(2)LASTIKA 薄层混合料配合比优化研究

通过进行粗集料级配组成研究、LASTIKA 级配正交试验设计及马歇尔指标与影响因素之间的回归分析,最后得到了 LASTIKA 级配范围。

(3)LASTIKA 薄罩面层层间应力和剪应力研究

首先进行结构体系荷载应力分析,建立了路面结构分析模型;然后进行结构体系荷载应力计算,选定了路面结构计算模型与参数,确定了层间正应力分布规律,计算了剪切应力。

(4)LASTIKA 沥青混凝土薄罩面层路用性能研究

采用外掺 15%(基质沥青 100%),即内掺计算为基质沥青:Superflex 浓缩改性沥青(87:13)作为工地混合沥青的拌制生产比例。对混合料水稳定性、高温稳定性和抗滑性能进行了验证,并对比分析了采用白云岩和玄武岩两种集料配置的混合料的马歇尔试验和车辙试验结果。

(5)LASTIKA 薄层沥青罩面试验路施工与检测

对现场试验路进行了检测与评价。

(6)经济与社会效益

对直接和间接经济效益及社会效益进行了评价。

3. 取得成果

确定了 Superflex 浓缩沥青的最佳掺量,得到了 LASTIKA 级配范围,研究了 LASTIKA 薄罩面层层间应力和剪应力及路用性能等,提出了 LASTIKA 沥青混合料施工技术指南。

4. 前景应用

该项研究技术的应用前景，可指导同类工程建设等内容。

以下为“LASTIKA 薄层沥青罩面应用技术研究”PPT 的节选部分，想详细了解全部内容请扫 PPT 节选部分后的二维码。

节选一

Superflex改性沥青技术性能评价

	试验项目		检验结果	70号A级沥青	技术要求SBS I-D
1	针入度(100g,25℃,5s) (0.1mm)		61	60~80	30~60
2	针入度指数PI		0.4257	-1.5~1.0	≥0
3	延度(5℃，5cm/min) (cm)		8	-	≥20
4	沥青相对密度 (25℃)		1.034	-	
5	软化点（环与球） (℃)		67	≥46	≥60
6	运动黏度135℃ (Fa. v)		0.514	-	≤30
7	闪点（COC） (℃)		377	≥260	≥230
8	溶解度（三氯乙烯） (%)		99.17	≥99.5	≥99.0
9	离析，软化点差 (℃)		8.1	-	≤2.5
110	弹性恢复25℃ (%)		30	-	≥75
111	旋转薄膜加热试验163℃	质量损失 (%)	-0.0595	≤±0.8	≤±1.0
		针入度比(25℃，%)	82	≥61	≥65
		延度(5℃) (cm)	5.3		≥15

节选二

LASTIKA薄层混合料配合比优化研究

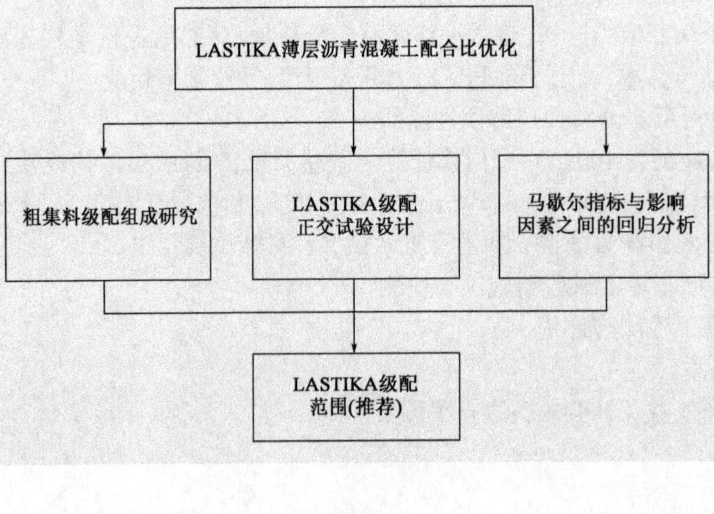

节选三

LASTIKA薄罩面层层间应力分析

(一) 结构体系荷载应力分析:

- 路面结构分析模型的建立：

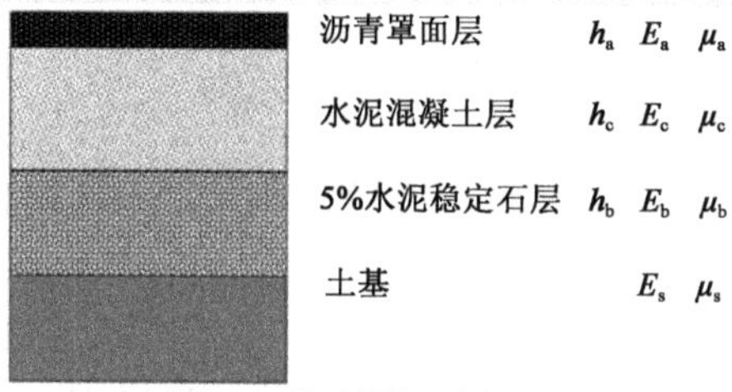

图 4.3 路面结构方案图

节选四

LASTIKA沥青混合料施工技术指南

沥青混合料的施工温度(单位:℃)

沥青品种	普通沥青	Superflex改性沥青
沥青加热温度	155~165	≤170
矿料温度	175~185	190~220
混合料出厂温度	145~165	165~175
混合料运输到现场温度	≥145	≥165
摊铺温度	≥135	≥160
初压温度	≥130	≥155
复压温度	–	≥116
终压温度	≥70	≥90
开放交通温度	≤50	≤50

“LASITKA 薄层沥青罩面应用技术研究”PPT

二十八、太阳能路面研究现状和前景

简介：本文主要介绍了太阳能在公路交通系统中的应用情况，获取太阳能的可实现技术，并对沥青路面湿度分布及热能提取与太阳能光伏路面系统展开研究，最后分析了太阳能路面系统的前景。

以下为"太阳能路面研究现状和前景"PPT的节选部分，想详细了解全部内容请扫PPT节选部分后的二维码。

节选一

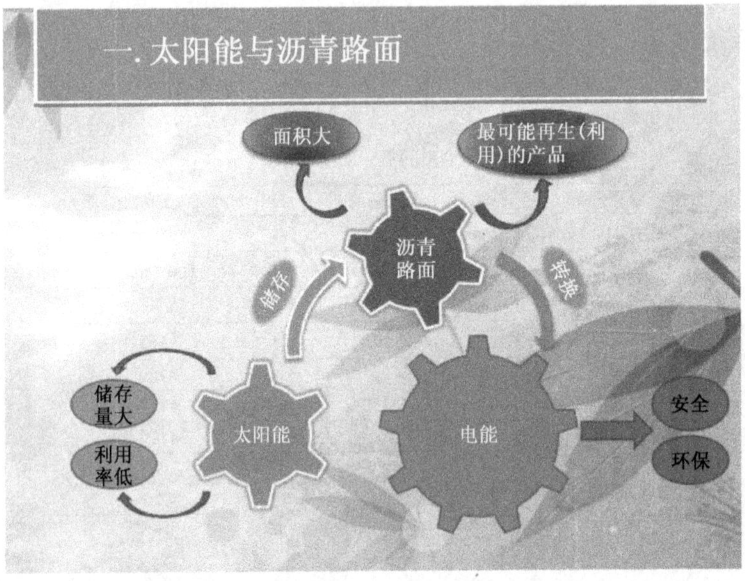

节选二

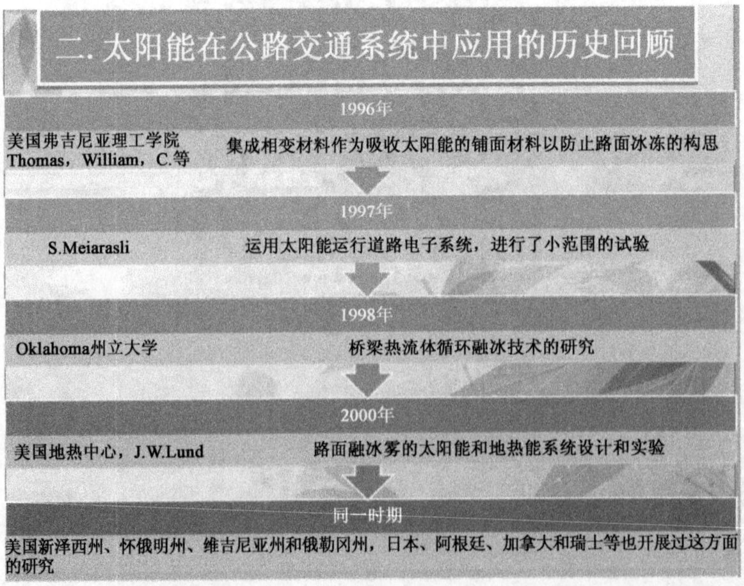

节选三

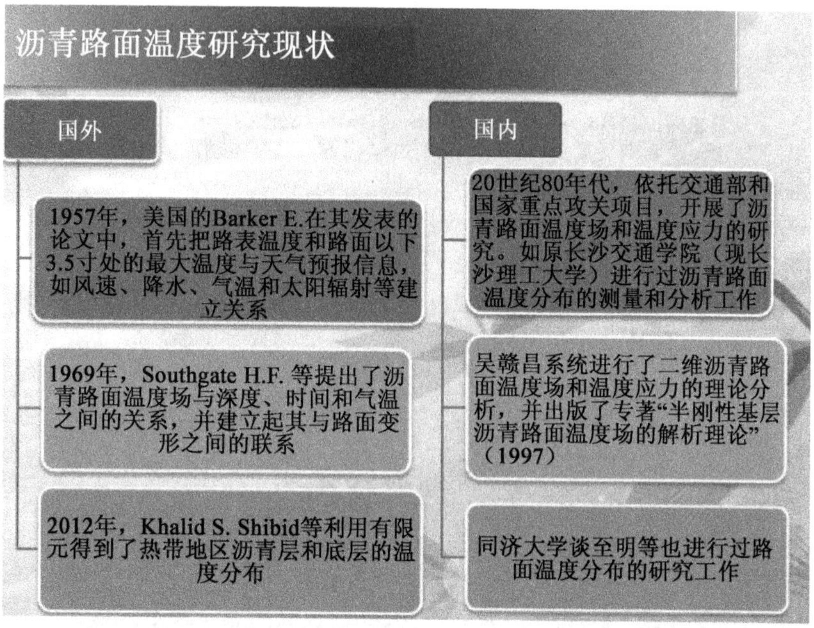
沥青路面温度研究现状
国外
国内
1957年，美国的Barker E.在其发表的论文中，首先把路表温度和路面以下3.5寸处的最大温度与天气预报信息，如风速、降水、气温和太阳辐射等建立关系
1969年，Southgate H.F. 等提出了沥青路面温度场与深度、时间和气温之间的关系，并建立起其与路面变形之间的联系
2012年，Khalid S. Shibid等利用有限元得到了热带地区沥青层和底层的温度分布
20世纪80年代，依托交通部和国家重点攻关项目，开展了沥青路面温度场和温度应力的研究。如原长沙交通学院（现长沙理工大学）进行过沥青路面温度分布的测量和分析工作
吴赣昌系统进行了二维沥青路面温度场和温度应力的理论分析，并出版了专著“半刚性基层沥青路面温度场的解析理论”（1997）
同济大学谈至明等也进行过路面温度分布的研究工作

节选四

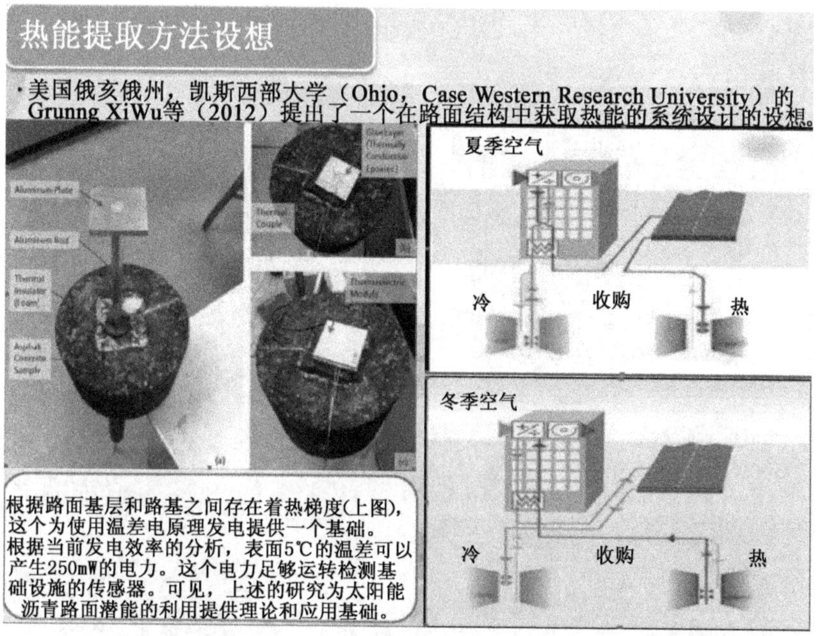
热能提取方法设想
·美国俄亥俄州，凯斯西部大学（Ohio，Case Western Research University）的Grunng XiWu等（2012）提出了一个在路面结构中获取热能的系统设计的设想。
夏季空气
冷
收购
热
冬季空气
冷
收购
热
根据路面基层和路基之间存在着热梯度(上图)，这个为使用温差电原理发电提供一个基础。根据当前发电效率的分析，表面5℃的温差可以产生250mW的电力。这个电力足够运转检测基础设施的传感器。可见，上述的研究为太阳能沥青路面潜能的利用提供理论和应用基础。

节选五

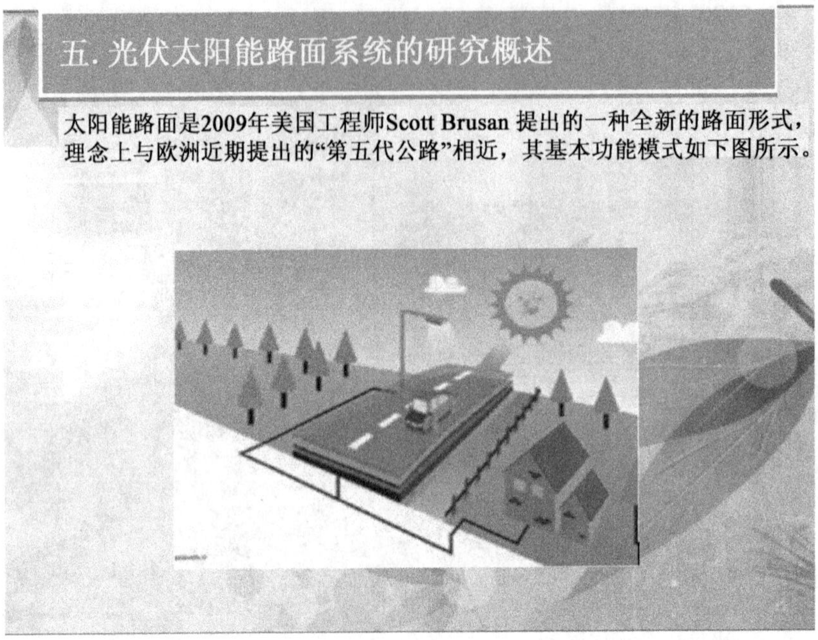
五. 光伏太阳能路面系统的研究概述
太阳能路面是2009年美国工程师Scott Brusan 提出的一种全新的路面形式，理念上与欧洲近期提出的“第五代公路”相近，其基本功能模式如下图所示。

节选六

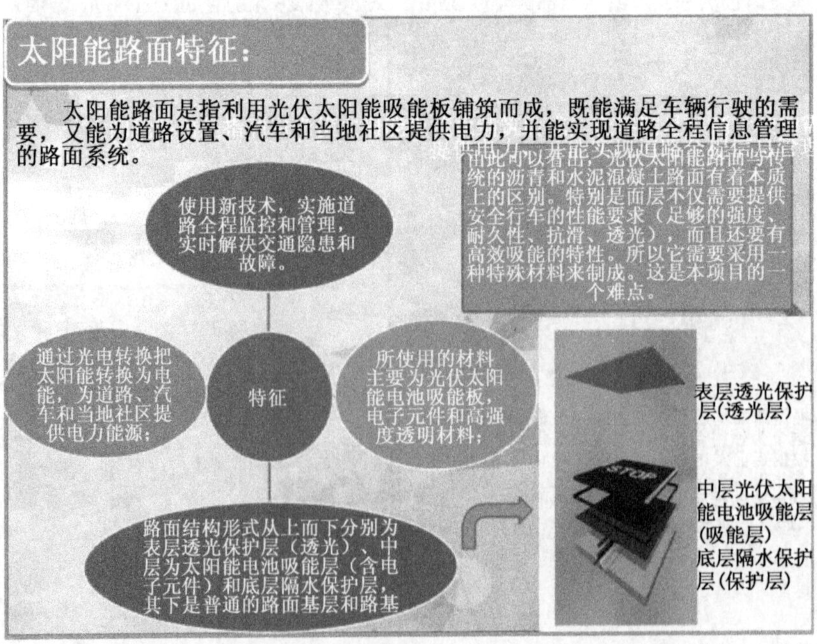
太阳能路面特征：
太阳能路面是指利用光伏太阳能吸能板铺筑而成，既能满足车辆行驶的需要，又能为道路设置、汽车和当地社区提供电力，并能实现道路全程信息管理的路面系统。
由此可以看出，光伏太阳能路面与传统的沥青和水泥混凝土路面有着本质上的区别。特别是面层不仅需要提供安全行车的性能要求（足够的强度、耐久性、抗滑、透光），而且还要有高效吸能的特性。所以它需要采用一种特殊材料来制成。这是本项目的一个难点。
使用新技术，实施道路全程监控和管理，实时解决交通隐患和故障。
通过光电转换把太阳能转换为电能，为道路、汽车和当地社区提供电力能源；
特征
所使用的材料主要为光伏太阳能电池吸能板，电子元件和高强度透明材料；
路面结构形式从上而下分别为表层透光保护层（透光）、中层为太阳能电池吸能层（含电子元件）和底层隔水保护层，其下是普通的路面基层和路基
表层透光保护层(透光层)
中层光伏太阳能电池吸能层(吸能层)
底层隔水保护层(保护层)

节选七

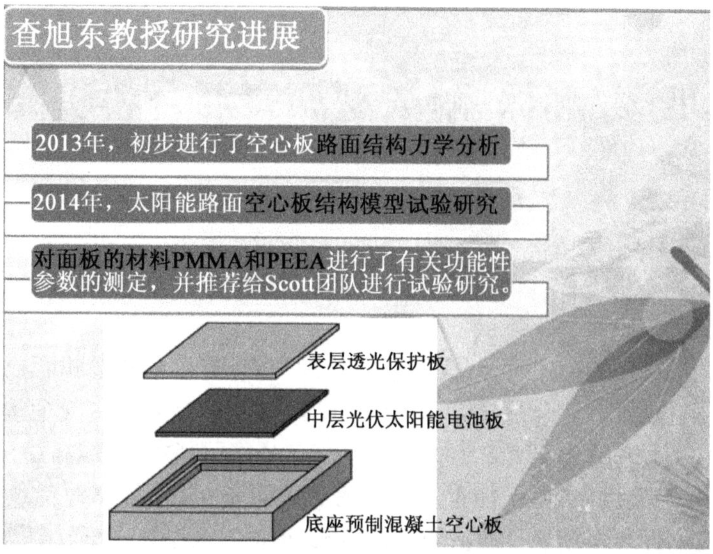

节选八

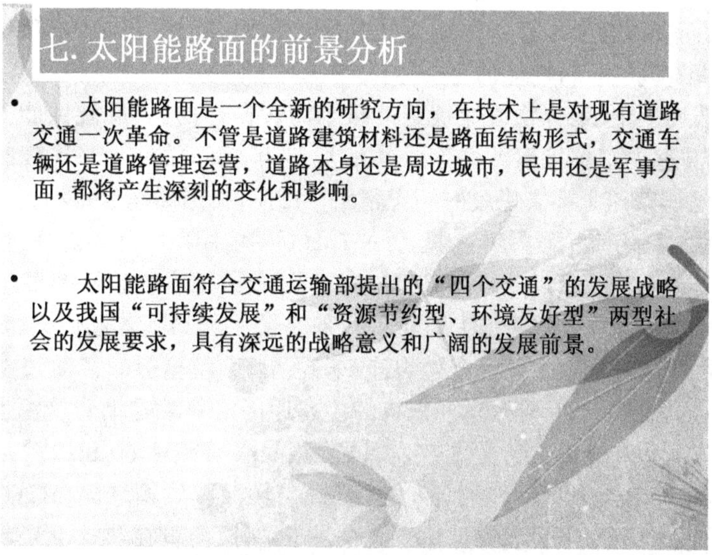

“太阳能路面研究现状和前景”PPT

二十九、低碳、环保、耐久型沥青混合料研究与应用

1. 研究背景及意义

近20年来，随着国民经济的高速发展，我国公路建设发展迅速，公路总里程已超过400万km。我国公路等级不断提高，截至2012年年底高速公路总里程已近10万km。《交通运输“十二五”发展规划》表明，到2015年，公路总里程达到450万km，国家高速公路网基本建成，高速公路总里程达到10.8万km。在已建成的高等级路面中，由于沥青路面具有行驶舒适、易于维修等优点，我国高等级路面中90%以上采用的是沥青路面。但随着交通量的持续增长，车辆的大型化、交通渠化、重载、超载等现象的产生，使沥青路面面临着严峻的考验，因此对沥青及其混合料的性能也提出了更高的要求，普通沥青材料已难以满足高等级沥青路面结构和现代交通发展的需求。沥青路面的性能很大程度上取决于所采用的沥青混合料品质，对沥青混合料中起到黏结作用的沥青材料的研究已成为道路研究者关注的焦点。对沥青改性是提高沥青及其混合料性能的主要途径之一。

在众多有机沥青改性剂中，聚合物改性剂可以赋予沥青良好的高、低温性能，耐疲劳性能，黏附性等，使之成为使用最为普遍的道路沥青改性剂。早在1873年，英国的Samuel Whiting就申请了橡胶改性沥青专利。1902年法国修筑了掺有橡胶的沥青路面。目前，我国高速公路沥青路面上面层一般采用聚合物改性沥青混合料，使用率达到了80%以上，在中面层的使用率也逐年提高，达到了30%左右。将少量的聚合物添加到沥青中，就可以明显提高沥青的各项性能。聚合物改性沥青与基质沥青相比，可以大幅改善其高温稳定性和低温下的柔性，使用较多的苯乙烯、丁二烯、苯乙烯共聚物(SBS)、丁苯橡胶(SBR)等的沥青路面在使用过程中也仍会产生裂缝、车辙、剥落、坑槽等病害，严重影响沥青路面的使用性能和服役寿命。已有的研究表明，导致这些病害的主要原因之一就是沥青受温度、氧、紫外线和水等环境因素作用产生的热老化和光老化。美国在《美国公路战略研究计划(SHRP)》中，针对沥青胶结料的老化问题，制定了两种沥青热老化性能的评价方法，即旋转薄膜烘箱老化(RTFOT)和压力老化烘箱(PAV)老化。RTFOT是在163℃下对沥青加速老化75min，模拟沥青在热拌混合料生产和施工过程中产生的老化，有时也采用薄膜烘箱老化来代替，二者具有较强的一致性。而PAV是在100℃和2.1MPa压缩空气作用下对沥青进行加速老化20h，模拟沥青在路面服役过程中发生的热老化情况。

近年来，沥青的老化问题已越来越受到各国研究者的重视，已成为沥青路面材料领域的研究热点。随着长寿命沥青路面设计理念的提出，紫外光对沥青性能的影响备受重视。这是因为沥青受太阳光中红外线热辐射和紫外线高能辐射后与大气中的氧发生反应生成羰基衍生物(酯、酮和羧酸等)，并使得沥青质(以高度缩合的芳香稠环为主要成分)显著增加，导致沥青化学结构发生变化。老化后的沥青变硬变脆，容易产生开裂和疲劳破坏，引起沥青路用性能变坏。特别是在我国太阳辐照总能量大、日照时间长、紫外线辐射强烈的地区，更易导致沥青路面发生老化，出现路面病害。如前所述，虽然聚合物可以赋予沥青良好的使用性能，但是聚合物在使用过程中，经受各种环境因素(热、光、氧、水等)的作用，容易发生老化降解，从而降低聚合物改性沥青的使用性能，缩短沥青路面的使用寿命。

近年来，人们在享受现代交通带来的出行便捷、货物运输的便利和经济飞速发展的同时，也受到日益严重的交通噪声污染、汽车尾气污染对人们正常生产、生活的干扰与影响。20世纪70年代，噪声污染已被称为世界第三大环境公害，交通噪声一般是60~80dB(A)的中等强度噪声。而人耳刚好能分辨的声音强度为0dB(A)，当声音强度达到50dB(A)以上时，开始影响脑力劳动，80~90dB(A)时将明显影响工作，谈话较吃力。噪声的危害主要体现在损伤听力，影响睡眠和休息，干扰交谈、思考和通信，引

起人的生理、心理失调，影响土地价格等方面。有关资料反映，我国有3390万人受到公路噪声的干扰，其中有2700万人生活在高于70dB的噪声环境中，严重的交通噪声会引起道路两侧的居民心情烦躁，情绪波动、夜不能眠，甚至产生头痛、眩晕、血压升高等症状，影响人们的身心健康以及周围动物、植物的正常生存，目前我国公路环保验收已把交通噪声作为一个很重要的检查指标。

当前，雾霾是我国环境现状分析中绕不开的话题，目前我国主要存在京津冀地区、长三角地区、珠三角地区与四川盆地四个灰霾比较严重的地区。广东2013年1月全省各站累计发布黄色大雾预警21次，橙色大雾预警12次，黄色灰霾预警24次，雾霾类预警共计发布高达57次。据统计，10月以来，湖南中部、广东西部等地雾霾日数达10～15天，部分地区超过20天；与常年同期相比，雾霾日数偏多5～10天，部分地区超过15天，哈尔滨、南京等地都相继出现因雾霾导致中小学停课。雾霾，通俗地讲，是空气中的污染物在不利的气象条件下积聚的结果，故污染是“元凶”，气象条件是“帮凶”。而空气中的污染物(一氧化碳、碳氢化合物、氮氧化合物)70%左右来自汽车尾气，雾霾形成过程中汽车尾气是首要污染源。汽车尾气严重影响了道路周边的环境质量，破坏了人类赖以生存的自然环境，也大大损害人类的健康，其对环境的污染已经成为当前世界各国亟待解决的重大问题，各国政府都将其治理问题列为头等大事，目前正加紧研究高效环保的治理措施。在众多降解汽车尾气的方法和措施中，利用纳米技术在路面材料中加入纳米TiO_2对污染物的光催化氧化降解引起人们的重视，而其独具的优势和特点也使其在汽车排放污染物的生态环境降解方面发挥着越来越重要的作用。

随着大家认识水平的不断提高，热拌沥青混合料具有在拌制、运输以及摊铺的过程中出现热老化、有害气体排放以及能耗过大等问题，温拌沥青混合料在节能减排方面具有优良的性能，逐步为各国的科技工作者所关注。温拌技术的实质就是通过一定的措施，降低生产过程中沥青的黏度，提高沥青混合料的可工作性，使混合料能在相对较低的温度下进行拌和、摊铺与压实，可以节省能源、减少烟尘的排放。其使用效能与HMA一样，又吸收了冷拌混合料节能减排的优点。与普通沥青混合料相比，温拌沥青混合料的拌和温度可降低15～30℃，则其CO_2排放量可以减少20%左右，而其他的烟尘等的排放也可以减少40%左右，可以减少约30%的能耗。与此同时，温拌沥青混合料也具有能够延长沥青路面施工季节和能在隧道等特殊路段利于沥青路面施工等优点，所以近年来温拌沥青混合料在国内外得到了越来越多的应用。

党的十八大报告明确提出了2020年全面建成小康社会的目标和“五位一体”总体布局，把生态文明建设放在突出地位，融入经济建设、政治建设、文化建设、社会建设各方面和全过程，努力建设美丽中国，实现中华民族永续发展，必须建立系统完整的生态文明制度体制。交通运输是国家节能减排和应对气候变化的三大重点领域之一，当前和今后一段时期，交通运输仍处于大建设大发展阶段，面临着加快发展与资源环境约束的双重压力。交通运输部印发了《加快推进绿色循环低碳交通运输发展指导意见》，提出了“将生态文明建设融入交通运输发展的各方面和全过程”的新理念，努力实现交通运输绿色发展、循环发展、低碳发展，到2020年，基本建成绿色循环低碳交通运输体系。因此研究开发新型“低碳”“环保”“耐久”改性沥青混合料的研究符合社会发展需求，具有重要的理论和实际意义。

2. 国内外研究现状

(1)纳米沥青国内外研究现状

20世纪90年代以来，聚合物改性沥青已被广泛应用于沥青路面的铺筑。研究表明，聚合物改性剂可以赋予沥青良好的高低温性能，并且聚合物改性沥青的疲劳寿命要优于未改性沥青。然而，聚合物改性沥青仍然不能完全满足现代交通的需要，如适应繁重的交通荷载，提供优越的路面质量，尽可能少的维护等。同时，聚合物容易降解老化等缺点使得其在提高沥青路面耐久性方面也不能令人满意，尚不能满足现代交通对长寿命沥青路面的要求。纳米材料作为纳米科学的一个重要研究发展方向，已经成为材料科学领域研究的热点。中国科学院院长白春礼在2011年9月7日召开的中国国际纳米科学技术会议(ChinaNANO 2011)上指出，“纳米技术与信息技术、生物技术共同构成了当今世界高新技术的三大支柱，已被公认为最重要、发展最快的前沿领域之一。纳米科技将对经济、社会发展及国防安全产生重大影响，全球50余个国家纷纷制定国际发展战略和计划，投入巨资抢占战略制高点”。纳米科技是指在纳米尺度(1～100nm)上研究物质的特性和相互作用,以及利用这些特性的科学和技术。纳米材料具有大的比表面积,表面原子数、表面能和表面张力随粒径的下降急剧增加,小尺寸效应、表面效应、量子尺寸效应及宏观量子隧道效应等赋予纳米材料不同于常规粒子的热、磁、光、敏感特性和表面稳定性等独特性能,使得它具有广阔的应用前景。

2006年8月,美国国家科学基金会关于纳米改性胶凝材料的研讨会召开,规划了利用纳米技术应用于硅酸盐水泥混凝土和沥青混凝土的发展蓝图。本次研讨会主要讨论了民用基础设施(包括道路)所面临的关键问题,并指出材料领域的纳米技术应用将对其造成重大影响,纳米科学和纳米技术可能引领沥青道路科技的进步。研究人员正计划成立一个组织,该组织负责研究和发展沥青物理化学性能的模型,创立"沥青纳米材料科学"这一领域。Greenfield研究了沥青类材料的分子模拟。Birgisson预言纳米尺度研究在建设安全和持久耐用的路面基础设施方面是必要的,并指出道路的未来使用寿命可以达到当前道路寿命的2～3倍。

虽然通过聚合物改性可以改善沥青及其混合料的性能,但是,许多研究人员也对纳米技术在改性沥青性能方面的探索表现出较大的兴趣。纳米改性沥青之所以不同于其他改性沥青,原因在于纳米材料是从纳米尺度上改变沥青的性能,这是其他沥青改性方法所不能比拟的。欧阳春发等人研究了高岭石对SBS改性沥青和氢化苯乙烯、丁二烯、苯乙烯嵌段共聚物改性沥青的物理性能、高温储存稳定性能和流变性能的影响。结果表明,SBS、氢化苯乙烯—丁二烯—苯乙烯嵌段共聚物和高岭石的比例对改性沥青的高温储存稳定性能影响较大。采用等密度法,通过改变高岭石的量来减小沥青和聚合物两者间的密度差异,可以得到高温储存稳定的聚合物改性沥青。研究还发现,高岭石能在一定程度上改善聚合物改性沥青的物理性能和动态流变性能。

荷兰代尔夫特理工大学的Ghile等人的研究结果表明,虽然纳米黏土的加入改善了沥青及其混合料的一些性能,但是在大规模应用之前还需要进行更多的研究工作,其原因是由于:在有限的研究基础上,纳米黏土虽然提高了沥青的抗车辙性能,但是并没有解决沥青的疲劳问题。曾旋等将Mt和REC用于沥青改性,研究了Mt和REC对沥青物理和流变性能的影响。结果表明,层状硅酸盐的加入显著改善了沥青的物理性能,提高了沥青的高温抗车辙能力。与REC相比,Mt对沥青物理和流变性能的改善作用更为明显。并且由于Mt片层对氧的阻隔作用,Mt的加入可以改善沥青的耐老化性能。并且相比于普通钠基Mt,有机化蒙脱石(Organic Montmorillonitc,OMt)与沥青的相溶性和分散性更好,氧在沥青/OMt纳米复合材料中的扩散更为困难,使得OMt改性沥青的耐老化能力的改善更为显著。欧洲专利EPl72883 1A1"Bitumen composition with improved aging resistance"中,Fischer等人采用经过有机化处理的纳米黏土作为沥青改性剂,制备出了具有优良耐老化性能的沥青组合物。Jahromi等研究了纳米黏土对沥青胶结料流变性能的影响,结果表明,纳米黏土的加入改变了沥青的流变性能,提高沥青的劲度,并降低了沥青的相位角和提高了沥青的耐老化性能。姜海涛等人通过TFOT和PAV试验研究了OMt对沥青短期和长期热氧老化性能的影响。研究表明,OMt可以有效地改善沥青的短期和长期热氧老化性能。当OMt的掺量在一定范围内时,随着OMt掺量的增加,其对沥青老化性能的改善作用越发明显,但是当OMt掺量超过一定范围以后,OMt对沥青耐老化性能改善作用的变化并不明显。余剑英等人[72]的研究表明OMt加入也可明显改善沥青的耐紫外老化性能。随着研究的不断深入,Mt也被用于聚合物改性沥青。王骁等将OMt加入SBS改性沥青中,采用XRD和荧光显微镜表征了OMt在SBS改性沥青中的分散状态,证实了OMt可以明显改善SBS改性沥青的耐老化性能。刘大梁等研究表明,通过掺加适量的OMt,可以获得优良储存性能的SBS改性沥青组合物,并且其常规技术性能要优于未掺加OMt的SBS改性沥青。研究显示,OMt的引入改善了SBS改性沥青的高温抗车辙、耐老化和高温储存稳定性能,对其他性能无负面影响,并且OMt在SBS改性沥青中均匀分散受其用量的影响较大。

纳米TiO_2光催化剂可将环境中的有害物质分解成无害物质的研究成果自20世纪90年代发表和藤岛、桥本提出将TiO_2光催化剂应用于环境净化的建议后,掀起了大气净化、除臭、防污、抗菌、防霉和开发无机抗菌剂的热潮。早期英国的科学家将TiO_2涂覆在城市道路的铺路石表面,用以净化路面空气。将光催化剂与路面材料复合,通过路面材料这个媒介,将从汽车排气管出来被首先吸附在路面的汽车尾气二次净化,可以大大降低汽车尾气中NO_x的含量,同时也能分解汽车尾气中的含碳化合物。由

Kawasaki 重工有限公司生产的 Folium 光催化剂产品已成功应用于公路路面、隧道、高速公路隔音板和收费站、建筑物外墙等,起到光催化降解汽车排放尾气、自清洁等作用;2002 年,在意大利的米兰用光催化剂与水泥的混合浆料涂覆了一条 $7000m^2$ 的道路,长期使用后测定路面上光催化对氮氧化物的催化氧化效率仍可达到 20% 以上。我国学者也开始了纳米 TiO_2 在尾气降解中的研究。钱春香等以路面材料为载体,研究了负载型纳米 TiO_2 对氮氧化物的降解作用。从载体对气体的吸附能力、吸光性和透光性等方面进一步研究了水泥混凝土与沥青混凝土这两类载体的差异,提出了负载型纳米 TiO_2 光催化降解氮氧化物的机理模型。同时研究了温湿度和光强对水泥基材料负载纳米 TiO_2 光催化氧化氮氧化物的影响。叶超等通过纳米 TiO_2 改性沥青混合料的残留稳定度试验、高温车辙试验和低温弯曲试验,分析了纳米 TiO_2 改性沥青混合料的综合路用性能。谭忆秋等提出了一套尾气降解能力的试验方法和评价指标,利用自主设计的测试设备对影响尾气降解能力的因素进行研究,并结合道路工程的特点对不同掺配方式路面的使用功能、耐久性进行分析。都雪静以 5% 纳米 TiO_2 光催化材料作为试验材料,对汽车尾气降解材料测试室的性能做了测试评价。孙立军对纳米 TiO_2 对于汽车尾气中的含碳化合物的催化分解效果进行了研究。孙凤英研究了在氙灯的照射下,涂有纳米 TiO_2 光催化剂的混凝土试样对汽车尾气中 NO_x 的降解效果及光催化剂的不同质量分数和重复使用对于光催化降解效率的影响,并对 NO_x 的转化过程进行讨论。马永财等对配制的光催化降解汽车尾气的材料进行了试验研究。韩相春等根据 TiO_2 光催化机理和特性,研究确定了对光催化材料的测试方法,设计了测试系统的硬件和软件系统。

分析表明,纳米 TiO_2 光催化剂用于建筑结构表层以降解汽车尾气,应重点分析如何通过材料的组配,有效提高其催化活性。研究发现,在纳米 TiO_2 颗粒中掺杂 0.5% 的 Fe、Mo 可使催化分解 CCl_4 和 $CHCl_3$ 的效率大大提高。徐用军、刘宗耀等发现添加光敏化剂若丹名 B 可提高 TiO_2 对光能的利用率。

紫外线是造成沥青老化的重要因素,如何提高沥青和聚合物改性沥青的抗老化。纳米 CeO_2 具有纳米粒子的小尺寸效应、高比表面效应、宏观量子效应等,而且具有稀土元素的优异光学性能、催化性能、良好的热稳定性等,能吸收阳光中 99% 的紫外线,还能吸附轻组分,减少其挥发,从而有效地改善沥青的抗老化性能。纳米 TiO_2 可以较好地抑制紫外线老化中沥青质含量的增加及芳香分和饱和分含量的减小,降低紫外线老化后的针入度损失率和针入度指数的增大幅度,软化点提高。

此外,各国采用纳米材料制备纳米改性沥青进行了大量的探索。Clevcn 等将微米级碳纤维应用到沥青中,通过提高沥青的延度来增强材料的强度和疲劳特性,此外,该研究团队还使用碳纳米管对沥青进行改性,分别测试了基质沥青和碳纳米管改性沥青的性能并进行对比。初步研究表明,将占沥青质量 1% 的碳纳米管加入热沥青中,然后在高速搅拌下混合,碳纳米管改性沥青的弯曲蠕变劲度在荷载时间为 1 ~ 240s 范围内平均增加了 39% 。但是由于碳纳米管的成本较高,限制了其推广应用,亟需寻找新的纳米改性材料。马峰等利用纳米 $CaCO_3$ 对沥青改性,纳米 $CaCO_3$ 的加入改善了沥青的温度敏感性和部分路用性能。肖鹏等将纳米 ZnO 用于 SBS 改性沥青,可以改善 SBS 改性沥青的高低温性能和抗热氧老化性能。

近年来,纳米材料改性沥青已开始受到重视。纳米改性沥青之所以不同于其他改性沥青,原因在于纳米材料是从纳米尺度上改变沥青的性能,是传统的沥青改性方法所不能比拟的。纳米改性沥青已逐渐成为国内外沥青材热点和前沿,而且正在成为道路材料研究和应用新的经济增长点。作为材料,纳米改性沥青还有待深入研究,主要表现在以下几个方面:①纳米材料选择;②纳米复合材料的分散及纳米材料与聚合物之间的界面黏结微观结构研究及其改性机理;③零维纳米 ZnO、纳米 TiO_2 等无机纳米粒子的分散性问题。

(2)低噪声沥青路面国内外研究现状

低噪声沥青路面结构总体上分为多孔性沥青路面和密实型沥青路面两类,多孔性沥青路面多指开级配抗滑磨耗层(OGFC),密实型低噪声沥青路面多指掺加橡胶颗粒的具有骨架结构的路面。

多孔性沥青路面(Porous Asphalt,简称 PA)是国内外研究与应用最多的一种低噪声路面形式。与普通沥青路面相比较,其根本区别在于它的空隙率高达 15% ~20% ,甚至超过 20% ,而普通沥青路面的空隙率仅 3% ~6% 。由于空隙率大,雨水可渗入路面之中,由路面中的连通孔隙向路面边缘排走。因为能迅速地排走路面积水,所以这种路面也称之为排水性沥青路面(Drainage Asphalt Pavement,简称

DAP)。多孔性沥青路面具有良好的宏观构造,它不仅在路表面而且在路面内部形成发达而贯通的孔隙,成为一种负宏观构造。多孔性沥青路面具有抗滑排水、减少雨天行车水雾和明显降低车辆噪声的优势,因而其研究和应用受到广泛关注。欧洲国家从20世纪50年代后期开始研究多孔性沥青路面,现已在欧美、日本等国家得到广泛应用,试验路的观测证明,多孔性沥青路面的典型降噪效果为3~8 dB(A)。近几年来,国内已有少数研究单位、高等院校等开始对这种多孔性沥青路面进行了研究与应用。1997年10月在杭金公路萧山段K31~K32处铺筑了1km全幅低噪声透水性沥青路面,测试表明不同车速下干燥路面的降噪量为5.3~8.7 dB(A),潮湿路面为4.8~12 dB(A)。1988年,交通部公路科学研究所与河北省交通厅合作,在正定试验路上铺筑了100m的OGFCl6试验段。2003年陕西省交通厅引进日本OGFC排水性沥青路面成套技术,修建了咸阳机场高速公路,铺筑厚度为5cm。为降低轮胎/路面噪声,中国香港自1989年以来实施了重新铺筑路面计划,在许多吵闹地区的水泥混凝土路面上加铺了低噪声多孔路面。尽管多孔性沥青路面的降噪效果明显,但仍存在如空隙堵塞与清洗导致的功能的持久性、施工与养护费用高、强度不足等难以克服的问题与弊端,阻碍了它的进一步推广和应用。

橡胶沥青路面作为减少道路交通噪声的措施之一,首次于1981年在比利时的布鲁塞尔出现,它被称作"Drainasphalt"。研究表明,橡胶沥青混合料有较好的降噪效果。因此,世界上许多国家开始研究和评估橡胶沥青作为降噪措施的功效。美国的橡胶路面协会(RPA)报道了橡胶改性沥青混合料作为降噪措施的效果,例如,美国加利福尼亚州Sacramento交通局于1993年10月在AltaArden快速路上铺筑了橡胶沥青路面。6年的研究表明,与传统的沥青路面相比,使用橡胶沥青后道路噪声平均降低了4dB且持续了6年之多。这种降噪效果是非常显著的,它表明可降低60%交通噪声能量。1984年,法国采用Drainasphalt铺筑了沿塞纳河的城市道路,发现在没有载重车时可降低噪声3~5dB,有5%的重车时,噪声可降低2~3 dB。因此,研究者推荐在巴黎的行车道上使用开级配的沥青橡胶混合料罩面。鉴于这些研究发现,加拿大对使用橡胶沥青所带来的益处也做了进一步的研究。1994—1995年开始大规模地使用橡胶沥青,共铺筑了6条街道。澳大利亚、荷兰于1988年分别铺筑了试验路,噪声降低2.5~3 dB。其他一些国家,如英国、西德、比利时等欧洲国家也开展了相应的研究。澳大利亚于2002年铺筑了两种新型低噪声沥青路面,名称分别为"LoNoise"和"Hushphalt"。LoNoise路面是一种非多孔性结构,路面材料由特殊的断级配集料、填料、橡胶颗粒(废旧轮胎加工而成)和沥青结合料组成,在重交通道路上通常采用改性结合料以保证混合料的内聚力和耐久性,在悉尼等地四段道路的降噪效果长期跟踪表明,噪声可减低3~10 dB(A);LoNoise自1994年在法国应用,并于1995年被法国环境部授予金分贝奖,由法国道路理事会SETRA颁发了道路创新证明书。Hushphalt是一种集料最大尺寸为7mm的开级配结构,它由集料、改性沥青和橡胶颗粒组成。2002年7月在汤斯维尔的港口道路分别铺筑了200m"LoNoise"和"Hushphalt"试验路,测试表明"LoNoise"的降噪效果要优于"Hushphalt"。

铺筑低噪声路面是降低道路交通噪声的一种经济有效的工程措施。国外研究和应用的低噪声路面形式多种多样,各有优缺点和适应条件。多孔性沥青路面从降噪能力上看效果最好。但空隙损伤和堵塞、结构承载力较差、功能耐久性不足、施工养护费用高等弊端突出,因此骨架密实型低噪声沥青路面研究是降低道路噪声发展的趋势和研究热点,通过在集料中加入一定剂量的高弹性废旧橡胶颗粒(由废旧轮胎磨制而成),增加路面的弹性和阻尼性能,从而达到降低轮胎/路面泵气噪声和减小轮胎振动噪声的双重效果。还能有效回收和处理废旧轮胎,达到环保和工程双赢的目的。

(3)温拌沥青国内外研究现状

环保型的温拌沥青混合料WMA(Warm Mix Asphalt)来替代传统的热拌沥青混合料HMA的研究始于1995年。所谓WMA就是通过一定的技术措施,降低生产过程中沥青的黏度,提高沥青混合料的可工作性,从而使沥青能在相对较低的温度下进行拌和及施工,可以节省能源、减少烟尘的排放,同时保持其不低于HMA的使用性能的沥青混合料技术。与普通沥青混合料相比,温拌沥青混合料的拌和温度可降低15~30℃,则其CO_2排放量可以减少20%左右,而其他的烟尘等的排放也可以减少40%左右,可以减少约30%的能耗,同时还具有降低生产设备的损耗、减轻沥青胶结料在生产过程中的老化程度、延长施工季节、助碾等作用,WMA首先是在欧洲由Shell和Kolo-veidekke于1995年联合研制出来,并在1996年进行了现场试验。在研制和使用初期,WMA是利用软沥青和乳化沥青来生产温拌沥青,这样生产出来的 WMA 虽然在性能上能和 HMA 相媲美，但生产成本却高出 HMA 20%。为了降低成本，同时又不降低 WMA 的性能，Shell 和 Kolo-veidekke 在 1998 年开始用泡沫沥青和软沥青来生产温拌沥青并制备 WMA，这种 WMA 于 1999 年和 HMA 进行了现场对比试验，经过 1 年的春、冬季跟踪观测，WMA 的使用性能良好。因此，Shell 和 Kolo-veidekke 在 2000 年的 Eurobitume/Euroasphalt 国际会议上第一次提出了 WMA。随后，日本和欧洲等国开始大量使用 WMA，2001 年 WMA 的使用量达 8000t，2002 年增长到 15000t，2003 年就高达 30000t。此后，欧洲各国和日本等开始大量使用温拌沥青混合料，如德国法兰克福机场使用 Sasobit&reg；对道面进行重新铺筑，挪威奥斯陆使用 WAM-Foam&reg 铺筑路面等。继欧洲之后，2002 年美国沥青路面协会 NAPA 组织的欧洲考察之行标志着美国温拌沥青混合料技术研发的启动。2003 年 1 月，在美国圣地亚哥召开的 NAPA 年会上，邀请欧洲有关公司的代表做了详尽的介绍，至此温拌沥青混合料在美国政府有关部门和业界引起了极大的兴趣。2004 年 3 月，美国纳什维尔召开的世界沥青会议上对温拌沥青混合料成功地进行了现场演示。此后，以 NCAT 为主，立即进行了一系列室内试验，并修筑了若干试验路。初步结果显示，只要应用得当，温拌沥青混合料完全可以达到与热拌沥青混合料相当的施工和易性及路面使用性能。同时，温拌沥青混合料的设计与施工又有其自身的特点，不能照搬热拌沥青混合料的方法，也不能依赖别人的经验。2006 年 3 月，美国第一次温拌沥青混合料技术工作组会议在 NAPA 所在地召开，该次会议重在评估温拌沥青混合料性能，协调有关工作，进一步推广温拌沥青混合料的概念等。同年 8 月，美国的国家合作公路研究计划（National Cooperative Highway Research Program，NCHRP）09-43 项目"Mix Design Practices for Warm Mix Asphalt"正式立项，并于 2007 年实施。此后，为了评估温拌沥青混合料技术，来自美国的 13 位专家又于 2007 年 5 月访问了欧洲的比利时、法国、德国和挪威，期间参观和学习了欧洲国家温拌沥青混合料的生产方法、混合料设计及施工方法。此外，2008 年 3 月开始的 NCHRP 09-47 项目"Engineering Properties，Emissions，and Field Performance of Warm Mix Asphalt Technologies"也正在进行当中。

目前，国际上温拌沥青混合料主要有四种生产方式：

①壳牌公司两组分温拌沥青混合料 WMA-Foam 技术，它的结合料分两阶段加入，即先将软沥青与集料混合，然后加入发泡的硬质沥青；

②德国 Aspha-Min 发泡型温拌沥青混合料技术，它利用沸石矿物的吸水性，加入到沥青中发泡，从而降低沥青黏度，可使混合料生产拌和温度降低 30℃左右；

③利用德国 Sasol Wax 公司生产的有机降黏剂得到温拌沥青混合料，它通过加入 Sasobit，能显著降低沥青的高温黏度，从而降低混合料拌和温度；

④美德维实伟克公司研究开发的基于乳化沥青分散技术的 Evotherm 温拌沥青混合料。

我国对温拌沥青混合料的研究大部分都是针对不同类型温拌技术开展初步探索。夏漾通过室内研究发现掺入适量的 Sasobit&reg，可以改善沥青结合料的性能；掺量过多对混合料的低温抗裂性能有不利影响；拌和与压实温度的降低，混合料发生水损害的可能性会增加，建议采用添加抗剥落剂等方法来改善混合料水稳定性。吴学文发现适当掺量外加剂 Sasobit&reg 或者 sasowarm&reg，可以有效地降低沥青的高温黏度，还可以改善温拌沥青混合料的高温性能，并且对混合料的低温性能及水稳定性影响不大。2005 年 9 月，我国第一条温拌沥青混合料试验路段由交通部公路科学研究院、同济大学、北京路桥路兴物资中心以及美国 Westvaco 公司合作研发的，在北京试铺成功。此次研究是将一种特殊的高浓度（固含量为 70% 左右）乳化沥青替代普通热沥青进行混合料拌和，其拌和温度为 80～120℃，施工所需设备和施工工序与热拌沥青混合料完全相同。目前，在北京、上海、辽宁等 7 省市已做了 19 段试验工程，其中 11 段采用乳化沥青法，7 段用浓缩液加入法，1 段用 Sasobit 添加法，均取得了良好效果。试验研究表明，EWMA 路用性能良好，可适用于沥青路面的各结构层，尤其是适用沥青路面的维修养护中的薄层罩面和超薄层罩面，以及对环境要求高的城市道路和隧道路面的建设和维护。

国内的温拌沥青混合料技术还未得到推广应用，尚处于试验研究阶段。冷拌沥青混合料及乳化沥青混合料由于其性能的原因也通常只用于路面养护及修补时使用。因此，在我国为了温拌沥青混合料的应用尤其是在高等级公路中的应用还需要做大量的研究及推广工作。

3. 主要研究内容与技术路线

(1)主要研究内容

项目以广东省高速公路为依托,主要开展以下三方面的低碳环保沥青路面材料研究。

【子题一】 纳米沥青及混合料研究

①纳米材料的种类、特点的研究与筛选。通过文献查阅与调研,对不同维数纳米材料(纳米 TiO_2、ZnO、SiO_2,纳米碳酸钙、纳米层状硅酸盐等)特点分析总结和汇总,提出选取一些合适的纳米沥青改性剂,进而制定可对比的试验方案,研究纳米材料与沥青的配伍性,在此基础上,选取出几种对沥青性能改善良好的纳米材料进行深入研究。

②纳米改性沥青制备技术研究。选取相容性好的纳米材料和沥青,通过调整不同的制备温度、速率和时间等制备参数,对比不同剂量下纳米改性沥青的性能,综合评价纳米沥青的改性效果,确定合适的制备工艺、掺量和共混体系。

③纳米改性沥青胶结料性能的研究。利用沥青常规与非常规试验手段以及 SHRP 试验对比分析纳米沥青改性前后的高低温性能和抗老化、抗紫外线等性能,同时对纳米沥青的汽车尾气降解进行探索。

④纳米改性沥青混合料的设计和路用性能研究。分别采用马歇尔试验方法、Superpave 试验方法进行纳米沥青混合料的设计和路用性能研究,探索纳米沥青混合料合适的级配、沥青用量、设计指标。同时通过对纳米沥青混合料的高温稳定性、低温抗裂性、水稳性和疲劳特性等研究,全面综合评价纳米改性沥青混合料的效果。

⑤纳米改性沥青机理研究。采用先进的微观测试手段 SEM、DSC 等,对比分析纳米改性沥青前后沥青微观形态和组分结构的变化,探究纳米沥青改性机理。

⑥纳米改性沥青混合料施工技术、质量控制标准以及试验路的铺筑研究。结合对纳米沥青的制备工艺和研究,以实际路面工程为依托,制定纳米改性沥青混合料施工技术、质量控制标准,铺筑试验路,在对试验路检测评价基础上形成相应施工技术及质量控制体系。

【子题二】 低噪声沥青混凝土路面研究与应用

①通过原材料特性分析与研究,在对比分析国内外常用低噪声沥青混合料材料技术标准和设计标准的基础上,根据我国原材料现状及低噪声沥青混合料原材料技术要求,对材料技术指标和要求进行研究。

②低噪声沥青路面的降噪机理分析;分别从路面材料特性、轮胎特征以及路面/轮胎噪声角度分析对噪声形成的影响,为降噪提供理论支持。

③低噪声沥青混合料设计方法和指标及路用性能研究,分别采用马歇尔设计法、Superpave 设计法等进行低噪声沥青混合料级配设计,确定合适的级配范围和设计参数与标准;同时从高温稳定性、低温抗裂性、水稳性、降噪能力、耐久性等方面评价其路用性能。

④编制低噪声沥青路面的施工技术指南,提出低噪声沥青路面施工工艺和质量控制标准。进而铺筑试验路、进行试验路路用性能和降噪性能测试与评价。进一步完善低噪声沥青混合料的设计方法、指标及施工技术。

【子题三】 温拌沥青混合料材料研究与应用

①温拌技术适应性研究,通过对不同温拌技术和温拌剂下沥青结合料的黏度研究,分析得出各种沥青结合料的黏温曲线和黏速曲线关系。进而分析各种温拌改性剂的掺入对沥青黏度的影响,初步确定各种温拌改性剂掺入后沥青各种状态条件合理的温度,并对温拌技术的适用性进行评价。

②温拌沥青结合料的性能研究,对温拌沥青结合料进行三大指标、DSR 和 BBR 等试验,研究分析掺入温拌改性剂后的沥青技术性能,同时探讨对 SHRP 沥青性能分级的影响。

③温拌沥青混合料的设计方法和路用性能研究。探讨不同成型温度和温拌改性剂的掺入对混合料压实(孔隙率)和体积参数的影响,同时对沥青混合料进行不同拌和及压实温度下的试验,研究其在不同温度下沥青混合料的性能改变。同时通过对温拌沥青混合料的路用性能的试验,试验包括:马歇尔试验、肯塔堡飞散试验、浸水马歇尔试验、冻融劈裂试验、车辙试验、小梁低温弯曲试验、疲劳试验等,进行评价分析检验温拌沥青混合料的可行性。在此基础上提出合适的温拌沥青设计方法和评价指标。

④温拌沥青路面施工技术研究及试验路的铺筑与跟踪。根据室内试验和依托工程的环境状况，提出合适温拌沥青混合料的施工工艺和质量控制标准，主要包括施工温度、拌和时间、压实工艺研究等。

(2)技术路线

本项目综合采用室内试验研究与现场测试、模型与试验路并重，理论分析与调查研究并行，材料特性验证与工程应用相结合的技术手段，系统开展低碳、环保、耐久沥青混合料新材料的研发与应用。其技术路线如图1所示。

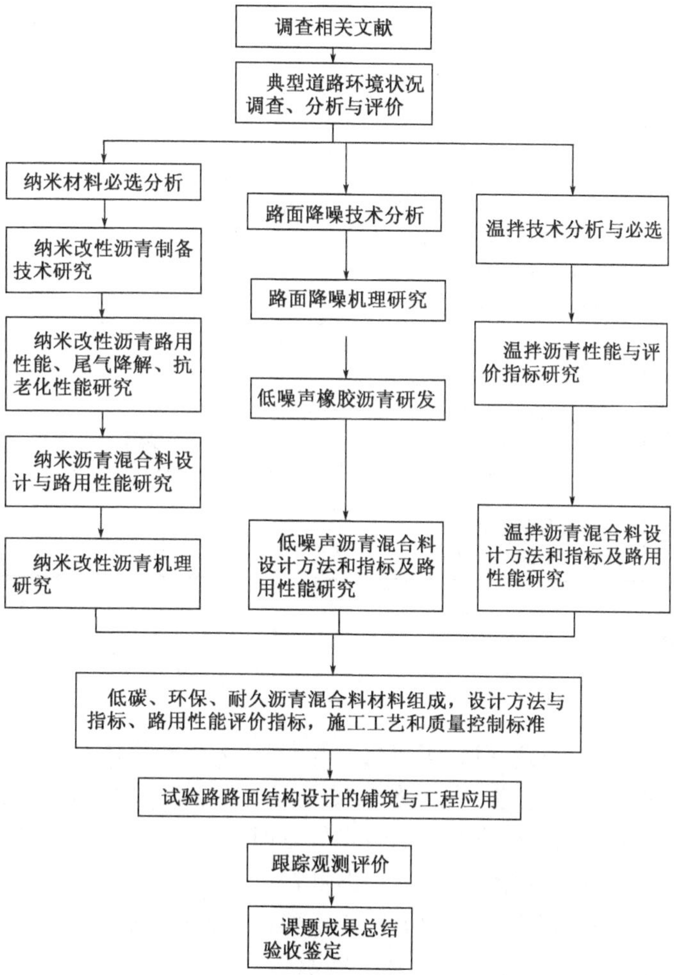

图1　技术路线图

(3)项目实施的目标

通过本项目研究。预期达到如下目标：

①技术创新指标。

a. 开发出环保、耐久的多功能纳米沥青混合料新材料，可显著改善道路周边热环境，降解汽车尾气污染成分，提高沥青路面高温稳定性、水稳定性和抗紫外线老化能力。

b. 开发出具有降噪功能的骨架密实型低噪声橡胶改性沥青混合料。

c. 提出适合广东气候特点的温拌沥青技术、温拌沥青混合料的设计方法、指标以及施工工艺。

d. 成果达到国际先进及以上水平。

②成果转化与产业化效益指标或社会效益指标。

项目实施可使空气污染程度降低50%以上，轮胎/路面噪声降低3～8dB(A)，拌沥青混合料的拌和温度比普通沥青混合料低30℃，可节约30%的能源消耗。减少二氧化碳(CO_2)等排放量40%以上。同时使得混合料的高温稳定性和水稳定性能提高10%以上，延长路面的使用寿命。

③人才培养、知识产权、技术标准等指标。

a. 在核心期刊上发表学术论文5～8篇。

b. 培养研究生 3 ~4 名。

c. 申请国家专利 1 ~2 项。

④其他指标。

a. 提交课题调研与试验分析报告 1 份。

b. 提交课题总体工作报告和研究报告 1 份。

c. 提交工程实施总结报告 1 份。

(4)年度工作进度安排及完成期限

项目研究 3 年,年度进度安排如表 1。

年度进度安排 表 1

时间安排	工作内容
2014	(1)立项申请,落实承担单位与参加单位、课题组成员、研究内容与分工; (2)调研、收集资料,制订研究计划,落实实施方案; (3)理论研究和室内试验研究; (4)试验路段的选定和试验路方案的确定; (5)进行资料整理与总结
2015	(1)现场试验路材料、设备准备、施工参数选用,铺筑施工; (2)试验路的跟踪检测; (3)试验资料分析,补充试验与分析、调整整理; (4)推荐合适的低碳环保沥青混合料及其沥青路面结构
2016	(1)试验路的跟踪检测; (2)编写课题研究报告; (3)申请课题验收鉴定

4. 现有工作基础与优势

(1)前期研发基础

项目团队由道路工程材料、道路环境、无机化学等专业"公路养护技术国家工程实验室""特殊环境道路工程湖南省重点实验室"和"道路结构与材料交通行业重点实验室"骨干成员组成,一直从事路面功能性材料开发、道路环境保护技术、试验检测技术等方面的研究,已经针对本建议项目开展了大量前期研究工作,取得了系列相关研究成果,为项目的开展打下坚实工作基础。

总之,项目团队已经开展了相关的前期研究,为本项目的顺利开展奠定了技术基础。

(2)工作条件

长沙理工大学交通运输工程学院拥有"道路与铁道工程" 学科是交通运输部和湖南省重点学科;建有:"公路工程"教育部重点实验室,"道路灾变灾变防治及交通安全""电力与交通安全监控及节能技术"教育部工程研究中心,"道路工程耐久性新技术"为教育部创新团队(培育)和湖南省高校科技创新团队,"道路结构与材料"交通运输部交通行业重点实验室,"特殊环境道路工程"湖南省重点实验室,湖南省高校"高速公路养护管理工程技术"产学研合作示范基地;设立的研究生培养创新基地——"湖南省交通科学研究院研究生培养创新基地"为湖南省研究生培养创新基地。实验室总面积 2 万余平方米,实验设备 2400 多台套,各类仪器设备总值 6000 多万元。拥有包括美国 SHRP 沥青试验研究成套设备以及国内唯一的大型直道足尺试验系统,交通行业最大、湖南省唯一的大型土工离心机试验系统,国际土木建筑领域最先进的 X 射线探伤与断层扫描实验系统(工业 CT)、SST 剪切试验系统、路面雷达、落锤式弯沉仪、伺服液压疲劳试验机、差示扫描量热仪、红外热像仪、扫描电子显微镜、包括原材料试验全套设备、SHRP 研究计划的沥青及沥青混合料试验设备,美国材料试验机(MTS-810、MTS-Landmark)、PIT 沥青路面分析仪(APA)、UTM 试验机等沥青混合料基本性能试验仪、小型加速加载试验系统、包括高精度 NO_x 气体、SO_2 气体、CH 气体、VOC 气体实时测试装置的环境条件实时测试与模拟系统、测量机器人、动态 GPS、高精度全站仪等在内的材料、路面结构方面的成套先进实验仪器设备以及 GIS、RS 等软件。申请单位试验设备齐全、性能先进,完全能满足项目研究的需要,完善的试验仪器设备条件为本项目研究顺利开展提供了保证。

5. 项目承担单位及参加单位概况

略。

6. 项目依托工程情况及其他必要支撑条件

略。

7. 项目经费估算

本项目研究经费预算总金额为××万，申请交通厅科研补助××万元，依托工程配套研究费××万元。以上经费预算不包括依托工程建设所需费用。其经费预算种类见表2。

经 费 预 算

表2

经费投入预算		经费支出预算	
科目	预算数(万元)	科目	预算数(万元)
交通厅拨款(补助经费)		土建费	
工程配套研究费		仪器、设备购置费	
单位自筹		材料、燃料费	
银行贷款		加工费	
其他经费		研究开发费	
		实(试)验费	
		国内、外调研费	
		引进软、硬件费	
		劳务费	
		人员培训费	
		会议费	
		资料印刷费	
		各种税费	
		不可预见费	
		其他	
合计		合计	

8. 项目预期目标及经济、社会效益

通过本项目的研究，开发形成有效降解汽车尾气、提高路面抗紫外线老化能力的新型纳米改性沥青，有效降低路面噪声的橡胶改性沥青混合料以及适用高温气候特点的温拌沥青混合料，并通过实体工程形成一套完善的施工工艺和质量控制体系，通过本项目的实施，将减少燃油消耗、降低废气排放、降低路面噪声、延长沥青路面，符合国家生态文明建设的需求，节能减排，减少交通对环境的不良影响。为我国公路路域环境的治理提供行之有效的技术途径。项目预计可产生良好的经济与社会效益

通过项目研究，将显著提高广东省公路路域环境水平，提升沥青路面的使用寿命，为我国公路建设培养高层次人才，同时有助于推进高层次科研平台的建设及科技拔尖人才的培养。

参考文献

[1] You Zhanpin Mills-Beale J. , Foley J. M. , et a1. Nanoclay-modified asphalt materials: Preparation and characterization 叨. Construction and Building Materials, 201 1, 25: 1072-1078.

[2] Chong K. P. Nanotechnology and information technology in civil engineering. Conference proceeding-towards a vision for information technology in civil engineering. In: Ian Flood, editor. 4th joint international symposium on information technology in civil engineering, November 15-16, 2003, Nashville, TN, USA, P. 1-9.

[3] Pauli T. Emerging issues in asphalt binder research and application of nanotechnology, presentation on the NSF workshop 011 nanomodification of cementitious materials at the University of Florida in August 2006; and personal communication with the Western Research Institute, Wyoming.

[4] Greenfield M. Modeling for nano-engineering: molecular simulation ofasphaltlike materials, presentation on the NSF workshop on nanomodification of cementitious materials at the University of Florida in August 2006; and personal communication the Dept. of Chemical Engineering, University of Rhode Island.

[5] Birgisson B. Roadmap for research, presentation on the NSF workshop on nanomodification of cementitious materials at the University of Florida in August 2006; and personal communication with the Dept. ofChemical Engineering, University ofRhode Island.

[6] 张金升,张爱勤,李明田,等. 纳米改性沥青研究进展[J]. 材料导报,2005,19(10):87-90.

[7] 欧阳春发. 聚合物/填料复合物改性沥青性能与结构研究[D]. 上海:上海交通大学,2006.

[8] 王小鹏,张毅,沈振球,等. 熔融插层法制备蒙脱石基石蜡复合相变储能材料[J]. 硅酸盐学报,2011,39(4):624-629.

[9] 曾旋. 沥青/层状硅酸盐纳米复合材料的制备与性能研究[D]. 武汉:武汉理工大学,2007.

[10] Liu Gang. Characterization and identification of bitumen the modification of montmorillonite nanoclay. Delft, The Netherlands: Delft University of Technology, 2011.

[11] Fischer H. , Bos B. Bitumcomposition improved ageing resistance. EP 172883 1A1. 2006-06-12.

[12] Jahromi S. G. , Khodaii A. Effects of nanoday on theological properties of bitumen binder. Construction and Building Materials, 2009, 23: 2894-2904.

[13] 姜海涛,吴少鹏,况栋梁,等. 有机化蒙脱土改性沥青老化性能的研究[J]. 武汉理工大学学报,2007,29(9):41-43.

[14] Yu Jianying, Feng Pengcheng, Zhang Hengiong, et a1. Effect of organo-montmorillonite on aging properties of asphalt. Construction and Building Materials, 2009, 23: 2636-2640.

[15] 付玉,余剑英,冯鹏程,等. 蒙脱土改性沥青的制备与性能研究[J]. 武汉理工大学学报,2007,29(9):51-54.

[16] 张恒龙,余剑英,李斌,等. 有机化蒙脱土对沥青力延度性能的影响[J]. 武汉理工大学学报,2010,32(18):49-52.

[17] 王骁,余剑英,汪林,等. 有机蒙脱土/SBS 改性沥青的制备与性能研究[J]. 武汉理工大学学报,2007,29(9):81-83.

[18] 马爱群,李雪峰. 纳米氧化锌 SBS 改性沥青及其混合料性能试验研究[J]. 中外公路,2009,29(5):218-220.

[19] 余剑英,李斌,曾旋,等. 有机化蒙脱土对 SBS 改性沥青热氧老化性能的影响[J]. 武汉理工大学学报,2007,29(9):65-67.

[20] Galooyak S. S. , Dabir B. , Nazarbeygi A. E. , et a1. Rheological properties and storage stability of bitumen/SBS/montmorillonite composites. Construction and Building Materials, 2010, 24(3): 300-307.

[21] Polacco G. , Kriz P. , Filippi S. , Stastna J. , et a1. Rheological properties of asphalt SBS/clay blends. European Polymer Journal, 2008, 44: 3512-3521.

[22] Zhang Baochang, Xi Man, Zhang Dewen, Zhang Huixuan, et a1. The effect of styrene-butadiene-rubber/montmorillonite modification on the characteristics and properties of asphalt[J]. Construction and Building Materials, 2009, 23: 3112-3117.

[23] 钱春香,赵联芳,付大放,等. 路面材料负载纳米二氧化钛光催化降解氮氧化物[J]. 硅酸盐学报,2005,4

[24] 叶超,陈华鑫,王闯. 纳米二氧化钛改性沥青混合料路用性能研究[J]. 中外公路,2010,30(2):315-318.

[25] 谭忆秋,李洛克,魏鹏,等. 可降解汽车尾气材料在沥青路面中的应用性能评价[J]. 中国公路学报,2010,23(6):21-27.

[26] 都雪静. 汽车尾气降解材料测试室研究设计[D]. 东北林业大学硕士,2005.

[27] 李剑飞,刘黎萍,孙立军. 纳米二氧化钛对汽车尾气中含碳化合物分解研究初探[C]. 二氧化碳减排控制技术与资源化利用研讨会.

[28] S. C Lee. Combination effect of activated carbon with TiO_2 for the photo degradation of binary pollutants at typical indoor

airlevel[J]. Journal of Photochemistry and Photobiology A:Chemistry,2004,161(2-3):131-140.
[29] 刘建军,于迎春. TiO_2的冲击波活化及其光催化活性[J]. 高压物理学报,1999;13(2):138-142.
[30] 李闯民. 开级配沥青磨耗层(OGFC)的研究[J]. 公路,2002,(3):70-75
[31] 杭州市公路管理处,同济大学. 低噪声透水性沥青路面的研究与应用[R]. 1997.
[32] 曹卫东,等. 多孔弹性路面的降噪机理与评价方法[J]. 中外公路,2004,V01. 24(6):90-93.
[33] 王旭东. 低噪声沥青路面结构设计研究[J]. 公路交通科技,2003,V0l. 20(1):33-37.
[34] David Derrick. Pavement Solutions for Reducing Traffic Induced Noise&Vibration-Improvement the Lifestyle of Residents on the Townsvile Port Road[C]. 12th InternationalFlexible Pavements Conference. Melbourne Australia,2003,10.
[35] Corrigan,M.,D. Newcomb,and T. Bennert. From hot to warm[J]. Public Roads,2010. 74(1).
[36] Kuennen,T.,Road Science Tutorial:Many paths to low-energy asphalt mixes. Better Roads[J],2010. 80(6).
[37] 李忠凯,温拌沥青混合料技术在欧洲的实践[J]. 中外公路,2010(04).
[38] 刘至飞,等. 温拌沥青混合料现状及存在问题[J]. 武汉理工大学学报,2009(04).
[39] 秦永春,等. 温拌沥青混合料技术及最新研究[J]. 石油沥青,2006(04).
[40] 徐世法,等. 高节能低排放型温拌沥青混合料的技术现状与应用前景[J]. 公路,2005(07).
[41] 左锋,叶奋. 国外温拌沥青混合料技术与性能评价[J]. 中外公路,2007(06).
[42] Hamzah,M. O.,A. Jamshidi,and Z. Shahadan. Evaluation of the potential of Sasobit®to reduce required heat energy and CO_2 emission in the asphalt industry. Journal of Cleaner Production[J],2010. 18(18):1859-1865.
[43] Ji,J.,J. Ran,and S. F. Xu. Road performances of sasobit asphalt mixture[J]. Journal of Traffic and Transportation Engineering,2009. 9(4):6-9.
[44] Mohammad,L.,S. Saadeh,and S. Cooper. Evaluation of asphalt mixtures containing Sasobit®warm mix additive. 2008.
[45] Wasiuddin,N. M.,et al.. Comparative laboratory study of sasobit and aspha-min additives in warm-mix asphalt. 2007:82-88.
[46] Wasiuddin,N. M.,M. M. Zaman,and E. A. O'Rear. Effect of sasobit and Aspha-Min on wettability and adhesion between asphalt binders and aggregates. 2008:80-89.
[47] 杨树人. 温拌添加剂对沥青和沥青混合料性能的影响[D]. 2008
[48] 黄开斌. 温拌沥青及其混合料路用性能试验研究[D]. 长沙:长沙理工大学. 2008.
[49] Gandhi,T. Effects of warm asphalt additives on asphalt binder and mixtureproperties[D]. Doctor of Philosophy. Clemson University. 2008.
[50] Xiao,F.,et al.. Influence of antistripping additives on moisture susceptibility of warm mix asphalt mixtures[J]. Journal of Materials in Civil Engineering,2010. 22(10):1047-1055.

三十、新型多孔沥青混合料 DK-10 特性研究（排水降噪）

简介：本文是我们近年来探索排水降噪多孔沥青混合料的初步成果。通过 CT 断层扫描，得到 DK-10 和 OGFC 两种混合料的马歇尔试件竖向孔隙图像，并进行了两种试件渗透性、抗滑性、降噪特性、耐久性等多项试验。DK-10 型混合料类似于 SMA 属间断嵌挤型，但孔隙率相差甚远，DK-10 孔隙率达 14% ~15%，而普通 SMA 仅 3% ~4%，且 DK-10 有良好的排水和降噪功能。

以下为“新型多孔沥青混合料 DK-10 特性研究（排水降噪）”PPT 的节选部分，想详细了解全部内容请扫 PPT 节选部分后的二维码。

节选一

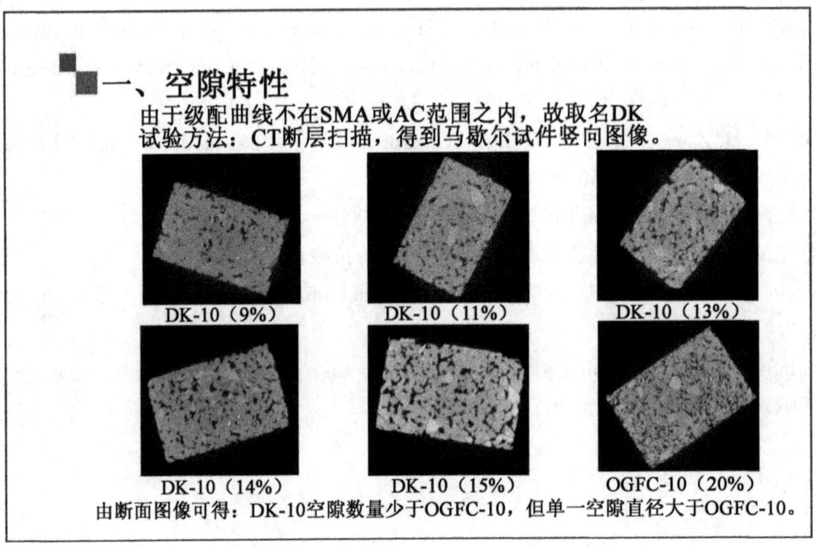

节选二

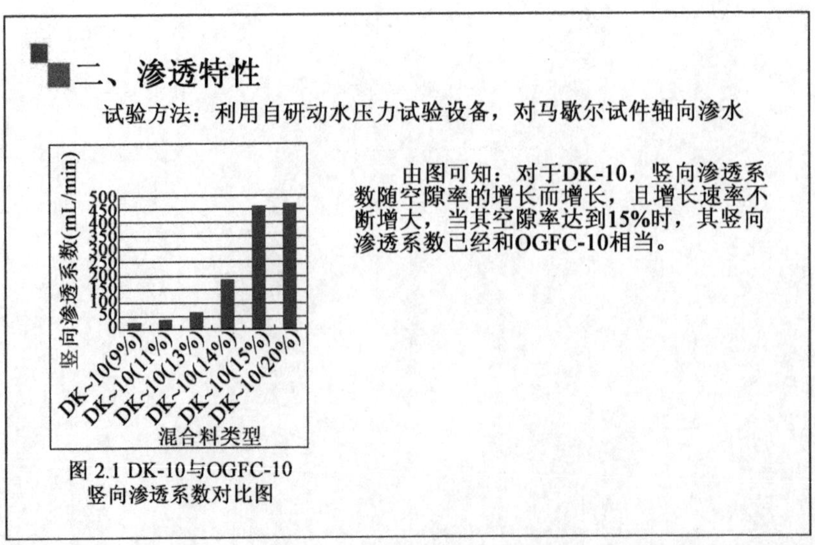

节选三

二、渗透特性

试验方法：利用自研动水压力试验设备，对马歇尔试件顶面施加一定峰值的动水压力

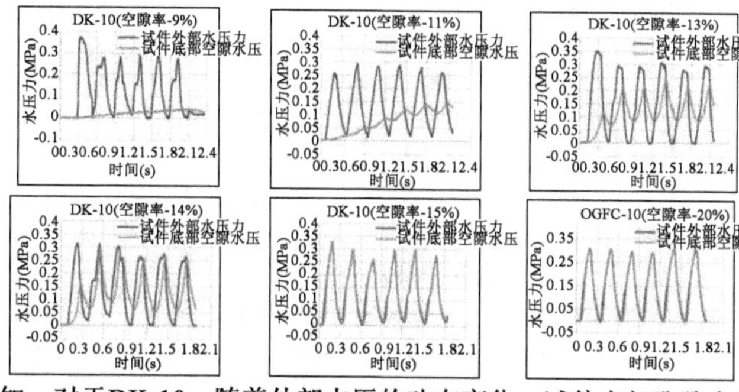

由图可知：对于DK-10，随着外部水压的动态变化，试件底部孔隙水压有一定的滞后性，滞后性随空隙率的增加而减小，当空隙率为15%时，滞后性为零，表示此时试件出现自顶面至底面完全连通的空隙。

节选四

三、抗滑特性

试验方法：摆式摩擦仪法

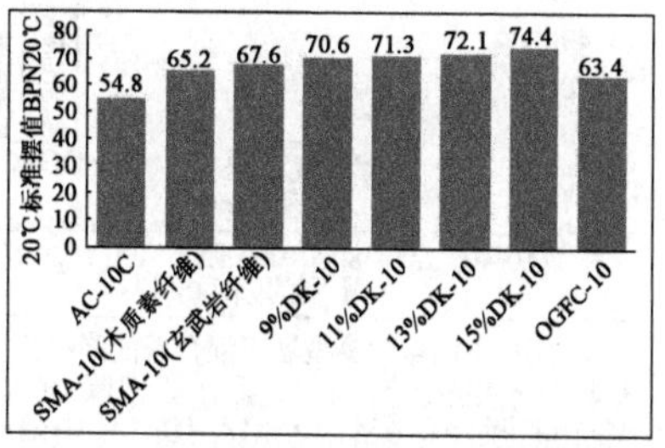

图3.1 不同级配类型沥青混合料的抗滑性能

由图可知：DK-10同AC-10C相比，其抗滑性能比AC-10C提高了28%~36%；同SMA-10相比，其抗滑性能比SMA-10提高了6%~13%；同OGFC-10相比，其抗滑性能比OGFC-10提高了11%~17%。同时，随着空隙率、粗集料含量增加，DK-10的抗滑性能有增加的趋势。

节选五

三、抗滑特性

试验方法：采用室内试验小型加速加载MMLS3试验设备来模拟实际路面长期使用过程中，车轮对路面的磨耗情况，用于评定不同级配类型沥青混合料抗滑性能的衰减规律。

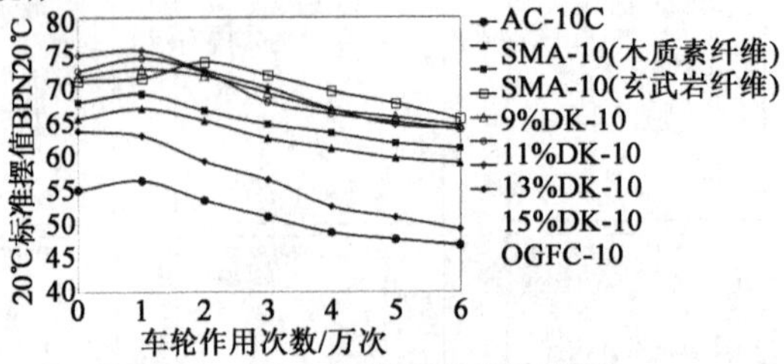

图3.2 不同级配类型沥青混合料的抗滑性能衰减规律

由图可知：抗滑耐久性能DK>SMA>OGFC>AC；不同空隙率的DK-10抗滑耐久性能差别不大。

节选六

四、降噪特性

试验方法：采用双传声器传递函数法来测定不同级配类型的沥青混合料的吸声系数用于评定其降噪性能。

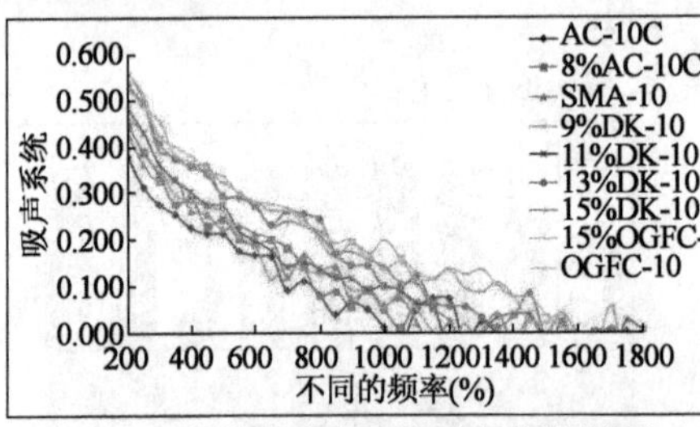

图4.1 不同级配类型沥青混合料的降噪特性

由图4.1可得，从吸声效果来看，在大部分交通噪声频段范围内，AC-10C的吸声效果最差，9%的DK-10的吸声效果优于SMA-10，吸声效果大约高出AC-10C22.4%，目标空隙率为13%和15%的DK-10吸声效果和OGFC-10的基本相当，吸声效果大约高出AC-10C42.5%。

节选七

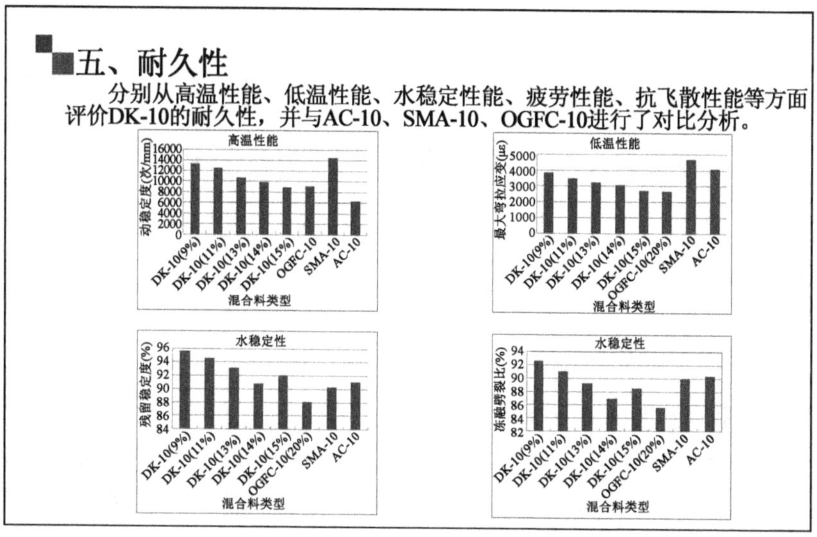

“新型多孔沥青混合料 DK－10 特性研究（排水降噪）”PPT

三十一、粉煤灰基地聚合物的制备、性能研究及在软土地基处理中的应用

1. 研究目的、意义及国内外概况

1)一种新型无机高分子材料——地聚合物

1978 年法国材料科学家 J. Davidovits[1] 利用活性低钙 Si-Al 质材料与高碱溶液反应,首次制备出一种具有有机高分子聚合物结构的新型无机 Si-Al 质胶凝材料,取名为地聚合物(Geopolymer)。Geopolymer 是一种以无机[SiO_4]、[AlO_4]四面体为主要组成,具有空间三维网状键接结构,被认为是由地球化学作用(Geochemistry)或人工模仿地质合成作用(Geosynthesis)制造出的、以无机聚合物为基体的、坚硬的人造岩石,具有天然岩石般的硬度、力学性能、耐久性和热稳定性等。

传统 Geopolymer 由高岭土和经过约 700℃煅烧过的高岭土加入 NaOH 或 KOH 溶液制备而成[2,3]。后来研究发现加入少量水玻璃能够大幅度提高聚合物硬化体的强度[4,5]。Geopolymer 的制备不仅可用煅烧高岭土作为主要原料,大部分具有水硬活性的工业废渣都可作为原料,如高炉水渣、钢渣、粉煤灰、废砖粉、自燃煤矸石、废玻璃、城市垃圾焚烧后的炉渣以及所有以煤为燃料的各种炉渣等[6-8]。

通过地聚合反应得到的 Geopolymer 由聚合的 Si-O-Al 网络结构构成,其中硅氧四面体和铝氧四面体通过共用氧原子交替键合。硅元素存在稳定的 +4 价态,因此硅氧四面体呈电中性;铝氧四面体中的铝元素是 +3 价态,却与四个氧原子结合成键,显电负性,需要阳离子(如 K^+、Na^+)的出现来平衡体系中的负电荷,总的结果使体系显电中性[9]。这些 Si-O 键和 Al-O 键分别以[SiO_4]四面体和[AlO_4]四面体或[AlO_6]配位多面体的形式存在,在碱溶液的作用下,Si-O-Si 和 Al-O-Al 共价键衰竭并断键,形成离子进入溶液。据文献报道[10],[SiO_4]$^{4-}$和[AlO_4]$^{5-}$结合形成三维聚合铝酸盐结构。

与传统水泥与混凝土类材料或其他常用工程材料相比,Geopolymer 具有下述性能特点和优势:

(1)制备 Geopolymer 材料非"两磨一烧"工艺,生产能耗是水泥的 1/6 ~ 1/4,陶瓷的 1/20,钢材的 1/70,塑料的 1/150;CO_2 排放量仅为水泥生产的 1/10 ~ 1/5。这说明:在相同温室效应气体 CO_2 排放量条件下,可制备 6 ~ 9 倍水泥的 Geopolymer 应用于土木工程。同时,Geopolymer 的原材料为各种工业废渣,如尾矿、粉煤灰、高岭土、矿渣、废弃混凝土,甚至垃圾燃烧后的灰渣等,原材料非常丰富,成本低廉,是一种新型的可持续发展绿色材料,其节能、环保、利废特性突出。

(2)Geopolymer 原材料以 SiO_2、Al_2O_3、Fe_2O_3、CaO 为主要成分,在碱性条件下,不存在硅酸钙的水化反应,其活性组分经历瓦解并再度链接而形成以硅、铝为主要结构单元的化学键合陶瓷体结构,物质之间以离子键和共价键连接为主,氢键和范德华力为辅。Geopolymer 硬化和产生强度的过程与传统硅酸盐水泥不同,不存在水化生成的钙矾石和氢氧化钙粗大晶体,因而具有高强、稳定和耐久的三维网络结构,赋予 Geopolymer 一系列优异的工程技术性能,包括:可塑性好、快凝、早强、高强、耐久性优异(隔热防火性、耐腐蚀、抗渗与抗冻性、耐磨性、抗裂性、抗辐射能力等)。此外,Geopolymer 与硅酸盐水泥在 28d 后的体积收缩值分别为 0.5% 和 4.6%,是一种理想的低收缩、抗裂性良好的材料。

(3)与有机聚合物相比,Geopolymer 是由硅、铝和氧等元素通过共价键连接而成,氧的原子分数是硅和铝总和的 2 倍;Si-O 键能为 535kJ/mol,并且 Si-O 键和 Al-O 键具有方向性,不易转动。有机聚合物中 C-C 键能为 360 kJ/mol、C-O 键能为 334.7 kJ/mol、C-N 键能为 284.5 kJ/mol,比 Si-O 键能低,且高分子链大都是柔性链,可在三维空间自由转动和折叠,因此 Geopolymer 具有比高分子材料高得多的强度、

硬度、热稳定性和抗氧化能力。

(4)陶瓷是较为纯净的晶相,晶界是陶瓷最薄弱的环节(多包含无定形物质),晶界的性质决定了陶瓷的整体性能;Geopolymer 是复杂的多晶和多相聚集体,包括晶态、玻璃态、胶凝态及气孔等,以环状链构成的连续三维网络构架,不存在完全意义上的晶体和晶界,各项性能取决于 -[Si-O-Al-O]- 骨架,因此其性能与陶瓷相近或更高。

Geopolymer 主要力学性能指标与陶瓷、水泥和有机聚合物等材料相比显示了明显的优越性,见表1。

地聚合物(Geopolymer)与常见工程材料的力学性能对比 表1

材料名称	密度(g/cm^3)	弹性模量(GPa)	抗拉强度(MPa)	抗弯强度(MPa)	断裂功(J/cm^3)
地聚合物	2.2~2.7	50	30~190	40~120	50~1500
普通水泥	2.3	20	1.6~3.3	5~10	20
玻璃	2.5	20	1.6~3.3	5~10	20
陶瓷	3.0	200	100	150~200	300
铝合金	2.7	70	30	150~400	1000

2)地聚合物的工程应用现状

随着各国对污染物排放的限制越来越严格,水泥生产的环境成本将越来越高。国外许多国家已经从简单的征收排污费发展到将污染物排放权进行商品化,持续攀高的环境成本迫使大型工业企业花大力气在产品节能和环保方面提高技术水平。这不但极大地促进了 Geopolymer 科学的研究与相关技术的开发,也将为其在许多领域代替水泥或其他胶凝材料创造巨大的市场空间。目前,普遍采用水泥或有机聚合物的许多领域,Geopolymer 都能充分发挥其优异的特性,能够大幅度提高性能,降低成本,其现阶段的工程利用领域简述如下:

(1)Geopolymer 商品水泥

尽管欧洲国家(Glukhovsky,1965;Tailing 和 Brandstetr,1989)开发了 50 多年,碱激发材料仍然没有单独加工,也没有作为商业水泥销售给第三方。相反,有关化学仅仅用于制备碱激发混凝土。

从一开始,开发 Geopolymer 技术就是为了制备各种用途的黏结剂和水泥。Lone Star Industries 首先在 1986 年将工业化 Geopolymer 水泥引入美国。这是 Davidovits Sawyer(1985)研究发展的水泥,称为 Pyrament。美国空军工程公司验证 Pyrament 是修补混凝土机场跑道、工业铺路的理想材料。4~6h 的硬化强度就能容许空中客车或波音的飞机起降;硬化 4h,Pyrament 的抗压强度为 20MPa,而普通水泥达到这个强度需要几天。之后,法国 Cordi-Geopolymere 公司开发 Davya 型地聚合物水泥,并用于基建工程。我国目前尚未有成熟的、商品化的 Geopolymer 水泥及其应用报道。

(2)Geopolymer 在固沙工程中的应用

利用 Geopolymer 不用湿养护、耐久性好、与硅酸盐颗粒能形成化学结合和梯度层等特点,固结无法综合利用的矿山尾矿、粉煤灰等微细颗粒固体废弃物;应用于沙漠边缘地区铁路或公路两侧的永久性工程固沙,或一些临时工程或沙漠绿化初期的临时固沙,防止土地沙化,保护环境,取得事半功倍的效果,与有机聚合物相比,成本下降 2~3 倍[11]。

(3)Geopolymer 用于块体材料

Geopolymer 具有良好的黏结性和可塑性、快硬、早强和不用蒸养等特点,比水泥更适合制备建筑用块体材料[12,13],包括建筑用标准砖、各种尺寸的建筑砌块、铺路砖和墙材等;特别是利用含硅铝酸盐类固体废弃物为粗集料和细集料制备建筑砌块还能发挥固体废弃物本身的活性,形成聚合物与集料之间的化学结合及梯度界面,从而达到大幅度降低生产成本和提高产品质量的目的。

我国玻璃纤维增强水泥板材(GRC)的生产经历了 20 多年的研究、设计和应用开发,市场规模仍很小,其主要原因是因为采用水泥和一些填料生产这类板材工序复杂、质量不易控制和成本较高。水泥在常温下水化较慢,而 GRC 板材的流水线式生产工艺又不可能将成型后的 GRC 板材进行长时间的室温养护或较长时间的蒸汽养护。因此很多 GRC 板材中的水泥大部分并没有对强度产生贡献,造成浪费和性能不稳定。Geopolymer 恰恰具有快硬和早强特点,在生产工艺中省去了蒸汽养护或较长时间室温养护，大幅度降低生产成本和提高生产效率；以废渣为主要原料生产的 Geopolymer-GRC 成本只有普通水泥的 1/2 左右，大幅度降低 GRC 的生产成本。

Geopolymer 的另一个特点是当其制成泥膏状时具有良好的可塑性。在使用水泥生产 GRC 时，为增加泥料的可塑性往往需要添加大量的甲基纤维素（CMC），这部分成本几乎占全部原材料成本的 1/4 ~ 1/3。使用 Geopolymer 代替水泥后可大部分或全部取消 CMC 的使用，使 GRC 生产成本进一步下降。与水泥制品相比，Geopolymer 制品特有的高抗折强度、耐腐蚀和导热系数低等特点，特别适合作新型墙体最外面的装饰性保护层，其特有的耐久性大大延长新型墙体服役的时间与安全性。

（4）Geopolymer 路面混凝土

路面混凝土与普通建筑用混凝土相比，要求混凝土板具有更高的抗折强度和更好的耐磨性。Geopolymer 的主要特点就是抗折强度远远高于一般水泥基材料（当抗压强度相同时），且比水泥硬化体硬度大。水泥净浆硬化体的莫氏硬度在 5 左右，而 Geopolymer 莫氏硬度在 6 左右，其制备的混凝土耐磨性显然高于水泥混凝土。

（5）Geopolymer 灌（注、压）浆材料

灌浆材料按成本和用途可分为中低强度型和高强度型两类。中低强度型灌浆材料主要用于充填地下溶洞、矿山采空区，以保证在其上面修建公路、铁路或进行建筑施工以及今后长期使用的安全。这类灌浆材料一般用量巨大，但不要求有太高的强度。使用 Geopolymer 胶结就地取材的固体废弃物或黄土、细砂等材料，将会使成本大幅度下降，同时能够保证有良好的整体强度和耐地下水溶蚀的能力。高强度灌浆材料的主要用途之一是用来加固锚索和锚杆的地下部分。

Geopolymer 把作为锚索或锚杆的钢筋或钢绞线握裹在中心，四周靠 Geopolymer 与围岩的黏合力和一定的膨胀压力和围岩结合在一起。这种锚固结构失效的主要方式是内部钢筋或钢绞索的锈蚀。由于 Geopolymer 特有的低孔隙率、高密闭性和高抗溶蚀性，因此具有好的防锈蚀能力。

（6）Geopolymer 在重金属和防辐射固废工程的利用

Geopolymer 特有的降低固体废弃物中金属离子溶出的功能，使得其成为比水泥更好、成本更低的用于固结重金属固体废弃物或放射性固体废弃物的固结材料[14-16]。有些高重金属含量的固体废弃物如果用普通水泥来固结，会因其重金属的溶出较高而不能作为建筑材料。此外，Geopolymer 良好的抗酸、抗碱能力可将其用于修建存储酸、碱废水的堤坝、水池和管道，也可用于修建垃圾填埋场的密封层、修筑野战军用工事，道路、桥梁抢修工程及其他军用设施工程等。

可见，Geopolymer 作为一种新型绿色材料，因其优异的工程技术性能、突出的可持续发展属性和巨大的市场潜力，成为继水泥与混凝土类材料之后国内外研究热点，有望部分甚至全面取代水泥基材料，因此具有广阔的发展空间。

3）粉煤灰基地聚合物的研究现状

粉煤灰（含有活性 SiO_2 和 Al_2O_3）和天然铝硅原料的相似性，使粉煤灰基 Geopolymer（又称 Geoash）成为一种新技术[17]。Jaarsveld 等（1998）成功利用 Geoash 有效固定有毒重金属离子，促进了这一技术的应用。采用粉煤灰合成 Geoash 的研究得到广泛关注（Kasta，1998；Swanepoel 和 Strydom，2002；Palomo 等，1999；Jaasveld 等，2002）。

Moreno 等（2001）采用同一种粉煤灰、NaOH 或 KOH 溶液，在大气和水蒸气压力下，80 ~ 200℃下反应 3 ~ 48h 合成得到 15 种不同的沸石。Palomo 等（2003）致力于研究粉煤灰的碱激发，重点放在高浓度形成沸石而不添加任何可溶性硅酸盐；Sindhunata 等（2006）跟踪添加水溶性硅酸盐时 Geoash 的形成过程，提供一系列 SEM 照片说明是否形成 Geopolymer 和粉煤灰是否发生反应；Femandez 等[18]基于 SEM 观测碱激发粉煤灰材料各个时期的地聚合反应，提出其描述性机理模型，包括溶解、扩散、胶体生成与沉积。

粉煤灰中 Si-O-Si 和 Al-O-Al 在碱溶液的作用下共价键衰竭并断键，形成离子进入溶液，$[SiO_4]^{4-}$ 和 $[AlO_4]^{5-}$ 结合形成三维聚合铝酸盐结构，并进一步通过地聚合反应与固结形成高分子地聚合物材料，其反应过程如图 1 所示。

Duxson、Mahlaba 等人认为粉煤灰原料品质[19,20]对 Geoash 地聚合反应有决定性作用。Lee[21]发现粉煤灰中 Ca^{2+}、Mg^{2+}、Na^+ 等金属离子能为地聚合物胶凝形成提供凝结核，加快体系中地聚合物凝胶的

形成。有研究表明[22,23]:随着钙含量的增加,地聚合物体系的孔隙率降低,最终产物的抗压强度增强。Hua[24]研究粉煤灰表面特性和微观结构对地聚合物反应的影响,提出由于粉煤灰中分子之间的结合能较低、非晶相含量也最高,表现出了最高的反应活性。对粉煤灰进行研磨,对比 SEM 照片,Temmujin[25]发现研磨后的粉煤灰大颗粒被破坏,其中存在的小颗粒被释放出来,增大了地聚合反应的速率。利用不同来源的粉煤灰制备地聚合物,Rickard[26]、Chindaprasirt[27]得到相同的研究结论。

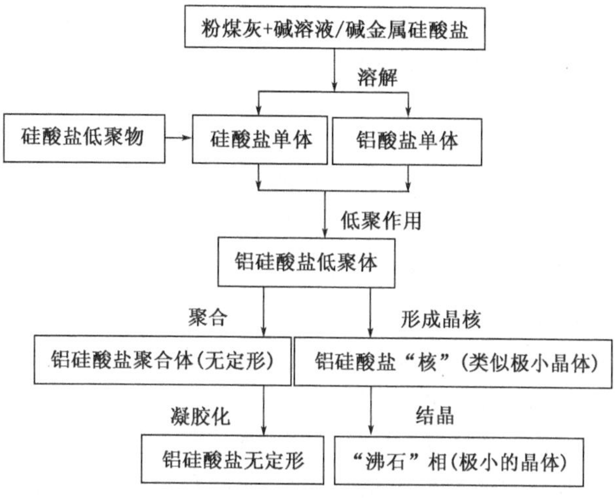

图 1　Geoash 地聚合反应流程图

对碱性激发剂的研究表明,与只用氢氧化物相比,当碱液中含有可溶性的硅酸盐时,其反应速度更快,产物强度更高[28];而随着水玻璃模数和含固量的不同,纳水玻璃和钾水玻璃对粉煤灰激发的效果也不同[29]。用不同浓度的 NaOH 对不同碳含量的原材料进行激发制备 Geoash[30],不论以何种浓度的 NaOH 进行激发,低碳含量的粉煤灰制得的 Geoash 的抗压强度都要高于高碳含量粉煤灰制得的。

养护制度是影响地聚合物反应过程的重要因素。贾屹海等人[31]认为适当提高养护温度可以大幅提高 Geoash 早期强度,但在养护时间的问题上研究者的看法存在分歧。Jaarsvelad[32]的试验结果表明,在养护(70℃,标养)初期的 24h 内,有利于样品抗压强度增加,继续养护 48h 却会导致抗压强度下降。有研究[33]也认为长时间的高温养护会破坏地聚合材料中部分结构水,影响无定型产物结构的完整性。Kovalchuk[34]分别就干养护、蒸汽养护与薄膜覆盖养护 Geoash 进行对比,结果表明,各个龄期的样品在湿养条件下的抗压强度都高于干养条件的;湿养样品的抗压强度高于蒸气养护的。

此外,部分研究者致力于在 Geoash 制备中,作为添加剂掺入适量氧化锆、氧化铝、钠铝酸盐、沸石、斑脱土等,以控制其地聚合反应过程,提高工程技术性能,得到一系列研究结论[35,36]。

欧盟发起“理解和掌握粉煤灰地聚合过程,将潜能转化为利润”的项目(Geoash,2004—2007),与传统的以高岭土或偏高岭土等为主要原材料,经碱激发地聚合固结为 Geopolymer 需要高温养护不同,粉煤灰为电力工业高温燃烧残留物,不必进行预热处理,为粉煤灰的利用提供了一个有力支持。Geoash 新技术降低水泥生产中 CO_2 排放量的 80% ~90%,欧盟预测到 2015 年所需的 35000 万 t 水泥将由 Geoash 取代。

Geoash 混凝土与传统混凝土的区别主要在于胶凝材料。事实上,同水泥混凝土一样,粗细集料在 Geoash 中所占的质量比例为 75% ~80%,可以采用水泥混凝土传统的制备技术。国内外学者纷纷研究 Geoash 混凝土固化时间[37]、养护制度[38,39]、力学性能[40,41]、长期性能[42]及耐火性能[43],得出一系列研究结论,说明 Geoash 具有快凝、早强、高强、高抗折/抗拉强度、黏结性能好、耐久性、耐高温性能优异等,可取代水泥或混凝土传统材料,可广泛应用于土建工程中。

遗憾的是,现阶段国内对 Geopolymer 和 Geoash 的研究起步晚、技术水平落后,除利用 Geopolymer 固结重金属废料堆技术发展较成熟外,缺乏对 Geoash 激发条件、固结机理、制备技术、技术性能等方面的系统研究,更少见将 Geoash 材料成功应用于高速公路工程建设的报道。

综上所述,专题研究 Geoash 的制备与技术性能,创新点突出,社会和经济效益显著,立项研究必要且及时。

2. 项目实施方案

1)研究内容

本项目通过理论研究、系统室内外试验及依托工程施工，研发粉煤灰基地聚合物材料及其衍生产品(统称 Geoash)，使其满足流动性好、快凝、早强、体积稳定性好、耐久性以及长期稳定性优异、施工性能好、施工效率高等工程要求。具体研究内容如下：

(1) Geoash 制备技术研究

①Geoash 原材料的优选、技术指标分析与确定。

a. 提出 Geoash 总体设计和制备目标及技术性能要求；

b. 粉煤灰基础材性研究，规范粉煤灰技术指标，推荐粉煤灰取材原则和相应技术指标参数范围；

c. 碱类、可溶性硅酸盐类激发组分优选及作用效果室内试验分析；

d. 其他添加组分优选及作用效果室内试验分析；

e. Geoash 基本组成材料方案比选与确定，推荐最优掺量范围。

②Geoash 地聚合反应机理与固结过程研究。

a. 基于理论分析和 XRD、SEM、DTA-TG 热分析等微观试验，选择典型配合比方案，研究 Geoash 地聚合反应动力学过程以及激发组分对粉煤灰颗粒的激发机理，总结 Geoash 复合净浆在不同龄期的固结状态与微观结构特征；

b. 设计不同配合比方案，试验分析激发组分类型、剂量及复合方式、粉煤灰技术指标参数、水—固体材料质量比、地聚合反应温度等对 Geoash 固结过程的影响；

c. 基于上述"a. b."的研究成果，在微细观层次上建立 Geoash 地聚合固结反应相关数学模型。

③Geoash 配合比设计研究与确定

对比试验，分析配合比参数对材料性能的影响，基于高利废率、低成本和高性能原则，按 Geoash 净浆、Geoash 砂浆和 Geoash 混凝土三类分别提出 Geoash 配合比设计方法和推荐配合比参数最优范围，用于指导工地应用。

④Geoash 室内试件成形与养护制度研究，提出最优方案。

(2) Geoash 技术性能分析与评价

①Geoash 工作性与早期性能研究，主要包括：

a. 优选配合比 Geoash 工作性；

b. 优选配合比 Geoash 凝结时间；

c. 优选配合比 Geoash 早期变形行为，包括：塑性收缩和温度收缩等。

②Geoash 力学性能研究，包括抗压强度、抗折强度、劈拉强度、弹性模量等。

③Geoash 体积稳定性研究，主要内容为膨胀系数测定和各龄期干缩性能分析。

④耐久性与长期性能研究，主要包括：抗渗性、抗冻性、耐腐蚀性、抗水冲刷性能等。

2)技术目标与拟解决的关键问题

本项目技术目标如下：

(1)成功研发 Geoash 及其衍生材料，与传统水泥基材料或水泥—粉煤灰基材料相比，凝结时间缩短，施工流动性优良；具有早强、较高后期强度；体积稳定性、抗裂性、抗渗、抗冻、耐腐蚀等优良。

(2)提出 Geoash 原材料选用原则和标准、配合比设计方法，确定配合比参数合理范围，为工地应用提供指导和借鉴；提出一整套 Geoash 技术性能室内外试验分析结果，包括：施工和易性、力学性能、体积稳定性、耐久性和长期性能，为其工程推广应用奠定基础和提供技术支撑。

(3) Geoash 低成本、高"绿色度"，复合化生产保证产品质量和计量精准，缩短施工工序，提高施工效率，确保施工质量；相比传统水泥基材料和有机材料，Geoash 综合成本下降 30% 左右，经济指标居国内领先水平；本项目综合技术成果达国际先进水平。

拟解决的关键问题如下：

(1)不走用高成本换取高性能的技术路线。Geoash 的研发,在满足设计要求的前提下,尽可能降低材料成本和提高粉煤灰等工业废渣利用率,是本项目的核心问题。

(2)多种微观检测手段综合运用。Geoash 各组分粉体效应与激发组分激发机理及其地聚合固结过程研究,并基于此首次建立 Geoash 地聚合固结动力学过程微细观层次的相关数学模型,是本项目的难点问题。

(3)Geoash 原材料技术指标参数的规范化、复配方案的优选和设计、配合比设计方法的提出和推荐配合比参数最佳范围、分析和评价 Geoash 净浆、砂浆及混凝土的各项技术性能,为工地应用提供参考和借鉴,是本项目的重点内容。

3)实施方案与技术路线

理论研究与实验分析相结合,宏观与微观试验相结合,本项目的技术路线如图 2 所示。

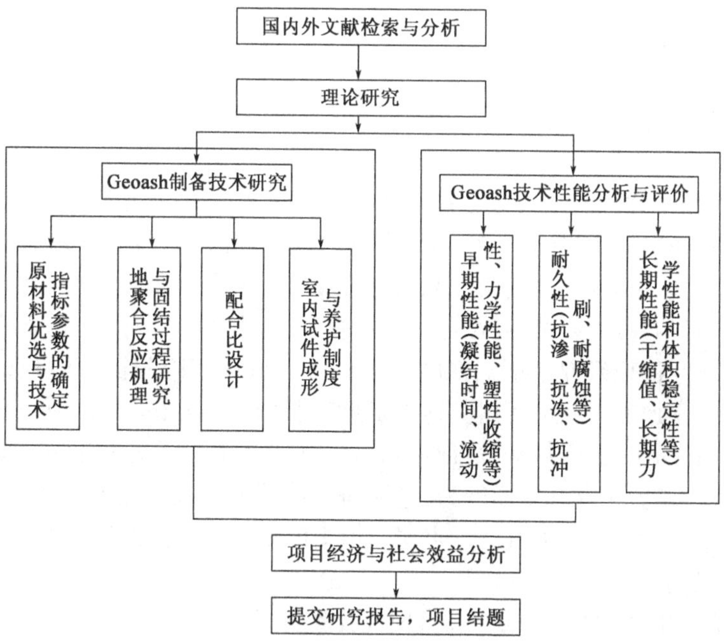

图 2　项目研究技术路线图

4)创新点

(1)研制取材方便、成本低廉的以工业废渣粉煤灰为主要原材料的 Geoash。Geoash 不掺加任何水泥或有机聚合物材料,在以粉煤灰为主要成分的基础上,通过掺适量碱类或可溶性硅酸盐类激发剂和某些添加组分复合制备而成,无须高温或蒸汽养护,满足施工要求,技术性能、施工性、经济与社会效益相应指标达到国内同类材料的领先水平。

(2)系统提出 Geoash 原材料选用原则和标准、配合比设计方法,确定配合比参数合理范围和一整套 Geoash 技术性能室内外试验分析结果,包括:施工和易性、力学性能、体积稳定性、耐久性和长期性能,为其工程推广应用奠定基础和提供技术支撑。

(3)研究 Geoash 地聚合反应动力学过程,以及激发组分对粉煤灰颗粒的激发机理,总结 Geoash 复合净浆在不同龄期的固结状态与微观结构特征;试验分析激发组分类型、剂量及复合方式、粉煤灰技术指标参数、水—固体材料质量比、地聚合反应温度等对 Geoash 固结过程的影响;在微细观层次上建立 Geoash 地聚合固结反应相关数学模型。

3. 前期科研工作情况、现有基础和条件

1)前期科研工作情况

项目申请人与课题组多年来一直致力于水泥和混凝土材料研究,在新型建筑材料、硅酸盐类固体工业废渣再生循环利用、先进混凝土技术、无机非金属材料的微观试验与分析等领域积累了丰富的科研

经验。

(1)新材料研发。申请人主持湖南省交通科技项目“高速公路隧道路面结构与材料应用技术研究”,研发透水、抗滑、降噪路面结构与材料新技术,改善隧道交通安全和舒适性。提出一整套路面多孔混凝土制备技术、复合式路面层间黏结材料及表面抗滑方案,在常吉高速公路三个隧道试验路中实施,经现场检测和质量回访,表明试验路非常成功,社会经济效益显著。项目发表论文17篇,三大检索收录8篇,培养博士研究生1名,硕士研究生4名,获2010年度中国公路学会科技进步二等奖和2012年度湖南省科技进步三等奖。与河南省平顶山姚孟电力集团合作,以综合利用电厂废料为目的,用于水泥调凝组分生产的劣质脱硫石膏提质改性获得成功;研发脱硫石膏—粉煤灰双掺水泥基绿色建材,包括自膨胀抗裂型干混砂浆、高性能化低塑性与高流态混凝土等。项目实现电厂、建材企业及施工单位共赢,技术成熟、经济效益显著、节能环保公益性强,市场前景广阔,成功应用于房建、路面、桥梁、挡土墙等工程。项目获专利2项,公开发表科研论文10篇,三大检索7篇,培养硕士生4名,获2010年度中国公路学会科技进步三等奖。依托河南省郑州市公路管理局立项,进行国内水泥混凝土路面破碎状况、典型病害、常用维护修补施工措施、快速修补材料及工地应用等专项调研和分析,并对采用工业废渣、无机活性矿粉与无机早强组分,研发水泥混凝土路面快速修补材料,进行室内外试验研究和工地应用,取得一系列研究成果等。

(2)高性能水泥混凝土研究。申请人主持承担长沙理工大学基金项目“早龄期水泥混凝土特性研究及其对水泥混凝土路面早期开裂的影响”,对掺活性矿物掺合材混凝土早龄期收缩机理及开裂行为进行系统研究;作为主要研究人员(排名第二),参加湖南省自然科学基金项目“功能梯度水泥基材料界面特征及体积变形机理研究(编号:09JJ4023)”、中国博士后科学基金项目“复杂环境下超细粉煤灰功能梯度混凝土体积变形及机理研究(编号:20070410969)”,负责理论分析和微观试验研究。赴美访学期间,作为技术负责人,参加美国艾尔瓦州交通部资助项目“Investigation into Shrinkage of High Performance Concrete Used for Iowa Bridge Decks and Overlays”,项目基于美国艾尔瓦州桥梁铺面高性能混凝土的典型原材料和配合比,试验研究其变形行为,包括净浆化学收缩、砂浆自收缩与干燥收缩、混凝土自收缩、干燥收缩、圆环约束收缩及其开裂特征。申请人承担该项目文献检索与分析、部分试验检测、数据处理和撰写研究报告等工作。

(3)先进材料研究。随着纳米科技的发展,现代胶凝材料组分在纳米尺度延伸,申请人主持国家自然科学基金青年项目“掺纳米颗粒水泥复合净浆的化学收缩与自收缩研究(编号:51302020)”,基于先进试验方法和微观分析技术,选择不同类型纳米颗粒,开展掺纳米颗粒水泥复合净浆化学收缩与自收缩研究,基于复合粉体粒子堆积理论和水化动力学过程微细观层次模型,建立掺纳米颗粒复合水泥净浆化学收缩与自收缩相关数学模型,并试验验证。此外,项目组成员在新型复合材料制备、功能材料的共混改性和形状记忆及高分子材料的研究方面,也积累了较丰富的经验。近年来,申请人开始对利用粉煤灰、矿渣、偏高岭土等工业废渣进行碱激发制备地聚合物进行探索性研究,围绕激发剂种类与剂量、配合比优化以及地聚合反应机理和固结过程等,开展了试验工作,并先后参加第一届和第二届“化学激发材料国际学术会议”。

(4)材料微观试验与先进测试技术方面的研究基础。项目组成员通过承担各级各类科研项目,对水泥混凝土材料宏观与微观性能试验、内部微观结构特征、孔隙结构、水化动力学过程、浆—骨界面过渡区性能、含纳米材料的复合粉体粒度分布与堆积状态等方面均进行过系统研究,因而熟练掌握和综合运用压汞法、SEM、XRD、水泥水化差热分析、CT断层扫描、红外线仪和小角度X-射线衍射仪等微观测试及分析技术,为本项目的顺利开展提供必要的技术支持。

综上所述,申请人及主要研究人员主持与本项目相关课题4项,发表相关论文10余篇,获省部级科技进步奖3项,获相关专利2项。项目组熟悉相关研究理论、方法和国内外研究动态。申请人赴美访学期间,进行项目相关理论知识深造和试验操作技能系统培训,为本项目奠定了坚实的前期工作基础;同时,上述研究工作的开展,均不与本项目研究内容重复或涵盖。

2)工作条件

项目依托单位长沙理工大学拥有“现代公路交通基础设施先进建养技术协同创新中心”“公路养护

技术国家工程实验室"、交通运输部"道路结构与材料"交通行业重点实验室、"土木工程材料"湖南省示范实验室、"桥梁工程"湖南省高校重点实验室以及"道路灾变防治及交通安全"省部共建教育部工程研究中心,已形成建筑材料、特殊土路基稳定与加固、路面结构设计理论与方法及施工控制、路面评价与养护管理技术等四个稳定的、在国内有重要影响的学科研究方向,成为我国中南地区建筑材料和路基路面试验研究与检测中心,为相关学科科研项目试验研究工作提供强有力的支撑。

实验室涵盖道路与铁道工程、桥梁与隧道工程、载运工具运用工程等 3 个省部级重点学科,1 个一级学科博士学位授权学科(交通运输工程),1 个二级学科博士学位授权学科(桥梁与隧道工程),1 个一级学科博士后科研流动站(交通运输工程)。

项目依托单位高水平的试验平台拥有专门的水泥材料实验室、混凝土大型开放式实验室和材料微观分析实验室。除拥有各个吨位的压力机、万能试验机、伺服液压疲劳试验机等常规试验设备,混凝土氯离子扩散系数测定仪、TH-B 型混凝土碳化试验箱、混凝土绝热温升试验仪、KDR-9 型混凝土快速冻融试验机、PER-Ⅱ型混凝土电通量智能测定仪、钢筋锈蚀与混凝土电阻率分析仪等水泥与混凝土类科研仪器以及大型数据采集处理系统外,还配备激光粒度分析仪、X-射线衍射试验设备(XRD)、原子力显微镜、界面张力测试设备、差热分析仪、差示扫描量热仪、计算机断层扫描仪(CT)、CE 扫描仪、电子扫描电镜(SEM)等先进的微观检测设备。近两年添置了红外线光谱仪、小角 X-射线衍射仪、GKF-V8 硅酸盐化学成分分析仪、Winner100 动态颗粒图像仪、XL2020 超声波液态材料混拌仪等设备。此外,实验室还配备面积 20 余 m^2 的恒温恒湿环境室,可长期保持指定恒温恒湿环境。

项目依托单位完备、先进的试验平台,完全满足本项目研究所有室内外试验的需要;本项目在试验和检测方面有创新的内容,拟自行研制开发相关试验设备,为项目的完成提供全部室内外试验条件和技术设备保证。

项目可行性分析如下:

(1)本项目研究创新点突出,目标明确,针对性强,解决问题的思路清晰,技术路线合理,试验方案切实可行。

(2)项目申请单位拥有国家级、交通运输部、教育部和湖南省重点实验室以及教育部工程研究中心,所需试验仪器设备齐全,并采用现阶段国内最先进的微观试验与检测手段,完全满足项目研究需要。

(3)项目申请人与课题组多年来一直致力于水泥和混凝土材料研究,积累了较丰富的科研经验。申请人及主要研究人员主持与本项目直接相关课题多项,发表相关论文 20 余篇,获省部级科技进步奖 4 项,熟悉相关研究理论、方法和国内外研究动态,熟练掌握材料物相分析与微观检测技术。申请人赴美访学期间,进行项目相关理论知识和试验操作技能系统培训,为开展好本项目奠定了坚实的基础。

(4)项目组成员结构合理,是一支以青年为主、学术思想活跃、创新能力强的队伍,分工明确、各有侧重,发挥各自专业所长,共同攻关。

总之,无论从知识储备到理论基础,从技术路线到试验条件,还是从梯队专业组成和技术力量配备、前期工作基础等,均表明项目组可如期完成预定研究内容,取得创新性研究成果,实现预期研究目标。

4. 项目承担单位及参加单位概况

1)项目承担单位情况

略。

2)项目参加单位情况

项目承担单位长沙理工大学是一所以工为主,工、理、管、经、文、法等多学科协调发展,以本科教育为主体、具有博士后科研流动站、博士学位授予权和硕士生推免权,富有特色的多科性大学。学校设有 59 个本科专业,2 个博士后流动站,3 个一级学科博士学位授权点,15 个二级学科博士学位授权点,20 个一级学科硕士学位授权点,105 个二级学科硕士学位授权点,7 个硕士专业学位授权点,具有授予同等学力硕士学位资格。拥有国家工程实验室、科技创新团队,省部级重点实验室和工程研究中心等自然科学创新平台 27 个、省部级重点学科 11 个。"十一五"以来,学校获国家级科研成果奖 13 项,其中国家科技进步奖一等奖1项，国家科学技术进步奖二等奖3项。学校实现了国家社科基金重大项目、国家科技支撑计划项目、国家自科基金重点项目、国家杰出青年基金项目的突破。获国家教学成果奖4项，国家专利217项，科研进校经费超过10亿元。

长沙理工大学交通运输工程学院现有6个本科专业，博士后科研流动站1个，一级学科博士点1个、二级学科博士点4个，二级学科硕士点9个。“道路与铁道工程”学科是交通运输部和湖南省重点学科，建有公路养护技术国家工程实验室、公路工程教育部重点实验室，道路灾变灾变防治及交通安全、电力与交通安全监控及节能技术教育部工程研究中心，道路工程耐久性新技术为教育部创新团队（培育）和湖南省高校科技创新团队，道路结构与材料交通运输部交通行业重点实验室，特殊环境道路工程湖南省重点实验室，湖南省高校高速公路养护管理工程技术产学研合作示范基地；设立的研究生培养创新基地——“湖南省交通科学研究院研究生培养创新基地”为湖南省研究生培养创新基地。近年来共承担国家、省部级以及横向科研项目400余项，年均科研经费4000余万元，获得国家科学技术进步奖一等奖1项、二等奖2项，国家技术发明奖二等奖2项，其他省部级科学技术奖励60余项，公开出版专著教材40余本，获国家专利30余项。

3）主要研究人员

项目主持人张起森教授，博士生导师，长沙理工大学道路工程专业学科奠基人和带头人，2006年获“国家有突出贡献专家”荣誉称号。先后主持各级各类科研项目30余项，获省部级以上科技奖励10余项。其中，“柔性路面设计方法”获全国科学大会奖、交通运输部全国交通战线重要科技成果奖和湖南省科学大会奖；“半刚性基层沥青路面的研究”获国家科技进步二等奖、国家教委科技进步一等奖；“南方湿热地区高速公路典型路面结构的组合设计及路面材料与施工工艺研究”“土工合成材料加固土作用机理研究及其在道路工程中的应用”“沥青路面低温抗裂设计指标与计算方法研究”均获湖南省科技进步二等奖等，培养博士研究生和硕士研究生共计80余人。

技术负责人陈瑜教授，硕士研究生导师，中南大学材料学专业硕士、道路与铁道工程专业博士，长沙理工大学交通运输工程学院土木工程材料研究所所长，研究方向为硅酸盐固体工业废渣再生循环利用、先进混凝土技术。先后主持国家自科基金项目“掺纳米颗粒水泥复合净浆的化学收缩与自收缩研究（编号：51302020）”、湖南省交通科技与创新项目“高速公路隧道路面结构与材料应用技术研究”（编号：高0602）、道路结构与材料交通行业重点试验室（长沙）基金资助项目“路面多孔水泥混凝土孔隙控制与制备技术研究”（编号：kfj080205）、长沙理工大学基金项目“早龄期水泥混凝土特性研究及其对水泥混凝土路面早期开裂的影响”（编号：C2008012）、河南省姚孟电力集团项目“火力发电厂湿排粉煤灰－脱硫石膏料浆产品的研发及应用”、广西河池机场建设项目“机场填石高填方土基沉降变形的离心模型试验及稳定控制研究”等纵、横向课题9项；参与湖南省自然科学基金项目“功能梯度水泥基材料的界面特征及体积变形机理”（编号：09JJ4023）、交通运输部项目“《公路工程混凝土结构防腐蚀技术规范》编制”以及湖南省教育厅项目“活性粉末再生骨料水泥混凝土研究”（编号：06C113）等纵向课题5项，横向科研项目多项。作为技术负责人，参加美国艾尔瓦州交通部项目：Investigation into Shrinkage of High Performance Concrete Used for Iowa Bridge Decks and Overlays。作为第一完成人获省部级科技进步奖二等奖1项，三等奖2项；公开发表科研论文30余篇，其中SCI、EI、ISTP等检索15篇，出版教材及专著1部，2008年获“湖南省首届普通高校百名青年教师教学能手”称号，2012年荣获湖南省“芙蓉明星”称号。在本项目中组织和协调项目组开展工作，作为技术负责人，负责研究大纲和试验方案的制定、理论研究和数学建模，参与宏观和微观试验分析，负责撰写工作报告和技术报告。

刘建华副教授，博士，从事路基工程、岩土工程及桩基设计理论与应用等研究，在桩基计算分析、岩土本构关系、岩土强度理论以及岩土工程数值分析研究等方面有一定的独特见解。作为主要研究人员，承担完成陡坡段桥梁桩基设计理论与数值模拟方法研究（国家自然科学基金项目）、基于桩底锚杆技术的基桩承载力自锚式测试技术研究（湖南省交通厅项目）、《公路桥涵地基与基础设计规范》（JTG D63—2007）修订等多项国家攻关、省部级与横向科研项目，在国内外公开发表学术论文20余篇，其中SCI、EI检索10篇，获省部级科技进步奖3项。

5. 市场前景与预期社会经济效益分析

与传统水泥与混凝土类材料相比,利用粉煤灰在碱激发组分和一定条件下制备的 Geoash 及其砂浆、混凝土、墙材等衍生产品,具有广阔的的市场前景和显著的社会经济效益,简要分析如下:

(1)节能利废,绿色度高,环保效益突出,市场前景广阔

水泥工业消耗大量黏土,且每生产 1t 水泥熟料向大气中排放 1tCO_2,是一种不可持续发展的材料;而 Geopolymer 直接利用电厂工业废渣粉煤灰,变废为宝,且生产过程中 CO_2 排放量仅为水泥的 1/9 ~ 1/6。换句话说,在相同温室效应气体 CO_2 排放量下,可制备 6 ~ 9 倍的水泥应用于土木工程。所以,Geopolymer 技术是一种可持续发展、节能利废技术,为铝硅酸盐类废渣资源的再生循环利用提供一种新思路、新途径。地聚合物衍生材料未来有望部分或完全取代传统水泥类材料,在不改变现有回收再生工艺的前提下,地聚合物水泥、浆体、干混砂浆、地聚合物混凝土、免烧砖、建筑砌块、板材、窨井盖等衍生产品可广泛应用于交通土建工程各个领域,市场需求量巨大,因而利废率大大提高,所获得的节能环保效益十分显著。粉煤灰是燃煤电厂工业副产品,我国粉煤灰量大,主要作为水泥和混凝土掺合材或生产免烧砖、砌块等墙材,利用方式单一。毫无疑问,变废为宝、深度开发和利用粉煤灰潜在价值,以其为主要原料研发的 Geoash 节能、利废属性更加突出,是具有双重可持续发展属性的绿色材料。

(2)材料综合成本低廉,利润空间大、经济效益显著

Geoash 直接利用粉煤灰为主要原料(占质量比例的 90% 以上),掺加少量无机激发剂和改性组分,无需掺入水泥或高分子物质,在室温或较低煅烧温度下即发生地聚合固结反应,无需特殊养护条件,因此生产成本不高。地聚合物技术赋予了粉煤灰更高的工业附加值,利润空间进一步增大,与国内同类建材相比,综合成本预计降低 30% 左右,若市场化成熟,将取得惊人的经济效益。

(3)地聚合物材料技术性能优势突出

已有同类研究证明:Geopolymer 类材料具有突出的工程技术性能,与传统水泥与混凝土类材料对比,其工程优势更加显著,如快凝、早强、高强、较高抗拉强度;流动性好、施工和易性优;无收缩现象,不龟裂,体积稳定性优良,抗裂性好;具有传统水泥类材料无法比拟的耐久性(抗渗、抗冻、耐腐蚀等)和长期稳定性等。这些优异的材料性能逐渐为工程技术人员认识并乐于接受,必将推动建材及供料方式的又一次重大革新,其广泛使用后带来的施工速度加快、施工效率和工程质量提高等,将会大大推动交通基础设施建设材料技术的革新,取得一系列不容忽视的社会经济效益。

6. 预期技术成果与年度工作计划

本项目预期获得以下技术成果:

(1)拟通过项目研究,综合技术成果整体达国际先进水平,经济指标居国内领先水平。

(2)拟通过项目研究,在核心学术期刊以上公开发表论文 3 篇,申请专利 1 项。

(3)拟通过项目研究,培养硕士研究生 2 ~ 3 名。

(4)项目科研骨干参加国际学术会议 2 人次、参加国内学术会议 2 人次。

(5)拟通过项目研究,力促形成熟悉本专题、有创新意识、结构合理的科研骨干团队。

项目拟开展两年半的研究工作,具体计划进度如表 2 所示。

具体计划进度 表 2

起 止 时 间	主要工作内容
2015 年 1 月—2015 年 3 月	国内外调研,收集和分析相关文献资料,研究人员组织,制订详细的总体研究方案和室内外试验计划,并为室内试验工作进行前期准备
2015 年 4 月—2015 年 12 月	根据制订的研究方案,理论分析与试验工作,Geoash 制备技术研究
2016 年 1 月—2016 年 10 月	Geoash 工作性、力学性能等技术性能试验研究,参加国内外学术交流活动
2016 年 11 月—2017 年 1 月	Geoash 耐久性与长期性能跟踪分析,发表科研论文,申报专利
2017 年 2 月—2017 年 6 月	编写项目工作报告和研究报告,项目结题验收

7. 经费预算

经费预算见表3。

经 费 预 算 表 表3

经费来源预算		经费支出预算	
科目	预算数(万元)	科目	预算数(万元)
一、政府部门拨款	0	一、人员费	10
二、依托工程配套经费	50	1. 主要研究人员	7
三、单位自筹	0	2. 其他研究人员	3
四、其他	0	二、相关业务费	25
		1. 材料费	5
		2. 燃料及动力费	5
		3. 试验费	10
		4. 会议费	2
		5. 差旅费	2
		6. 资料费	1
		7. 软件费	0
		三、设备费	5
		1. 购置费	3
		2. 试制费	2
		四、管理费	5
		五、国际合作与交流费	3
		六、其他费用	2
来源预算合计	50	支出预算合计	50

参 考 文 献

[1] [法]约瑟夫·戴维德维斯. 地聚合物化学及应用[M]. 王克俭,译. 北京:国防工业出版社,2011.

[2] Daniel L. Y. Kong, Jay G. Sanjayan, Kwesi Sagoe-Crentsil. Comparative performance of geopolymers made with metakaolin and fly ash after exposure to elevated temperatures[J]. Cement and Concrete Research 37 (2007):1583-1589.

[3] 丁庆军,张高展,王红喜,等. 钢渣—偏高岭土地聚合物的凝结硬化和粘结性能[J]. 武汉理工大学学报,第29卷,第1期,2007:19-21.

[4] Fernandez-Jimenez A., Palomo A., Sobrados I. and Sanz J. The role played by the reactive alumina content in the alkaline activation of fly ashes, Microporous and Mesoporous Materials[J]. Microporous and Mesoporous Materials, 91(2006):111-119.

[5] 张建明,徐晓莲. 碱激发地聚合物胶凝材料制备技术的优化[J]. 鄂州大学学报,第17卷第5期,2010:43-46.

[6] Monita Olivia, Hamid Nikraz. Properties of fly ash geopolymer concrete designed by Taguchi method[J]. Materials and Design 36 (2012):191-198.

[7] J. S. J. van Deventer, J. L. Provis, P. Duxson, G. C. Lukey. Reaction mechanisms in the geopolymeric conversion of inorganic waste to useful products[J]. Journal of Hazardous Materials A139 (2007):506-513.

[8] Aaron Richard Sakulich. Reinforced geopolymer composites for enhanced material greenness anddurability[J]. Sustainable Cities and Society 1 (2011):195-210.

[9] MacKenzie K. J. D., Komphanchai S and Vagana R., Formation of inorganic polymers (geopolymers) from 2:1 layer latticealuminosilicates[J]. Journal of the European Ceramic Societh, 28(2008):177-181.

[10] 张云升,孙伟,贾艳涛,等. 用IR探索地聚合物水泥硬化产物的组成和结构[J]. 武汉理工大学学报,第27卷第11

期,2005:27-30.
[11] 郭晓潞,施惠生. 热活化污泥高钙粉煤灰地聚合物的性能与机理[J]. 同济大学学报(自然科学版),第40卷第8期,2012:1229-1233.
[12] Gourley J. T. Geopolymers:Opportunities for environmentally friendly construction materials,Paper presented at the Materials 2003 Conference:Adaptive Materials for a Modern Society,Sydney,2003.
[13] 张云升,孙伟,李宗津. 粉煤灰—地聚合物水泥基挤压复合材料的制备及其动态性能[J]. 解放军理工大学学报(自然科学版),第8卷,第6期,2007:599-605.
[14] 刘斯凤,王培铭,李宗津,等. 粉煤灰地聚合物固封Cr3+ 的FTIR和XPS研究[J]. 光谱学与光谱分析,第28卷第1期,2008:67-71.
[15] Bankowski P. ,Zou L. and Hodges R. Reduction of metal leaching in brown coal fly ash usinggeopolymers[J]. Journal of Hazardous Materials,114 (2004):59-67
[16] Wang S. ,Li L. and Zhu Z. H. Solid-state conversation of fly ash to effective adsorbents for Cu Removal fromwastewater [J]. Journal of Hazardous Materials,139 (2007):254-259.
[17] Tushar Kanti Mandal,Surojit Ghosh,Shibabrat Naik. Study on the strength of fly ash based geopolymer concrete[R]. Jadavpur University,India,2008.
[18] Fernandez-Jimenez A,Palomo A Criado. Microstructure development of alkali-activated fly ash cement a descriptive model [J]. Cement and Concrete Research,35(2005):1204-1209.
[19] Duxson P,jimenez A,Fernandez,Provis J L,et al. Geopolymer technology:the current state the art [J]. Journal of Materials Science,42(2007):2917-2933.
[20] Mahlaba Jabulani S,Kearsley Elsabe P,Kruger Richard A. Effect of fly ash characteristics on the behaviour of pastes prepared under varied brine conditions[J]. Mineral Engineering,24(2011):923-929.
[21] Lee W K W,Van Deventer J S J. The effect of ionic contaminants on the early-age properties of alkali-activated fly ash-based cements[J]. Cement and Concrete Research,32(2002):577-584.
[22] Xu Hua,Van Deventer,Jannie S J. Geopolymerrisation of multiple minerals[J]. Miner Eng,15(2002):1131-1139.
[23] Phair J W,Van Deventer S J. Effect of silicate activator pH on the leaching and material characteristics of waste-based inorganic polymers[J]. Miner Eng,14(2001):289-304.
[24] Xu Hua,Van Deventer S J. Effect of source materials on Geopolymerrisation multiple minerals[J]. Industrial and Engineering Chemistry Research,42(2003):1698-1706.
[25] Temmujin J,Williams R P,Van Riessen A. Effect of mechanical activation of fly ash on the properties of geopolymer cured at ambient temperature[J]. Journal of Materials Processing Technology,29(2009):5276-5280.
[26] Rickard William D A,Williams Ross,Temujin Jadambaa,et al. Assessing the suitability of three Australian fly ashes as an aluminosilicate source for geopolymers in high temperature applications[J]. Materials Science and Engineering A,528 (2011):3390-3397.
[27] Chindaprasirt P,Charerrat T,Hatanaka S,et al. High-strength geopolymer using fine High-calcium fly ash[J]. Journal of Materials in Civil Engineering,23(2011):264-270.
[28] Palomo A,G rutzeck M W,Blaneo M T. Alkali-activated fly ashes A cement for the future [J]. Cement and Concrete Research,29(1999):1323-1329.
[29] 侯云芬,王栋民,李俏,等. 水玻璃性能对粉煤灰基矿物聚合物的影响[J]. 硅酸盐学报,第1期,2008:61-64.
[30] Lee Sujeong,Seo Myeong-Deok,Kim Yun-Jong,et al. Unburned carbon removal effect on compressive strength development in a honeycomb briquette ash based geopolymer[J]. International Journal of Mineral Processing,97(2010):20-25.
[31] 贾屹海. Na-粉煤灰地质聚合物制备与性能研究[D]. 中国矿业大学,北京,2009:39-50.
[32] Van Jaarsveld J G S,Van Deventer J S J,Lukey G C. The effect of composition and temperature on the properties of fly ash and kaolinite based geopolymers[J]. Chemical Engineering Journal 89 (2002):63-73.
[33] 王晴,赵新宇,李琳,等. 无机矿物聚合物混凝土早期养护制度的研究[J]. 武汉理工大学学报,第7期,2009:27-30.
[34] Kovalchuk G,NezA Fema N Dez-Jime. Palomo A. Alkali-activated fly ash:effect of thermal curing conditions on mechanical and microstructural development Part II[J]. Fuel,86(2007):315-322.
[35] Hu Mingyu,Zhu Xiaomin,Long Fumei. Alkali-activated fly ash based geopolymers with zeolite or bentonite as additives [J]. Cement and Concrete Concrete Composites,31(2009):762-768.

[36] Huang Yi, Han Minfang. The Influence of α-AL_2O_3 addition on microstructure mechanical and formaldehyde adsorption properties of fly ash-based geopolymer products[J]. Journal of Hazardous Materials, 193(2011):90-94.

[37] Ross P. Williams, Arie van Riessen. Determination of the reactive component of fly ashes for geopolymer production using XRF and XRD[J]. Fuel, 89 (2010):3683-3692.

[38] Daniel L. Y. Kong, Jay G. Sanjayan, Kwesi Sagoe-Crentsil. Comparative performance of geopolymers made with metakaolin and fly ash after exposure to elevated temperatures[J]. Cement and Concrete Research, 37 (2007):1583-1589.

[39] T. Bakharev. Geopolymeric materials prepared using Class F fly ash and elevated temperature curing[J]. Cement and Concrete Research, 35 (2005):1224-1232.

[40] Kong DLY, Sanjayan JG, Sagoe-Crentsil K. Comparative performance of Geopolymers made with metakaolin and fly ash after exposure to elevated temperatures[J]. Cement and Concrete Research, 37(2007):1583-1589.

[41] 张云升,孙伟,沙建芳,等. 粉煤灰地聚合物混凝土的制备及其特性[J]. 混凝土与水泥制品,第2期,2003:13-15.

[42] Monita Olivia, Hamid Nikraz. Properties of fly ash geopolymer concrete designed by Taguchi method[J]. Materials and Design, 36 (2012):191-198.

[43] Shindunata, Van Deventer JSJ, Lukey GC, Xu H. Effect of curing temperature and silicate concentration on fly ash based geopolymerization[R]. Ind Eng Chem Res, 2006:59-68.

三十二、桥面防水材料的主要类型、性能与经济分析

简介：本文主要介绍了目前国内主要的桥面防水材料类型及其性能与经济性。

以下为“桥面放水材料的主要类型、性能与经济分析”PPT 的节选部分，想详细了解全部内容请扫 PPT 节选部分后的二维码。

节选一

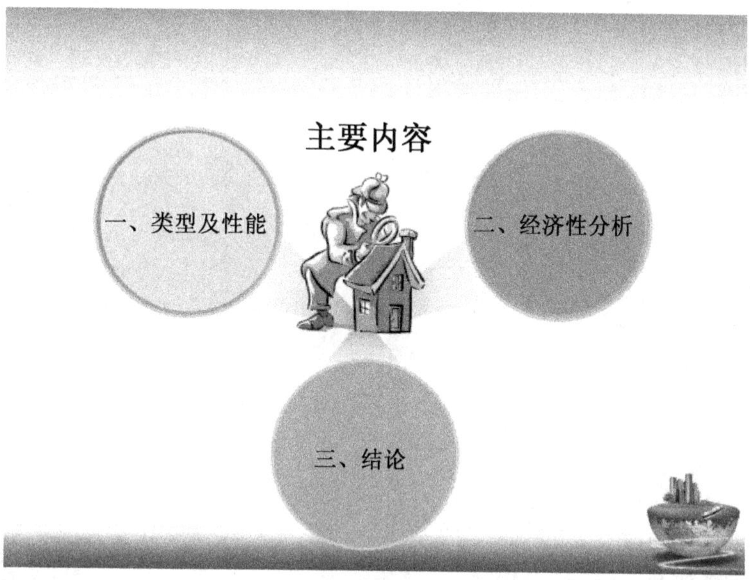

节选二

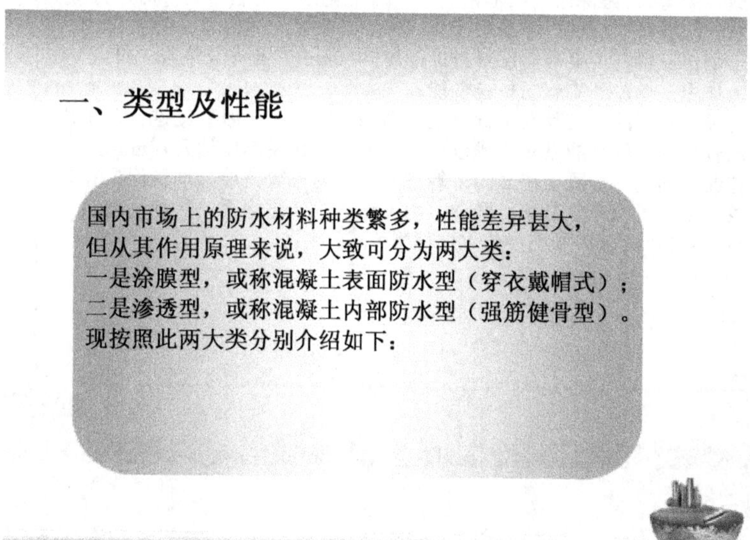

节选三

1. 涂膜式或称外包式

涂膜型主要产品有：

1）热熔型

SBS改性沥青涂层。即把SBS改性沥青在热的状态下喷涂在混凝土的表面，膜厚0.5~1.0mm。要求混凝土表面干燥、清洁、平整。为此一般对桥面整平混凝土层要进行抛丸或铣刨。由于油膜太薄，施工过程中容易在车压下刺破，从而失去防水能力。另外，由于沥青的老化问题，其使用寿命一般在2~3年。

节选四

2）热熔增强型

改性沥青+纤维涂层（三油两布）。与上类似，但洒布沥青后，再撒布一次纤维（玻璃纤维或聚酯类纤维），重复上述过程，直到形成一个由三层沥青夹着两层纤维、厚度5~10mm的沥青纤维膜。纤维的作用是增加沥青膜的抗拉性能。

这种防水层的施工除要求混凝土表面的平整外（一般要刨铣），操作比较繁琐，纤维的撒布也难以均匀。另外，如果厚度达到10mm以上，在沥青面层与混凝土桥面间可能形成一个沥青软夹层，沥青面层在车轮作用下可能产生滑移。同样，由于沥青的老化问题，其使用寿命一般在3~5年。以后要更换防水层相当困难。

节选五

3）聚合物改性沥青与硅烷防水剂生产的复合型防水材料

如JBS、FYT、SKN等品牌的产品。桥面要求用清渣机、抛丸机、刨铣机等进行清理，喷涂若干遍直到一定厚度(1~2mm)。太薄的防水膜容易刺破，也容易老化开裂(含固量45%~50%)。

节选六

2）水性渗透结晶防水材料

产品主要有：美国常青牌seal100系列；美国柯玛士牌DDS；美国神鹰牌混凝土增强液等；国产的产品有M1500、DPS等。

水性渗透结晶防水施工简便，施工前只需把混凝土表面清洗干净，清除浮浆即可。使用中高压无气喷枪进行喷洒，一般用量在0.22~0.25kg/m^2，在喷洒过程中，防水剂已经渗入混凝土15~40mm，30min左右初凝，7h后终凝，需暂时封闭交通，7h后可恢复通车。

节选七

2）水性渗透结晶防水材料

其执行标准为JC/T1018.水性渗透结晶防水材料是以碱金属硅酸盐溶液及惰性材料为基料，加入催化剂和助剂，经混合反应而成，具有很好的渗透能力，一般可渗入混凝土内部40~80mm，渗入的物质与混凝土内部的碱在有水的条件下发生反应，生成硅凝胶，这些硅凝胶把混凝土原有的毛细孔道和微小裂缝填充起来，从而使混凝土在40~80mm范围内完全密实，使混凝土本身具有永久的防水能力，并同时减轻混凝土的碳化反应，降低氧离子的腐蚀作用。经检测，其抗渗等级从S7提高到了S11（给排水规范）。同时，由于其增强了混凝土表面的碱性，保证了混凝土表面与黏结层的可靠黏结，这是其他材料所不具备的。

节选八

二、经济性分析

目前市场上的防水材料种类繁多，鱼龙混杂，价格相差也比较大。从企业的报价来看，涂膜材料的价格一般在20~40元，如SBS改性沥青涂层20元/m^2，纤维增强型42元/m^2等；而水泥基渗透结晶防水材料和水性渗透结晶防水材料的报价稍高，水泥基的为48元/m^2，水性渗透结晶防水材料为38元/m^2。

“桥面防水材料的主要类型、性能与经济分析”PPT

三十三、公路混凝土结构耐久性与防水防裂技术

简介：混凝土耐久性的问题现已引起各国科技、工程技术人员的关注，对混凝土结构物耐久性和使用寿命的研究已成为结构工程学科的研究前缘。我国工程耐久性问题也非常突出，因此，分析混凝土劣化的原因并提出相应的防治措施显得尤为重要。本报告主要分析了引起混凝土劣化的原因；介绍了“公路工程混凝土结构防腐技术规范”和混凝土耐久性检验评定标准；提出了混凝土结构防水防裂技术。

以下为“公路混凝土结构耐久性与放水防裂技术”PPT 的节选部分，想详细了解全部内容请扫 PPT 节选部分后的二维码。

节选一

二、引起混凝土劣化的原因分析

综上所述，混凝土材料的劣化，除少数情况如磨蚀（风砂、轮胎链条），疲劳（车辆荷载、温度应力）等外，无不与水、气、酸、盐等有害介质，从混凝土表面（孔隙、裂隙）进入内部的传输机理及其特征有关。

所以表层混凝土的渗透性控制着混凝土的耐久性。也可以说，混凝土的渗透性就是耐久性的综合体现。混凝土渗透性主要取决于材料的孔隙率、孔径分布等孔结构特性，但这些又难以用常规方法来测定和表达。

因此工程中常用侵入介质的传输过程参数和扩散系数，渗透系数或吸水率等来表达混凝土耐久性的性能指标。

节选二

五、混凝土结构防水防裂技术

我国混凝土桥面防水的研究还处于起步阶段，其所用防水材料，性能检测与施工方法等许多仍沿用房建工程的一套技术，尚未形成一套适用于桥梁、桥面防水的专用技术。

1. 桥面防水材料性能的要求

①有较高的耐热性能，要求能经受150~160℃以上的高温，同时辗压时不破损；

②与水泥混凝土有良好的黏结性，保证其抗拔力大于0.4MPa（85℃）；

③有较好的低温抗裂性，在低温下不脆裂；

④有好的耐久性。

节选三

五、混凝土结构防水防裂技术

2.桥面防水材料的类型与选择

国内市场上防水材料种类繁多，性能差异很大，而且其作用原理也不一样。

①热熔型：SBS改性沥青，属复盖型防水。

②片材型：用热熔法将防水片材粘贴到桥面上，如油粘等。

③固化涂膜型：如JS、PU丙烯酸弹性防水材料，EVA多功能弹性防水材料，硅烷浸渍液等。

④聚合物改性沥青与硅烷防水剂复合型：如JBS、FYJ、SKN。

⑤刚性防水材料，也称为永久型防水材料。

节选四

五、混凝土结构防水防裂技术

水基性渗透结晶防水剂还有保护混凝土在养护过程中不出现裂缝，对已固化后的混凝土裂缝具有超强的愈合能力。

该防水层形成后不易受破坏，表面并无须任何防护。它的防水效果是永久的、整体性的。在与沥青桥面铺装的黏结上更有优势，一般的涂膜式防水材料多是有机的，易产生变质老化，因为它在混凝土表面上形成一层膜，阻碍了沥青与混凝土的黏结，层面在车轮荷载作用下易产生滑动。

但水性渗透结晶防水是渗入混凝土中形成一个封底防水层，它又是由无机碱性材料配成的，因此与沥青的黏结能力非常好，能保证桥面沥青铺装与桥面混凝土的整体性和共同工作，这对沥青桥面的稳定性和抗疲劳性是十分有利的。

节选五

五、混凝土结构防水防裂技术

节选六

五、混凝土结构防水防裂技术

节选七

五、混凝土结构防水防裂技术

“公路混凝土结构耐久性与防水防裂技术”PPT

三十四、降噪型SMA及桥面铺装耐久性研究

1. 项目概要

沥青玛蹄脂碎石混合料(SMA)具有优良的力学性能,如高温稳定性、低温抗裂性和水稳定性,疲劳耐久等,在世界各国都有广泛的应用。我国在高速公路路面工程中应用SMA混合料也已经有约20年了,相关技术也已经被纳入我国规范。

随着国民经济的迅速发展,道路工程中对沥青路面的品质要求也越来越高,各种各样的新型沥青混合料也被应用到高速公路沥青路面。SMA最初作为沥青路面的表面磨耗层,随后SMA沥青混合料技术得到了长足的发展。目前,SMA沥青混合料由于其具有抗滑耐磨、密实耐久、抗车辙、抗疲劳和开裂等优点,已经成为我国高速公路沥青路面表面层的主要结构形式之一。但是随着交通量日益增大和渠化交通的影响,降低行车噪声已经成为道路工程领域研究人员亟须解决的问题。

国内外用于解决道路行车噪声问题的方法之一是使用开级配排水降噪型沥青混合料(OGFC/PA)。OGFC或PA沥青路面的优点是具有较大的空隙率(18% ~22%),能在一定程度上起到排水降噪的效果,且目前在国内也有了一定程度的应用。但OGFC或PA沥青路面同时也具有明显的缺陷,主要包括原材料性能要求高、空隙易堵塞、需要专门的排水设施、寿命较短(8 ~10年)、全寿命周期成本高、施工不便等。如果能够综合SMA和OGFC的特点,开发出降噪型SMA混合料,则可能是一种可行的方案。

长寿面路面是目前国内外都比较重视的一个研究热点,而且目前的研究大都集中在路基段路面结构的耐久性,对桥面铺装耐久性的研究热度并不太高。佛山地处我国经济发达的珠江三角洲,对公路使用品质的要求越来越高,而当公路穿越城镇时桥面铺装的降噪性也越来越受到重视。如果桥面铺装表面层采用了降噪型SMA混合料,则可能会引起桥面铺装结构的耐久性问题,需要开展深入研究。

因此,本项目拟依托佛山路桥建设有限公司在建路面工程项目,围绕"表面层降噪、桥面铺装结构耐久"特性开展桥面铺装结构和材料研究,在桥面铺装的功能性和耐久性之间取得平衡。

2. 项目前期科研及工作基础

(1)降噪型沥青混合料研究现状

在20世纪60年代,SMA以其良好的抗车辙性能和抗滑性能在各国得到广泛的推广和大面积的应用,SMA是由沥青结合料、矿粉、少量的细集料及纤维组成的沥青玛蹄脂,与加入的粗集料形成的骨架空隙结合形成的沥青混合料。鉴于SMA的结构特点,早期的SMA是将骨架和玛蹄脂分开铺筑,一种是先撒铺粗集料并碾压,然后浇筑沥青玛蹄脂,填充于集料骨架空隙中形成密实结构;另一种是先铺沥青玛蹄脂路面,上面嵌挤上粗集料,经碾压达到骨架密结构。虽然这两种方法都能很好地保证SMA的性能,但是其施工工艺过于复杂,经济性差。经过长期的室内和应用研究以后,SMA沥青路面技术已经得到了长足的发展。欧洲大部分国家都对SMA路面结构制定了规范标准,其中欧洲共同体CEN TC 227/WG 1"沥青混合料"委员会正在制定SMA的标准建议稿,并对SMA的设计要求提出规定:采用马歇尔试验方法,设计空隙率2% ~6%,配合比设计采用车辙试验和三轴试验方法验证。20世纪90年代,美国学习了欧洲国家的SMA技术,在23个州的实体工程修筑了试验路。美国对20世纪90年代修筑的SMA工程调查显示,90%的路段车辙深度小于4mm,25%的路段基本没有车辙、裂缝和集料剥离,从而证实SMA路面的优良性能。随后,AASHTO提出了关于SMA混合料级配设计一系列的规范建议稿,并

和 NAPA 等组织联合对该结构提出了规范建议稿。我国在 SMA 路面方面发展较晚，1992 年首都机场高速公路采用了该路面结构类型，其表现出良好的路用性能，很快国内南通、山东、河北等地快速发展，随着 SMA 路面被国内学者研究的深入和实体工程投入使用的路用性能验证，基于对国外技术的借鉴，1997 年《公路沥青路面设计规范》(JTJ 014)对 SMA 给出了相应的规范要求。

2004 年 Kandhal 通过对比分析多个国家的噪声测试结果，总结了不同类型路面产生的噪声，噪声由小到大的顺序为 OGFC、SMA、HMA、PCC，其中 OGFC、SMA 所产生的噪声比 HMA 分别低 4dB 和 2dB，而 PCC 路面的噪声比 HMA 路面高 3dB。

美国联邦公路局于 20 世纪 70 年代提出 OGFC(Open Graded Asphalt Friction Course)这一术语，随后欧洲等国相继对 OGFC 进行研究，法国是推广该种路面最快的国家之一。美国佐治亚州交通厅(GDOT)在 20 世纪 90 年代开发了 12.5mm 的 OGFC，现在已成为 GDOT 的标准混合料，它由集料、聚合物改性沥青、稳定纤维和熟石灰组成。20 世纪 90 年代初，欧洲的多孔沥青混合料(PEM)已经有了属于自己的完善体系，PEM 被定义为欧洲的 OGFC。通过测评发现，PEM 较 OGFC 有更大的渗透性，其优质的性能主要归功于其采用较粗的级配以及摊铺厚度由 GDOT 的 16mm 增加到 32mm。1998 年 7 月起，GDOT 的规范要求公路铺筑采用 PEM 项目。

排水沥青路面起源于德国，德国 JSR 公司随后开发出了降噪性 SMA 混合料，其空隙率在 10% ~ 12%；施工后层厚在 2.5 ~ 4cm，空隙率在 10% ~ 15%。

我国于 20 世纪 80、90 年代在一些地区铺筑小规模的降噪性沥青路面试验路，但由于我国交通发展处于重载阶段，同时又缺少优良的改性沥青等问题，OGFC 路面未取得成功。京沪高速公路沧州段及西安咸阳国际机场专用高速公路均采用 OGFC 沥青路面，这为我国排水性沥青路面的应用奠定了基础。

同济大学与杭州市公路管理处合作进行了多孔性低噪声透水性沥青路面的研究与应用，1997 年 10 月在杭金公路萧山段铺筑了 1km 全幅多孔性低噪声透水性沥青路面，并进行了路面表面状况的测试，其空隙率接近 22%，在不同车速的条件下干燥路面的降噪量为 5.3 ~ 8.7dB(A)。

交通运输部公路研究所先后在济青高速公路、京沪高速公路(河北段)试验路上铺筑了 100m 的多孔性沥青路面试验路。2003 年 6 月，在北京劲松路改造工程中采用了多孔性沥青混凝土，新铺筑的路面降噪效果为 3 ~ 5dB(A)。同年，陕西省交通厅引进日本多孔性沥青路面成套技术，修建了咸阳机场高速公路，铺筑厚度为 5cm。

2010 年，江苏省交通科学研究院从橡胶沥青排水降噪混合料本身的结构出发，进行了降噪机理分析，对橡胶沥青排水降噪混合料进行配合比设计及试验路铺筑，并与 SMA、SUP、AC 路面的降噪效果进行了比较。

2015 年，长安大学通过正交试验及驻波管试验，对比分析了不同影响因素对开级配沥青混合料降噪性能的影响规律。

针对新时期高速公路沥青路面的使用要求，我国对路面的要求也越来越高，高等级公路及城市道路对噪声和抗滑性、安全性、舒适性也越来越重视。但是，目前我国尚没有降噪型 SMA 沥青混合料设计方法和相应的技术指标要求，这就需要结合我国经验和国外技术，并分析研究我国实际情况，对降噪型 SMA 沥青路面进行研究。

2009 年，重庆交通大学采用橡胶沥青结合料和传统沥青玛蹄脂碎石混合料级配拌制而成了一种性能优异的新型沥青混凝土材料。通过试验研究及理论分析，对其物理力学性能进行了试验研究。分析了橡胶沥青改性机理，采用正交试验设计方法，得出了影响橡胶改性沥青针入度、针入度指数、当量软化点、当量脆点、软化点、黏度、延度、弹性恢复等沥青技术指标的主要因素，确定了最佳搅拌时间、搅拌温度、胶粉掺量、胶粉目数，找到了影响橡胶改性沥青混合料空隙率的主要影响因素，给出级配范围，确定最佳方案；对橡胶改性沥青混凝土的物理力学性能进行了试验研究。

2012 年，扬州大学联合南京林业大学将木质纤维、废橡胶粉两者以一定的掺量、工艺共同使用于 SMA 沥青混合料中，配制成具有良好的高、低温性能和水稳定性的 SMA 沥青混合料，其配合比设计理念新颖，施工工艺简单，掺合料属于废物利用，能消声降噪，具有较高的环保意义。但废橡胶粉和路用木质纤维在 SMA 沥青混合料中的胶结作用机理、压实性能、施工温度影响等还有待于进一步研究，试验路的长期使用性能还有待于继续观察和与对比路段的比较。

2013 年,山西省交通科学研究院尝试将废旧胶粉代替纤维用于 SMA 沥青混合料,其同传统纤维相比,配合比设计方法相同,路用性能基本相当甚至更好,尤其在高温抗车辙性能方面优势较为明显,工程造价较低,提供了沥青路面推广应用的新方式,具有较大的可实施性、可推广性。

2013 年以来,长沙理工大学以及湖南省交通科学研究院选取 SMA-13 沥青混合料和新型矿物纤维——玄武岩纤维开展了纤维沥青混合料性能的室内试验研究,并且与其他纤维沥青混合料性能对比,并通过车辙试验、劈裂实验、冻融劈裂试验、浸水马歇尔试验、渗水试验、表面构造深度、抗弯拉试验对玄武岩纤维 SMA-13 的高温稳定性、低温抗裂性和水稳定性、构造深度、弯拉性能进行了系统研究,以此检验不同掺量的玄武岩纤维对 SMA-13 的改善效果以及与木质素纤维 SMA-13 改善性能的对比。

2015 年,重庆交通大学将 CRP 改性剂应用于 SMA 沥青混合料并结合目前沥青路面的病害形式,通过室内试验,对 CRP 改性沥青及其改性混合料进行了深入的研究、分析,并对其改性 AC-13 及 SMA-13 混合料做了实际研究,重点研究了其应用于 SMA 混合料的高温、低温、水稳定性能。最后得出结论:CRP 改性剂不仅能改变沥青路面的路用性能、延长其使用寿命、降低工程造价,同时,CRP(生活废旧塑料)改性剂为资源的回收、环境保护提供了良好的途径,因此具有广阔的市场前景。

同年,河北工业大学针对一种新型的温拌无纤维 SMA 沥青混合料进行室内试验研究。选取符合规范要求的原材料,进行了温拌无纤维 SMA 混合料配合比设计,并利用谢伦堡析漏试验检验沥青用量,最终确定出温拌无纤维 SMA 混合料级配组成和拌和温度。其次,通过旋转压实能量指数 CEI、Nini 和 Ndes 在半对数坐标上的密实度斜率 k 和密实能量指数 TDI 来评价温拌无纤维 SMA 沥青混合料的旋转压实特性。然后,对温拌无纤维 SMA 混合料基本路用性能进行详细的测试,包括高温稳定性、低温抗裂性、水稳定性等,并与普通热拌 SMA 混合料的路用性能进行对比研究。

2016 年,贵州省凯里公路管理局联合重庆交通大学对比研究了再生塑料(CRP)与 SBS 改性沥青配制 SMA 级配混合料的马歇尔试验指标及高温、低温和水稳定性,研究了湿掺和干掺 CRP 改性 SMA-13 级配沥青混合料的高温、低温和水稳定性等性能,结果表明了在 CRP 掺量 5.5%、SBS 掺量 4% 的条件下,CRP 与 SBS 改性沥青配制 SMA 级配混合料的路用技术性能相近,可用于地方道路的 SMA 沥青混合料。

在国外,1990 年,玄武岩纤维首次被美国乔治亚州应用在沥青路面中,经过反复试验及长期观测,得出加入玄武岩纤维的沥青路面不仅使用周期长,路面病害少,其路用性能也良好。2002 年,Mayajit 等人通过室内试验表明,回收的聚乙烯纤维能够提高沥青混合料的高低温稳定性能、水稳定性能和疲劳耐久性能等各个路用性能指标。在 2004 年,BradleyJ 在 SMA 沥青路面中掺入的纤维是从废旧轮胎中提取到的,通过对掺入木质素纤维的沥青混凝土进行比较得出,其在水稳定性方面都有所提高。2005 年,Hussein 将很多种含有 HDPE 的废旧塑料加入沥青混凝土中,在不同掺量与不同拌和时间的情况下,检测改性沥青混合料的马歇尔稳定度、流值、马歇尔模数。结果表明:HDPE 提供了更好的抵抗变形的能力,并以 4% 的 HDPE 掺量,165℃的拌和温度,30min 的拌和时间,作为马歇尔稳定度、流值、马歇尔模数的最佳条件。Taper Baghaee Moghaddam 以废旧塑料瓶,将其粉碎加入 SMA 混合料中,研究改性混合料抗疲劳性能。结果显示:在废旧塑料改性剂掺量较低时改性 SMA 混合料的劲度模量升高,掺量较高时改性 SMA 混合料的劲度模降低,但掺入废旧塑料改性剂的混合料疲劳寿命要明显高于未掺改性剂的混合料。

(2)桥面铺装结构研究现状

目前,国内外钢桥面铺装体系主要有环氧沥青混凝土铺装体系、浇筑式沥青混凝土铺装体系、双层 SMA 铺装体系和 ERS 铺装。环氧树脂沥青混凝土的主要优点:强度高,高温条件下抗塑流和抗永久变形能力很强,低温抗裂性能很好,具有极好的抗疲劳性能,具有高度的抵抗化学物质侵蚀的能力。但是,环氧沥青混凝土的配制工艺比较复杂,施工中对时间和温度要求十分严格,施工难度大,材料成本很高;浇筑式沥青混凝土的主要优点:孔隙率较小,不透水也不吸水,所以不会出现水损害,良好的抗裂性能,与钢板的追从性、与钢板间的黏结性能好于一般沥青混凝土;主要缺点在于,浇筑式沥青混凝土是一种悬浮密实结构,在使用过程当中,主要表现出高温稳定性能较差的特点,尤其是在高温、重载地区。ERS

钢桥面铺装是最近新兴的一种铺装结构,工程应用时间较短,也在不断完善,部分钢桥面铺装出现较严重的病害,当前 ERS 钢桥面铺装的可靠性、耐久性还有待时间和工程实践的进一步检验。

我国的桥面铺装体系起步较晚,20 世纪 50 年代以前,我国基本不设专门的铺装层,采用"混凝土桥面板 + 不超过 5cm 水泥砂浆磨耗层结构。1956 年才开发了沥青浸渍砖的桥面铺装层技术。

1965 年,陈伟章提出了未设防水层的"混凝土桥面板 + 0.4kg · m^{-2} 沥青黏层 + 5cm 中粒式 HMA + 5cm 粗粒式 HMA"结构取代"混凝土桥面板 + 100 号混凝土垫拱 + 防水层 + 4cm 200 号混凝土 + 5cmHMA";同时,吴锐也推荐了在桥面板上不设防水层而改为玛蹄脂整平层上直接加铺或浇筑的水泥混凝土铺装或沥青层结构。

从 20 世纪 80 年代开始,我国修建具有正交异性钢桥面板的桥梁,对钢桥面铺装技术的研究也始于这一时期。最早始于广东省肇庆市四会县马房镇的北江大桥,而较系统的研究工作则始于广东虎门大桥,并且随着江阴长江大桥、厦门海沧大桥、南京二桥等大跨径钢箱梁桥的建设,我国的钢桥面铺装技术取得了一定进展。

1999 年,王虎等基于弹性梁和叠层理论推导了混凝土主梁上缘计算应力和单层、双层铺装层内及表面弯曲正应力的理论计算公式,并对 T 形钢构悬臂箱梁桥和预应力混凝土连续梁桥的水泥混凝土铺装层进行了数值分析,推荐了最小铺装层厚度。

同年,罗立峰等将混凝土桥面板及沥青铺装层简化为"正交异性小挠度薄板的主板 + 各向同性大挠度薄板的沥青铺装层"双层式结构,并提出了以中面力表征竖向位移来代替水平位移、水平拉应力、铺装层表面拉应变及拉应力、层间最大剪应力作为控制指标的设计方法。

2004 年,张占军等基于主梁承担上部结构所有恒载、主梁及铺装层承担车辆活载、层间连续的弹性状态假定,提出了铺装层表面、主梁上缘、防水层表面的弯曲应力理论公式。

2007 年,赵锋军等针对简支梁桥面铺装的横向弯拉受力特征,将桥梁结构、桥面板及沥青铺装层组合沿横向简化为"叠层梁"力学模型,提出了桥面板/铺装层层间压应力、层间剪应力的理论计算公式。

2010 年,张剑等在铺装组合结构 60℃ 动稳定度试验、小梁 4 点弯曲疲劳试验的基础上,分别对 I、II 级防水体系提出了 12 种典型结构组合。

沥青玛蹄脂碎石混合料(SMA)是德国在浇筑式沥青混凝土的基础上为解决车辙问题而发展起来的一种高性能沥青混合料,其以高温稳定性好、抗滑性能优良、低噪声、使用耐久等特点在公路建设中应用越来越广泛,尤其是对于重交通公路、机场和钢桥面铺装等的面层。

我国 1997 年开始在广东虎门大桥采用 SMA 进行钢桥面铺装时,由于当时对 SMA 认识不足和对桥面铺装的温度及荷载使用条件考虑不到位,通车半年后即产生了车辙、横向推移等病害,随后针对广东虎门大桥在使用中产生的病害,对 SMA 沥青胶结料、设计级配和防水黏结层进行了改进,重点提高 SMA 的高温性能和抗裂性能,在随后的重庆鹅公岩长江大桥、上海卢浦大桥等桥面铺装中,对沥青胶结料和防水黏结层进行改进,迄今为止使用效果较理想。

2002 年,武汉理工大学的王林从铺装层环境温度变化范围、交通量等使用条件出发,在用 ALGOR FEAS 有限元分析软件分析铺装层受力变形基础上,提出了(即钢板 + 金属锌涂层 + 封闭层 + 黏结剂 + 预拌沥青碎石 + 双层 SMA)的高性能钢桥面 SMA 铺装体系,并对这种 SMA 的组成材料,包括改性沥青、集料、矿粉、纤维进行了比较研究,设计了这种 SMA 的配合比,对 SMA 混合料的性能进行了对比试验,对这种 SMA 方案进行了疲劳性能研究。

2005 年,李玉龙通过对沥青性能、混合料性能和组合结构性能的研究,解决了沥青砂胶缓冲层在双层 SMA 钢桥面铺装体系中的应用问题。

2008 年,长安大学的胡磊通过不同外掺剂组合、不同的铺装结构组合的试验方案,进行了相关的实验研究。最终确定了"上层使用环氧沥青 + SMA 级配同时掺加木质素纤维,下层使用美国环氧沥青 + 美国级配"的铺装方案。

2011 年,余崇俊等为了提高沥青混凝土路面中面层抗车辙性能,采用车辙、汉堡车辙、加速加载及冻融劈裂等试验,综合评价 SUP20 沥青混合料(SBS 改性沥青、岩沥青改性沥青、50 号沥青、70 号沥青以及矿物纤维)和 SMA20 改性沥青混合料,在不同温度、荷载条件下的抗车辙性能和抗水损性能。

2014 年，长安大学的刘涛研究了 ED 黏结剂作为 Eliminator 防水层与改性沥青 SMA 铺装层间的黏结材料，利用剪切试验和拉拔试验测试了黏结材料在铺装体系中的剪切强度和拉拔强度，并参照浇筑式铺装体系中铺装层与 Eliminator 间的剪切强度和拉拔强度值，对满足力学强度要求的材料进行综合性能评价。

同年，杨通明拟定不同组合方式的 5 种双层 SMA 结构，通过谢伦堡析漏试验、肯塔堡飞散试验以及车辙试验来检验每种类型混合料的抗高温变形性能。在此基础上，通过 APA 试验和车辙试验分析 5 种不同组合方式的双层 SMA 结构抗高温变形性能，推荐了混凝土桥面采用 SMA13 + SMA9.5 或 SMA9.5 + SMA13 铺装层结构组合。

2016 年，汪超等结合江苏某高速桥面铺装试验段养护工程，通过高温性能试验、疲劳性能试验和路用性能综合对比分析了双层 SMA 桥面铺装结构。

近年来，国外诸多学者针对不同材料、不同级配类型、不同结构组合以及不同的评价方法进行了一系列的室内试验、现场试验以及数值模拟，桥面铺装技术的研究得到了十足的进步和发展。

1990 年，Seible 等基于足尺试验，对混凝土桥面铺装结构进行了分析，探究了混凝土桥面铺装层的破坏形式和机理，建立了黏结层非线性滑动—弯曲模型。

1999 年，EMPA 的 Raab and Partl 开发了用于评价混凝土上加铺沥青层界面黏结的载货汽车后轮现场剪切试验法。2004 年，Castro M 针对传统的路面结构设计方法不能应用于桥面铺装设计，提出了一种可应用于梁、板、箱梁桥的路面，可考虑桥面铺装与桥面铺装的黏结度的混凝土桥面沥青路面结构设计的新方法。

2005 年，Huurman 等基于 CAPA-3D 有限元软件对正交异性钢桥面板沥青铺装层结构进行了数值模拟[21]；Walter 以荷兰大贝尔桥为例，建立了二维简支梁整体模型以及横隔梁二维简支局部模型，计算整体模型和局部模型最敏感横隔梁位置的剪力和弯矩，又采用 DIAN 软件对三维有限元模型进行模拟。

2009 年，英国的 Stanto 基于改进 leutner 试验、人工及自动扭转试验、link 水敏感试验对沥青层之间的黏结性能进行了评价，并与瑞士、德国的规范进行了对比，提出了英国关于黏结、剪切最低强度标准。

2010 年，Wang Jue 从混合料级配优化的角度，通过室内试验研究了沥青混合料车辙的常规指标、不同方案的路用性能指标和复合梁疲劳试验指标，得到了的沥青混合料路用性能的最佳组合方案，为钢桥面 SMA 沥青路面的应用与优化提供了依据。

2011 年，Yu X 采用有限元软件研究了双 SMA 桥面铺装力学特性，提出了桥面铺装的力学要求，比较了不同双 SMA 结构的受力特点。基于力学分析的结果，提出了五种不同的复合结构对其高温稳定性，低温稳定性、水稳定性及联结性能等指标进行了检验，最后推荐了 SMA 13 + SMA 9.5 的复合结构。

2011 年，Bhowmik S 通过对正交各向异性钢桥面路面进行了调查，结合简化模型分析了路面行为，并将理论结果与实际记录进行比较，提出了正交各向异性钢桥面沥青路面耐久性设计标准。

2012 年，Liu 等通过建立刚/膜、多孔沥青混凝土/膜、浇筑式沥青混凝土/膜三种试模的薄膜黏结试验(Membrane Adhesion Test-MAT)，得到正交异性钢桥面板黏结层应变能释放率 G 模型。

进入 21 世纪后，随着不同结构、构造、形态的大跨径水泥混凝土桥快速发展，超载、超限的常态化，对桥梁结构及铺装层的耐久性提出了更大的考验，这势必将铺装层的研究由单独功能性的需求向复杂环境条件下混凝土桥沥青铺装层的综合研究而迈进。沥青玛蹄脂碎石混合料(SMA)路面自 20 世纪 60 年代产生以来，不断的发展和进步，随着对技术的研究逐渐地深入，对沥青玛蹄脂碎石混合料(SMA)路面的理解也在不断加深，使其在延长路面的使用寿命，提高经济、社会效益以及节约资源、环境保护等方面有着很大的优势。直到现在，科学工作者一直在对新型 SMA 沥青路面不断的研究和改善，为进一步提高沥青路面使用性能和寿命提供科学依据和技术支撑。

(3)国内外研究现状评述

SMA 混合料技术综合性能优异，这已得到行业公认，而且也已经得到了推广应用。但是在一些有特殊需要的场合——例如穿越城镇的道路需要强调其降噪性能，则还有比 SMA 专项性能更好的混合料类型。考虑到 SMA 在综合性能上的优异表现，如果能再有针对性地提升其某项性能，如降噪性能，那么将是对 SMA 混合料技术的一大完善。

道路工程界早已认识到了桥面铺装的重要性,也已开展了比较深入的研究,其中桥面铺装的耐久性提升技术一直都是研究热点。

对桥面铺装 SMA 混合料应用降噪技术将是 SMA 技术与降噪技术的集成创新,同时深入研究混合料和桥面铺装的耐久性,将具有重要的理论意义和工程价值。

3. 项目研究开发实施方案

1)主要研究内容与研究方法

本项目将主要研究 SMA 混合料的降噪技术,当然,提升了 SMA 的降噪性能后,能否保证以及如何保证 SMA 混合料的综合性能,则还需要深入开展研究;而且,降噪型 SMA 混合料的大孔隙可能会给路面或桥面铺装的耐久性带来一定的影响,这也需要开展深入研究。

(1)降噪型 SMA 混合料材料组成设计与优化研究

调研国内外高速公路降噪型沥青混合料的设计和使用现状,结合广东省气候和交通特点,确定降噪型 SMA 混合料最佳设计指标(包括混合料体积性能指标与力学性能指标等)。

根据所确定的技术指标,开展室内试验研究矿料品质和级配、沥青、纤维及改性剂的种类和用量等材料参数对降噪型 SMA 混合料性能的影响;通过优化级配和材料组成以满足降噪型 SMA 混合料对大空隙和耐久性的要求,即所设计的混合料应具有足够的孔隙以满足其降噪的要求,同时兼顾具有传统 SMA 混合料的优点。

(2)降噪型 SMA 混合料力学性能与降噪特性的平衡性研究

开展动态试验研究降噪 SMA 混合料在不同温度和荷载作用形式影响下的动态力学特性;采用轮辙试验、低温弯曲试验、小梁弯曲试验和多次冻融循环试验分别研究降噪 SMA 混合料的高温抗车辙性能、低温抗开裂性能、抗疲劳性能和水稳定性;采用驻波管法测试沥青混合料的吸声系数,研究不同空隙率情况下沥青混合料吸声系数和降噪特性的变化规律,并分析其降噪机理。综合分析上述试验结果,找寻综合性能(力学性能和降噪性能)最佳的降噪 SMA 混合料材料组成。

(3)含降噪型 SMA 表面层的桥面铺装结构耐久性研究

采用较大空隙的 SMA 作为桥面铺装的表面层以后,可能会增大桥面铺装水损害的概率。本子题将重点关注特种桥面铺装在重载交通作用下的疲劳寿命以及其对桥面防水黏结层使用寿命的延长效果,主要研究内容包括:对多种沥青混合料及由其与降噪型 SMA 混合料组合成的双层结构开展强度试验、疲劳试验等,并且对其开展动水压力作用下的水破坏试验,同时开展各种桥面铺装对防水黏结层的适应性研究。

综合以上研究成果,为依托工程推荐桥面铺装的结构组合和沥青混合料材料组成。

(4)降噪型 SMA 桥面铺装施工工艺及其功能衰减规律研究

在依托工程实施试验路,研究降噪型 SMA 混合料的施工工艺及其施工变异性;通过对试验路段的性能跟踪观测,研究降噪型 SMA 混合料的抗滑性能、降噪特性及其衰变规律。

2)拟解决的关键问题

(1)开发降噪型 SMA 混合料组成设计方法,并达成其降噪效果与耐久性的平衡。

(2)从桥面铺装结构组合设计的角度,弥补大空隙 SMA 表面层可能引起的水损害。

3)技术路线

本项目将采用调研、室内试验、力学计算相结合的方法开展研究。

调研:充分调查国内外类似气候、交通、桥型的桥面铺装的结构设计、沥青混合料材料组成及其性能、使用效果等,分析其主要病害及成因,为后续研究奠定基础。

室内试验:对不同级配、不同沥青、不同纤维的沥青混合料开展各项物理力学性能试验,包括空隙率、矿料间隙率、沥青饱和度、沥青膜有效厚度等物理指标,以及高温稳定性、抗水损害性能、抗剪强度等常规力学指标,还将开展不同沥青混合料的疲劳试验、不同组合的沥青面层小型加速加载试验和汉堡车辙试验,以及利用自制的模拟动水压力下的沥青混合料渗透试验设备对比各种沥青混合料和组合面层的渗水性能,并对各种桥面防水黏结层遭遇渗水情况下的性能开展模拟试验。

力学计算:对各种桥面铺装结构开展有限元计算,分析桥面铺装在车轮荷载作用和温度影响下的力学性能。

综合以上研究成果,为依托工程桥面铺装推荐合适的组合结构和沥青混合料组成。技术路线如图1所示。

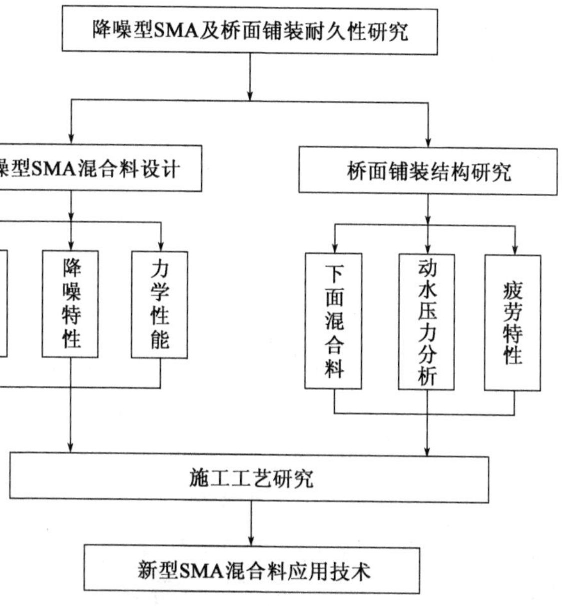

图1　技术路线图

4. 考核目标和技术经济指标

(1)与常规SMA混合料相比,所开发的降噪SMA能够有效降低行车噪声。

(2)与常用桥面铺装相比,采用了降噪SMA的桥面铺装的耐久性不会下降。

5. 项目研究开发进度

本项目研究时限为2017年10月—2020年9月,如表1所示。

研究时限及工作内容　　表1

起止时间	主要工作内容
2017年10月—2017年12月	立项申请;制订研究大纲;开展调研
2018年1月—2018年6月	开展降噪SMA混合料配合比设计和降噪性能
2018年7月—2018年12月	开展降噪SMA混合料力学性能研究
2019年1月—2019年6月	开展降噪SMA混合料抗动水压力破坏研究
2019年7月—2019年12月	开展桥面铺装耐久性结构研究
2020年1月—2020年6月	继续开展桥面铺装耐久性结构研究;试验路实体工程施工
2020年7月—2020年9月	继续完善研究;撰写研究报告;课题结题或鉴定

6. 项目组成员

项目组成员如表2所示。

项目组成员　　表2

姓名	出生年月	学历	职称/职务	专业	工作单位	在本项目中的分工
张起森	1939.3	硕士	教授博导	道路工程	长沙理工大学	项目组组长
关宏信	1974.3	博士	教授/副院长	道路工程	长沙理工大学	项目组副组长,负责组织实施
叶群山	1978.7	博士	副教授	道路材料	长沙理工大学	负责现场调查
姜旺恒	1978.6	博士	讲师	道路工程	长沙理工大学	负责室内试验
李强	1972.4	硕士	副教授	道路工程	长沙理工大学	负责施工指导
高煜	1993.4	本科	硕士生	道路工程	长沙理工大学	参与调查、室内试验
陈金威	1993.9	本科	硕士生	道路工程	长沙理工大学	参与调查、室内试验
曾勇	1993.11	本科	硕士生	道路工程	长沙理工大学	参与调查、室内试验

7. 经费预算

经费预算如表3所示。

经费预算　　表3

经费来源预算		经费支出预算	
科目	预算数(万元)	科目	预算数(万元)
一、政府部门拨款		一、人员费	
二、依托工程配套经费	100.00	1. 主要研究人员	30.00
三、单位自筹		2. 其他研究人员	5.00
四、其他		二、相关业务费	
		1. 材料费	4.00
		2. 燃料及动力费	2.00
		3. 试验费	
		4. 会议费	8.00
		5. 差旅费	26.00
		6. 资料费	4.00
		7. 软件费	
		三、设备费	
		1. 购置费	
		2. 试制费	2.00
		四、管理费	15.00
		五、国际合作与交流费	
		六、其他费用	4.00
来源预算合计	100.00	支出预算合计	100.00

三十五、旧水泥混凝土路面脱空验证与检判标准研究

摘要：为了准确有效地评定旧水泥混凝土路面的脱空状况，通过对现场贝克曼梁（BB）、落锤弯沉仪（FWD）、路面雷达（GPR）和钻芯取样检测结果的分析和计算，提出了以板角弯沉、接缝中部弯沉和接缝传荷系数三个指标作为旧水泥混凝土路面板脱空的判断标准。据此评判标准与方法对梅观高速公路旧水泥混凝土路面板底脱空情况进行评定，表明该改进方法对板底脱空情况判断的准确率高达86.7%，脱空等级判断的准确率达到80%，说明该评定方法具有较高的可靠性，能够满足水泥混凝土路面板底脱空判别与评价的需要。

水泥混凝土路面板底脱空现象较为普遍，是影响水泥混凝土路面使用寿命的重要因素之一。脱空的出现对水泥混凝土路面板的受力是极为不利的，特别是在板角、板边部位，在行车荷载的作用下，其受力状态类似于悬臂梁，将产生过大的应力、应变和弯沉，严重影响水泥混凝土路面板的使用性能和疲劳寿命，最终导致路面的损坏。为了提高使用寿命，及时处治板底脱空病害显得尤为重要，而能否有效地处治脱空病害，能否准确地评定脱空状况是关键。国内外学者对板底脱空的评价主要有四大类方法（90）：基于经验的脱空检测方法、基于贝克曼梁（BB）的方法、基于落锤式弯沉仪（FWD）的脱空检测方法及基于探地雷达（GPS）的脱空检测方法。而由于脱空机理十分复杂及影响因素众多，要想准确有效地进评定混凝土板脱空状况的是很困难的，目前仍然缺少完备有效的评定方法。基于此，本文以梅观高速公路为依托，结合现场贝克曼梁（BB）、落锤弯沉仪（FWD）、路面雷达（GPR）和钻芯取样的检测结果，在现场选定了水泥混凝土路面板底脱空试验路。综合各种检测结果和现场脱空试验路的分析计算，提出适合梅观高速公路板底脱空的评价方法，为类似工程选定有效的脱空评定方法提供参考。

1. 脱空检测方法与结果分析

1）基于贝克曼梁（BB）法的板底脱空检测

（1）检测原理与方法

参照相关规范规定，采用5.4m长杆贝克曼梁在板角进行检测，凡弯沉超过0.2mm的，则确定为面板脱空。这一方法的优点是快速简便，现场即可判定，是目前国内应用最为普遍的方法。但除了测试手段本身所具有的缺陷外，还有3个主要缺点：限值的给定缺乏足够的理论依据；忽视或没有较好地考虑接缝传荷效率对板角弯沉的影响；没有反映不同基层类型对板角弯沉限值的影响。

（2）检测结果分析

每车道按照每块板布置一个测点进行检测。上行和下行方向面板的脱空率见表1。

梅观高速公路旧水泥混凝土面板脱空率评价结果 表1

车道		脱空率（%）	
		上行	下行
K51 +800 ~ K60 +500	超车道0	26.4	14.2
	行车道1	66.3	79.7
K60 +500 ~ K70 +100	超车道0	3.6	4.2
	行车道1	18.4	16.6
	行车道2	39.3	48.8
半幅路面		27.9	31.1

注：部分板块检测了两个以上的板角或接缝边缘中部弯沉，只要有一个检测结果满足严重脱空的弯沉条件，即判断为严重脱空板块。

从表1可知，梅观高速公路上行和下行方法板底脱空情况比较严重，但下行方向板底脱空状况略好于上行方向；行车道1和行车道2（慢车道）的脱空率非常高。参考路面状况和接缝的传荷能力，发现采用贝克曼梁法评定的板底脱空率明显偏高，与实际路面状况显得不符。

2）基于落锤弯沉仪（FWD）法的板底脱空检测

（1）检测原理与方法

采用多级荷载回归法的截距法进行脱空判别。该方法的基本步骤为：①测试板角弯沉，作用荷载设定为三个级别。②以荷载为横坐标，弯沉值为纵坐标，把对应三个荷载级别的弯沉值标注在坐标图上并进行线性拟合，然后延长直线与坐标轴相交（图1）。③如果板下支撑情况较好，延长线将穿过坐标原点，或距离原点0.05mm以内。若大于0.05mm即认为脱空存在。通常越偏离原点，脱空情况越严重。

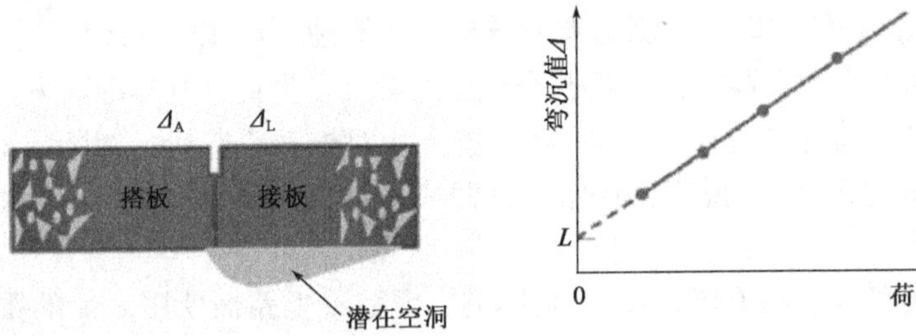

图1　板底脱空判别示意图

该方法的优点是快速简便，不需要较深的理论基础，适于现场评定。但需要指出的是：限值0.05mm（50μm）的制定主要通过经验总结而来，忽视了路面结构的差异，缺乏足够的理论支持，且该方法也没有考虑接缝传荷效率的影响。

（2）检测结果分析

选择了5km路面采用FWD与BB法进行了对比检测。根据路面状况，分别选择优良、中、次不同等级的路段利用FWD进行抽检，抽检频率为50m选择一块板，在板角位置进行检测，测点位置与贝克曼梁的测点位置相同。根据FWD检测得到数据，采用前述的多级荷载线性回归的截距法进行脱空判别，分析得到的脱空情况如表2所示。

主线FWD脱空检测对比路段脱空率汇总表　　表2

检测路段		FWD检测结果（0.05mm截距判断标准）		BB检测结果		路况等级	一致率（%）
		检测板块数（块）	脱空率（%）	检测板块数（块）	脱空率（%）0.2mm判断标准		
上行方向	K55+009～K55+957	40	20	182	57.1	优良	68
	K65+100～K66+000	36	16.7	176	31.3	次	64
	K66+000～K67+058	41	12.2	180	16.7	次	85
下行方向	K53+929～K54+900	40	25.0	191	74.3	中	38
	K59+012～K59+980	40	25.0	139	87.1	次	55

从表2可以看出：

①检测路段的脱空率还是比较高的。

②FWD脱空检测结果得到的脱空率大多远小于BB脱空检测结果。

③为了对比两种方法对脱空分析的差异，定义脱空判断相同的板块数与总评价板块数之比为一致率，并用百分数（%）表示。从表可知上行方向有一定的相关性，而下行方向差异较大。

3）基于路面雷达（GPR）的板底脱空检测

（1）检测原理与方法

GPR的根据是雷达波的穿透性，当雷达波穿透地层，遇到不同地层介质时，雷达波反射的回波信号不同,从而通过接收天线获得回波信号并处理以确定路面结构层厚度和内部空洞情况。板底脱空分析方法为:通过对上下介质的电磁特性不同而产生折射和反射,从而来确定各不同介质之间的分层面。通过对雷达反射信号的追踪,可以计算出反射物的深度及形态,如表 3 所示。

路面雷达(GPR)法判断板底脱空的原理 表 3

探地雷达主要利用宽带高频时域电磁脉冲波的反射探测目标体	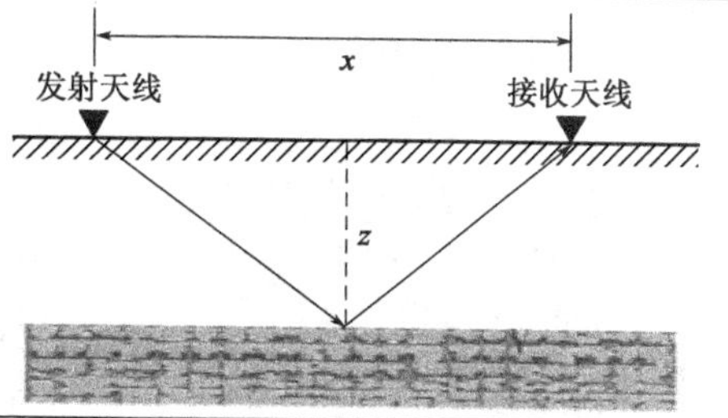
由公式: $$t=\sqrt{4z^2+x^2}/v$$ 雷达根据测得的雷达波走时,自动求出反射物的深度 z 和范围。	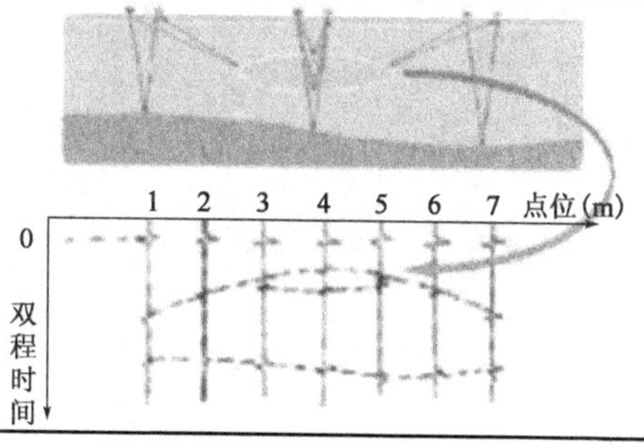

GPR 法采用了空气耦合,可在高速下进行操作(速度可达 60km/h),工作效率高;对路面无损伤;采样点数多(可连续采样),厚度结果的代表性强。但由于雷达的电磁波信号在水泥混凝土路面板中衰减很快,使得探地雷达在水泥混凝土路面脱空判别方面的应用受到一定阻碍,而且在 GPR 的使用过程中,需要专门的软件才能把发射信号和接收信号进行处理(彭俊文),这也使得大范围推广应用成为了一个难点。

(2)检测结果分析

利用路面雷达对梅观高速公路超车道旧混凝土板底脱空进行检测。检测出的病害特征如图 2 ~ 图 4 所示。

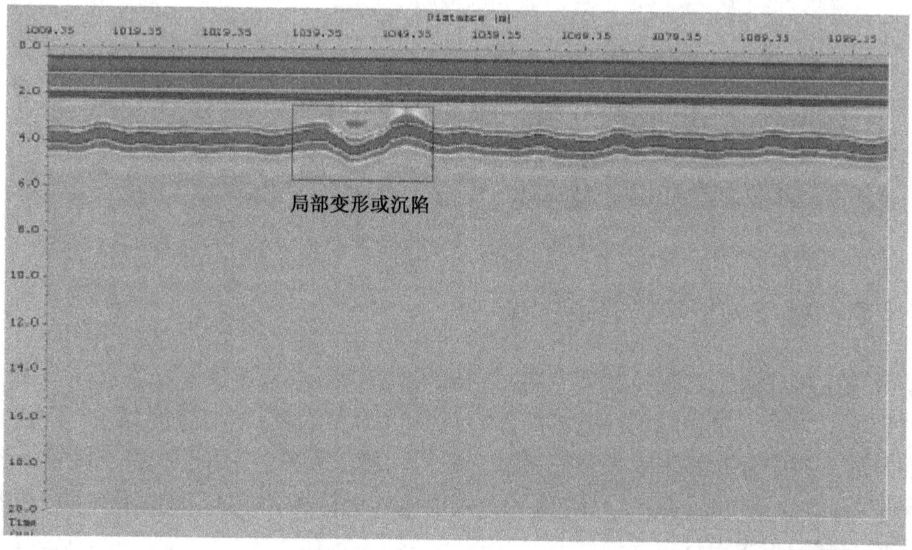

图 2 结构层局部变形与沉陷示意图

根据路面雷达判定结果可知:

①超车道的板底脱空状况较轻,且主要集中在桥头过渡段。上行超车道的脱空率为 10.3%,下行超车道的脱空率为 8.7%。

②与 BB 法检测结果相比:

a. 除少数几个点外,采用 GPR 检测为脱空的板块,采用 BB 弯沉法检测也判断为脱空板块;但 BB

弯沉法检测判断为脱空的板块,GPR 检测不一定为脱空板块。

b. 当 BB 弯沉法检测的平均弯沉大于或等于 30(0.01mm)时,除个别点外,GPR 相对应的检测结果为脱空。当采取用 BB 弯沉法检测的板角弯沉在 30 ~ 40(0.01mm)时,GPR 检测的板底脱空状况一般为轻度脱空或中度脱空;当弯沉大于 40(0.01mm)时,采用 GPR 检测的板底脱空状况一般为严重脱空。

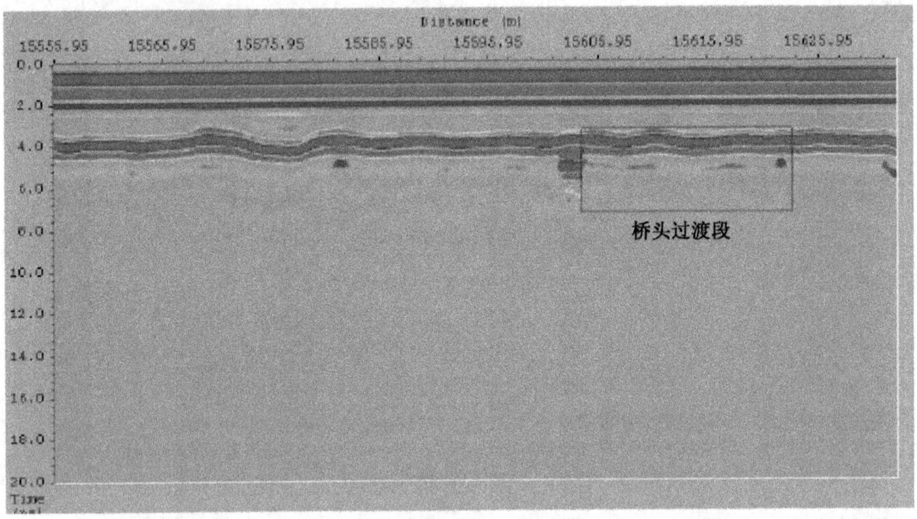

图3　桥头过渡段示意图

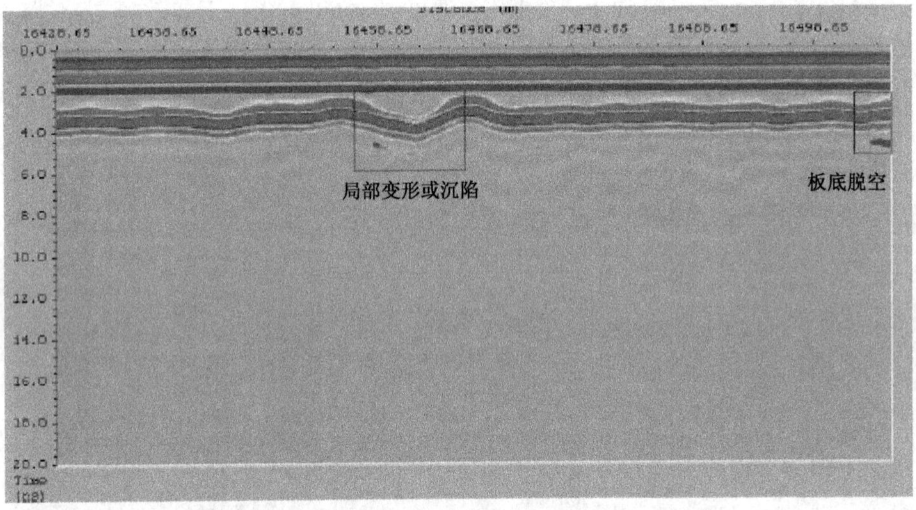

图4　结构层局部变形与板底脱空示意图

2. 水泥混凝土路面板下脱空现场验证试验

目前对于混凝土板底脱空的现场验证主要采用现场目测、灌水和灌浆等方法,其中以灌浆方法最为有效。灌浆材料主要为水泥浆、环氧砂浆、水泥粉煤灰浆或水泥砂浆,其通过充填、挤密作用,达到封堵板底脱空区的目的。其中环氧砂浆效果最好,但价格昂贵,施工困难,适用于试验板块较少的试验场合;水泥砂浆效果稍差,但价格便宜,施工简便,适用于大规模的试样场合。本文选用水泥浆作为灌浆材料。

1)试验原理与试验方案设计

(1)脱空灌浆验证试验原理

在现场确定一段旧水泥混凝土脱空试验路,根据 BB、FWD 和 GPR 的检测判断结果初步确定相应的试验板块;在试验板块钻孔;通过灌浆孔往板块注浆,利用压浆泵的压力推动,将拌和良好的板底填充材料沿输送管、灌浆孔连接头压入板底。压入板底的填充材料经硬化后形成一结构密实、水稳性优良、与混凝土板底密贴的薄结构层;待浆液硬化后,采用路面取芯机在检测位置取芯,将旧混凝土板和浆液芯样取出,观察并量测水泥混凝土板的厚度和凝固浆液厚度,通过水泥混凝土板的厚度修正路面雷达检测的介电常数，根据凝固浆液的观测情况和量测厚度判断板底实际脱空情况。

(2)脱空灌浆验证试验方案

根据弯沉检测数据，对下行方向 K53 +900 ~ K54 +900 行车道 1 初步选取 30 块旧水泥混凝土面板进行脱空验证试验，其中包括不脱空板、轻度脱空板、中度脱空板以及严重脱空板块。

确定的脱空灌浆验证板块如表 4 所示。为了进一步的对比分析，采用便携路面雷达 LTD-80 对脱空灌浆试验段进行了检测，检测方案是试验板块纵向 3 条线，横向 4 条线。便携路面雷达检测线示意图如图 5 所示，现场检测如图 6 所示。

拟定的脱空现场严重试验板块及有关检测结果 表 4

序号	板块编号	弯沉(0.01mm)		接缝弯沉(0.01mm)					灌浆验证		备 注
		板右前板角	板右后板角	加荷板	未加荷板	弯沉差	平均弯沉	传荷系数	灌浆量(kg)	脱空情况	描述
1	L1 - 54100 - 06	30	32	22	16	6	19	73	2681	轻	
2	L1 - 54100 - 14	36	42	26	15	12	20	58	2838	中	
3	L1 - 54200 - 02	38	6	6	2	4	4	33	215	无	
4	L1 - 54200 - 07	30	10	20	20	0	20	100	535	无	右后角：FMD 获得的截距 = -15.2mm；取芯发现基层松散
5	L1 - 54200 - 16	60	12	42	30	12	36	71	3846	中	(有钢筋，深度 = 8.4m)
6	L1 - 54200 - 19	24	42	22	14	8	18	64	3330	中	右后角：取芯发现基层松散
7	L1 - 54200 - 21	28	24	20	16	4	18	80	2238	轻	
8	L1 - 54300 - 01	36	30	20	18	2	19	90	2825	轻	
9	L1 - 54300 - 03	34	60	16	10	6	13	63	3589	中	
10	L1 - 54300 - 04	38	32	22	12	10	17	55	2986	轻	
11	L1 - 54300 - 06	28	60	18	14	4	16	78	3558	中	
12	L1 - 54300 - 13	20	12	22	18	4	20	82	1780	轻	
13	L1 - 54300 - 20	80	36	76	44	32	60	58	5626	重	右后角：取芯发现有钢筋(深度 = 7cm)有裂缝，渗水较快
14	L1 - 54400 - 01	38	30	30	22	8	26	73	3325	轻	(有钢筋，深度 = 12cm，左右角有斜裂缝)
15	L1 - 54400 - 04	26	22	22	16	6	19	73	2200	轻	(有钢筋，1 深度 = 11cm 2 深度 = 14.1cm)
16	L1 - 54400 - 19	22	24	16	12	4	14	75	1814	轻	
17	L1 - 54400 - 20	10	28	12	12	0	12	100	2590	轻	右后角：FMD 分析得到的截距 = -23.3mm
18	L1 - 54500 - 01	14	24	12	6	6	9	50	379	无	右后角：FMD 分析得到的截距 = -0.7mm
19	L1 - 54500 - 02	12	20	8	8	0	8	100	1343	轻	
20	L1 - 54500 - 03	8	22	10	10	0	10	100	1676	轻	
21	L1 - 54500 - 04	12	10	8	8	0	8	100	235	无	
22	L1 - 54500 - 05	20	14	14	12	2	13	86	1455	轻	
23	L1 - 54500 - 06	6	18	4	4	0	4	100	1231	轻	
24	L1 - 54500 - 11	26	26	26	21	6	23	81	2350	中	
25	L1 - 54500 - 14	38	40	22	16	6	19	73	2757	中	

续上表

序号	板块编号	弯沉(0.01mm)		接缝弯沉(0.01mm)					灌浆验证		备注
		板右前板角	板右后板角	加荷板	未加荷板	弯沉差	平均弯沉	传荷系数	灌浆量(kg)	脱空情况	描述
26	L1 - 54500 - 17	34	24	34	28	6	31	82	3581	重	
27	L1 - 54500 - 19	44	22	34	26	8	30	76	4305	重	
28	L1 - 54500 - 20	20	40	22	14	8	18	64	3805	重	浆层完整取出,厚 = 6 ~ 23mm
29	L1 - 54600 - 01	62	18	24	10	14	17	42	4650	重	有钢筋,1 深度 = 18cm,2 深度 = 21.5cm
30	L1 - 54600 - 03	36	28	36	10	26	23	28	2465	中	

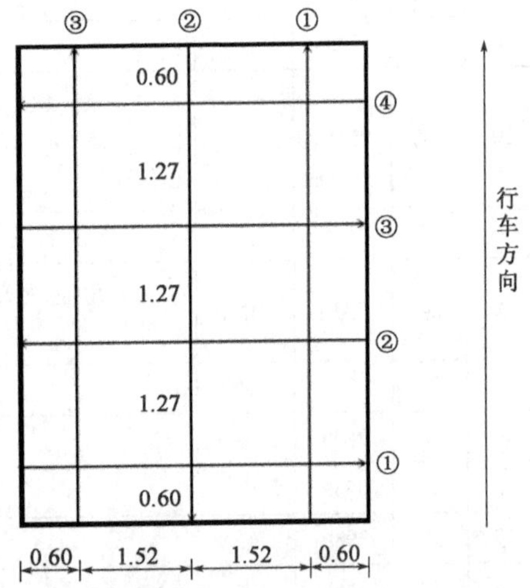

图 5　雷达检测线位及走向示意图(尺寸单位:m)

图 6　现场检测

2)试验检测结果与脱空分析

注浆施工完成 2 周后,相继对脱空试验段的 30 块进行 BB 弯沉检测、取芯量测等,BB 检测结果如表 5 所示,总共计取了 89 个芯样。

灌浆后各板块 BB 弯沉检测结果　　表 5

序号	板 块 编 号	弯沉(0.01mm)		板块后接缝弯沉(0.01mm)			
		板右前板角	板右后板角	加荷板	未加荷板	弯沉差	平均弯沉
1	L1 - 54100 - 06	21	3	4	2	2	3
2	L1 - 54100 - 14	4	7	4	5	- 1	4.5
3	L1 - 54200 - 02	4	5	1	1	0	1
4	L1 - 54200 - 07	11	3	3	2	1	2.5
5	L1 - 54200 - 16	4	3	3	2	1	2.5
6	L1 - 54200 - 19	3	5	3	5	- 2	4
7	L1 - 54200 - 21	4	5	2	4	- 2	3
8	L1 - 54300 - 01	5	2	2	1	1	1.5
9	L1 - 54300 - 03	13	5	4	4	0	4
10	L1 - 54300 - 04	6	3	5	4	1	4.5
11	L1 - 54300 - 06	4	2	3	3	0	3
12	L1 - 54300 - 13	3	4	4	5	- 1	4.5

续上表

序号	板块编号	弯沉(0.01mm)		板块后接缝弯沉(0.01mm)			
		板右前板角	板右后板角	加荷板	未加荷板	弯沉差	平均弯沉
13	L1-54300-20	8	3	3	4	-1	3.5
14	L1-54400-01	1	3	1	1	0	1
15	L1-54400-04	6	4	5	6	-1	5.5
16	L1-54400-19	10	6	4	3	1	3.5
17	L1-54400-20	3	0	4	5	-1	4.5
18	L1-54500-01	9	10	4	9	-5	6.5
19	L1-54500-02	7	12	5	7	-2	6
20	L1-54500-03	11	5	3	4	-1	3.5
21	L1-54500-04	8	11	6	7	-1	6.5
22	L1-54500-05	9	9	6	6	0	6
23	L1-54500-06	7	5	2	3	-1	2.5
24	L1-54500-11	21	8	5	8	-3	6.5
25	L1-54500-14	10	0	4	5	-1	4.5
26	L1-54500-17	12	5	5	5	0	5
27	L1-54500-19	14	12	9	7	2	8
28	L1-54500-20	13	12	9	9	0	9
29	L1-54600-01	10	29	23	21	2	22
30	L1-54600-03	23	7	7	11	1	11.5

从表5可以看出,检测时由于路上行车的干扰,不可避免地会对弯沉读数造成一定的影响,由于接缝弯沉的读数大多数比较小,导致交通荷载对读数的影响比较大(体现为弯沉差为负值)。

通过比较表4和表5可以看出:灌浆后板块的板角弯沉和接缝平均弯沉大幅度减少。

灌浆后所取芯样中,典型芯样照片如图7~图10所示。

图7 轻度脱空

图8 中度脱空

根据对灌浆后所钻取的芯样分析发现:

(1)采用普通水泥浆液对板底脱空进行注浆时,浆液凝固后与水泥混凝土板的黏结力比较差,要完整取得如图9所示的包括凝固浆液层的芯样比较困难,但可以通过观察芯样底部是否粘有浆液层以及观察取芯孔底部的情况来了解水泥混凝土板底脱空的情况。

图 9　严重脱空

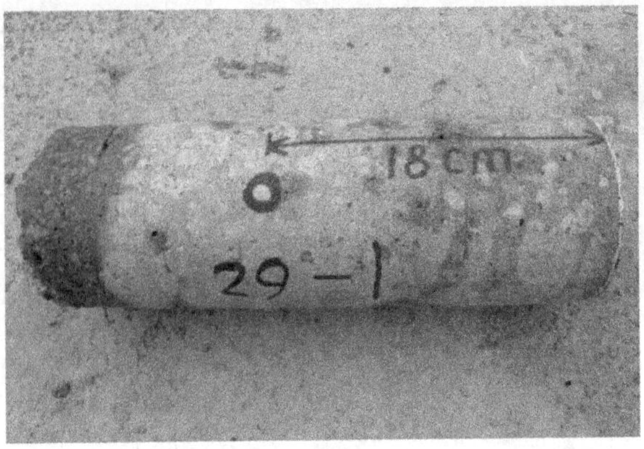

图 10　基层脱空

(2)梅观高速公路大多数水泥混凝土路面板下的脱空并不是一个完全的空洞，而是由于基层因水的冲刷变松散后，细料被唧出而留下粗集料的不完全空洞。

(3)取芯观测和雷达检测结果表明，部分脱空产生在基层下或内部，即上部基层与水泥混凝土板紧密相连，脱空产生在与水泥混凝土板相连的基层下。可能是在水泥混凝土板块施工时，水泥浆液下渗入水泥稳定碎石基层，使得上部水泥稳定碎石基层与水泥混凝土板紧密相连，因路基沉陷或路面水下渗唧泥引起基层脱空。

根据对所取芯样和各板块注浆施工时灌浆量的分析，确定的各板块脱空程度如表 4 所示。

3. 板底脱空判断方法改进

一般而言，水泥混凝土路面板的脱空大多起始于板角部位，随后在重复荷载和动水压力的作用下向板缝和板中心呈圆弧状扩展。因此，在水泥混凝土面板板角和横缝中点产生的弯沉与脱空原因存在一定的相关性。

当荷载作用于板角时，根据威斯特卡德法，能够求得板角隅作用圆面积均布荷载时的挠度近似公式，也就是采用贝克曼梁法测得的板角挠度(弯沉)为：

$$\omega_1 = \frac{Q}{kl^2}\left(1.1\mathrm{e}^{-\frac{x}{l}} - \frac{\sqrt{2}a}{l}\cdot 0.88\mathrm{e}^{-\frac{2x}{l}}\right)$$

式中：Q——外加荷载；

l——板的相对刚性半径；

x——沿板角分角线方向距角顶的距离；

a——荷载作用圆的半径。

而荷载作用在横缝中点时产生的挠度(弯沉)为：

$$\omega_2 = 0.535\frac{Q}{kl^2}$$

将以上两式相比，可以得到 $\omega_2/\omega_1 \approx 0.8$。

考虑到 BB 法、FWD 法与 GPR 法脱空评定结果的差异性，本文结合三种评定方法及其评定对比结果，并充分参考梅观高速公路旧混凝土路面的实际状况，提出梅观高速公路旧混凝土板底脱空评定标准以板角弯沉和横缝中点弯沉双重指标控制。旧水泥混凝土面板出现脱空时板角弯沉的临界值取为 0.28mm，此时相对应的横缝中点受荷板弯沉的临界值为 0.23mm，即当板角弯沉≥0.28 且板横缝中点受荷板弯沉≥0.23 时，水泥混凝土板块就判断为脱空。

上述方法是建立在水泥混凝土路面板块四边自由情形下的。一般来说，公路水泥混凝土路面板四周是受限的，特别是设置传力杆和拉杆的水泥混凝土板块。因此，对于水泥混凝土板横缝中点受荷板的弯沉来说，受荷板的弯沉受接缝传荷能力的影响：在板下支承条件相同的条件下，接缝传荷系数越大，板横缝中点受荷板的弯沉值越小。因此，在进行水泥混凝土路面板底脱空判断时，还必须考虑接缝传荷系数的影响。

4. 脱空判断改进方法实例应用

依据上述板底脱空判断方法，结合梅观高速旧混凝土板底脱空现场试验路的验证分析结果，总结提出的梅观高速旧混凝土板底脱空评定标准如下所示，并绘制了脱空判断诺模图，如图11所示。

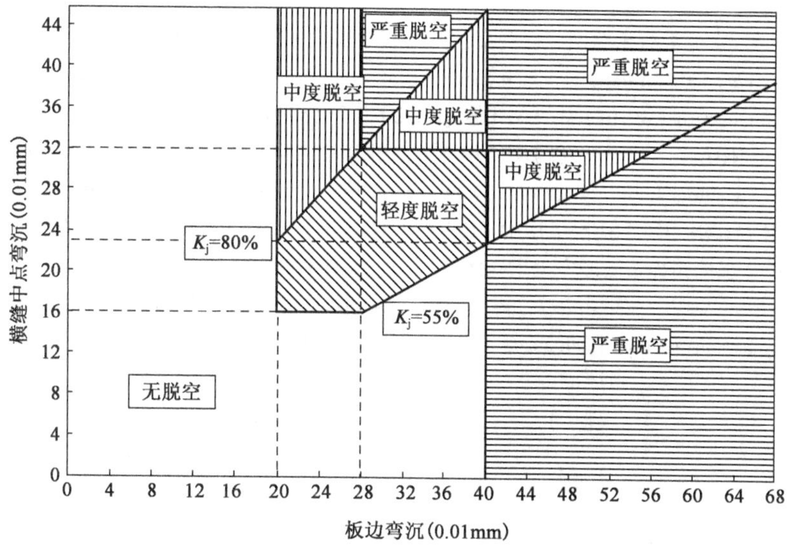

图11　水泥混凝土路面板底脱空判断诺模图

注：板角弯沉载0.20～0.28mm，横缝中点弯沉在0.10～0.16mm且接缝传荷系数>85%宜判断为脱空板块，特别是接缝传荷系数较大时。

1)判断为不脱空的情形

板角弯沉<0.20mm；板角弯沉在0.20～0.28mm且横缝中点弯沉<0.16mm；板角弯沉在0.28～0.40mm且接缝传荷系数≤55%；其他不满足脱空的情形。

2)判断为轻度脱空的情形

板角弯沉在0.20～0.28mm，横缝中点弯沉在0.10～0.16mm且接缝传荷系数≥85%；板角弯沉在0.20～0.40mm且横缝中点弯沉在0.16～0.32mm且接缝传荷系数在55%～80%之间。

3)判断为中度脱空的情形

板角弯沉在0.20～0.28mm，横缝中点弯沉≥0.23mm且接缝传荷系数>80%；板角弯沉在0.28～0.40mm，横缝中点弯沉≥0.32mm且接缝传荷系数≤80%；板角弯沉≥0.40mm，横缝中点弯沉<0.32mm且接缝传荷系数>55%。

4)判断为严重脱空的情形

板角弯沉在0.28～0.40mm，横缝中点弯沉≥0.32mm且接缝传荷系数>80%；板角弯沉在≥0.40mm且横缝中点弯沉≥0.32mm；板角弯沉≥0.40mm且接缝传荷系数≤55%。

按照该判断标准，对照表4所列的现场脱空验证试验板块分析结果进行脱空情况评定，在进行评定时，应按严重脱空、中度脱空、轻度脱空、不脱空的判断顺序进行评定。评定结果表明只有6块板(板块序号为4、5、17、19、23和28)的等级判断与灌浆验证结果不符，脱空情况判断的一致率高达86.7%，脱空等级判断一致率达到80%。由此说明确定的脱空判断标准适合梅观高速公路的旧路实际情况。

5. 结语

(1)采用目前常用的脱空检测方法贝克曼梁(BB)、落锤弯沉仪(FWD)与路面雷达(GPR)对旧水泥混凝土路面的脱空情况进行评定，三种评价方法的评定结果存在一定的差异性。

(2)采用现场灌浆法对路面进行脱空验证试验，把试验板块分为不脱空板、轻度脱空板、中度脱空板以及严重脱空板块。

(3)结合贝克曼梁(BB)、落锤弯沉仪(FWD)与路面雷达(GPR)的评定结果,并充分参考梅观高速公路旧路面的实际情况,提出旧水泥混凝土板底脱空评定标准以板角弯沉、接缝中部弯沉与接缝传荷系数三个指标控制。目前该评判标准和方法已在广东深圳梅观高速公路水泥混凝土板维修中得到了应用,取得了很好的应用效果。

参 考 文 献

[1] 曾胜,赵健,邹金锋,等.水泥混凝土路面板底脱空注浆的有效性检验指标[J].中国公路学报,2010,26(6):7-14.
ZENG Sheng,ZHAO Jian,ZOU Jin-feng et al . Inspection Index of Grouting Treatment Validity for Void Beneath Cement Concrete Slab[J]. China Journal of Highway and Transport,2010,26(6):7-14.

[2] 薛彦卿,黄晓明.基于NDT技术的脱空判别改进方法[J].东南大学学报(自然科学版),2012,42(6):1187-1193.
Xue Yanqing Huang Xiaoming. Improvement on recognition method of void beneath slab based on nondestructive testing technology[J]. JOURNAL OF SOUTHEAST UNIVERSITY (Natural Science Edition),2012,42(6):1187-1193.

[3] 银力,韩振中,文畅平.水泥路面板底脱空处治技术研究[J].筑路机械与施工机械化,2009,26(12):59-62.
YIN Li,HAN Zhen-zhong,WEN Chang-ping. Study on Treatment Technique of Void Under Cement Concrete Pavement Slab [J]. Road Machinery & Construction Mechanization,2009,26(12):59-62.